HISTÓRIA DAS IDEIAS E MOVIMENTOS ANARQUISTAS

VOLUME 1
A IDEIA

Leia também na Coleção **L&PM** POCKET:

História das ideias e movimentos anarquistas – vol. 1 – A ideia – George Woodcock
História das ideias e movimentos anarquistas – vol. 2 – O movimento – George Woodcock
A desobediência civil – Henry David Thoreau
A propriedade é um roubo – Pierre-Joseph Proudhon
Textos anarquistas – Bakunin

George Woodcock

HISTÓRIA DAS IDEIAS E MOVIMENTOS ANARQUISTAS

VOLUME 1
A IDEIA

Tradução de JÚLIA TETTAMANZY

www.lpm.com.br

L&PM POCKET

Coleção **L&PM** POCKET, vol. 273

Texto de acordo com a nova ortografia

Publicado pela L&PM Editores, em formato 14x21 cm, em 1983
Primeira edição na Coleção **L&PM** POCKET: agosto de 2002
Esta reimpressão: julho de 2023

Capa: Ivan Pinheiro Machado
Tradução: Júlia Tettamanzy
Revisão: Delza Menin, Renato Deitos e Jó Saldanha

ISBN 978-85-254-1235-5

W874h

Woodcock, George, 1912-1995.
    História das ideias e movimentos anarquistas-v.1 : A ideia/ George Woodcock; tradução de Júlia Tettamanzy. – Porto Alegre: L&PM, 2023.
    272 p. ; 18cm. -- (Coleção L&PM POCKET; v. 273)

    1.Anarquismo-Ensaios históricos. I.Título. II.Série.

CDU 321.74(09)

330.85(09)

Catalogação elaborada por Izabel A. Merlo, CRB 10/329.

© L&PM Editores, 2002

Todos os direitos desta edição reservados a L&PM Editores
Rua Comendador Coruja 314, loja 9 – Floresta – 90.220-180
Porto Alegre – RS – Brasil / Fone: 51.3225.5777

PEDIDOS & DEPTO. COMERCIAL: vendas@lpm.com.br
FALE CONOSCO: info@lpm.com.br
www.lpm.com.br

Impresso no Brasil
Inverno de 2023

Índice

Prólogo 7
A árvore genealógica 38
O homem racional 64
O egoísta 102
O homem dos paradoxos 116
A ânsia de destruir 161
O explorador 207
O profeta 251

Prólogo

"Todo aquele que contesta a autoridade e luta contra ela é um anarquista", disse Sebastien Faure. A definição é tentadora em sua simplicidade, mas é justamente dessa simplicidade que devemos precaver-nos ao escrever uma história do anarquismo. Poucas doutrinas ou movimentos foram tão mal entendidos pela opinião pública e poucos deram tantos motivos para confusão pela própria variedade de formas de abordagem e ação. É por isso que, antes de traçar a evolução histórica do anarquismo como teoria e movimento, começo com um capítulo de definição: o que é anarquismo? O que não é? Essas são as questões que devemos examinar em primeiro lugar.

A frase de Faure serve ao menos para demarcar a área em que o anarquismo existe. Todos os anarquistas contestam a autoridade e muitos lutam contra ela. Mas isso não significa que todos aqueles que contestam a autoridade e lutam contra ela devam ser considerados anarquistas. Do ponto de vista histórico, o anarquismo é a doutrina que propõe uma crítica à sociedade vigente; uma visão da sociedade ideal do futuro e os meios de passar de uma para a outra. A simples revolta irracional não faz de ninguém um anarquista, nem a rejeição do poder terreno com bases filosóficas ou religiosas. Os místicos e os estóicos não desejam a anarquia, mas um outro reino no céu. Sob o aspecto histórico, o anarquismo preocupa-se, basicamente, com o homem e sua relação com a sociedade. Seu objetivo final é sempre a transformação da sociedade; sua atitude no presente é sempre de condenação a essa sociedade, mesmo que essa condenação tenha origem numa visão individualista sobre a natureza do homem; seu método é sempre de revolta social, seja ela violenta ou não.

Mas, mesmo entre aqueles que consideram o anarquismo uma doutrina político-social, a confusão persiste: não raro o anarquismo é erroneamente equiparado ao niilismo e ao terrorismo e a maioria dos dicionários apresenta pelo menos duas definições de anarquista. A primeira o descreve como um homem que acredita ser preciso que o governo morra para que a liberdade possa viver. A outra vê nele um mero promotor da desordem, que não oferece nada para colocar no lugar da ordem que destruiu. Essa última concepção é a mais aceita pela opinião pública. O estereótipo do anarquista é o assassino a sangue-frio, que ataca com punhais e bombas os pilares simbólicos da sociedade estabelecida. Na linguagem popular, anarquia é sinônimo de caos.

Entretanto, parece óbvio que o objetivo de homens como Tolstoi, Godwin, Thoreau e Kropotkin, cujas teorias sociais têm sido descritas como anarquistas, não foi jamais o de estabelecer o caos. Há uma grande diferença entre o estereótipo do anarquista e o anarquista como geralmente o conhecemos na realidade; essa diferença se deve, em parte, a confusões semânticas e, em parte, a um equívoco histórico.

Encontramos a justificativa para os dois significados conflitantes que a palavra recebeu na derivação dos vocábulos anarquia, anarquismo e anarquista. *Anarchos,* a palavra grega original, significa apenas "sem governante" e, assim, a palavra anarquia pode ser usada tanto para expressar a condição negativa de ausência de governo quanto a condição positiva de não haver governo por ser ele desnecessário à preservação da ordem.

Mas é quando consideramos o emprego dessas três palavras num contexto político-social que encontramos importantes variações no seu significado: tanto *anarquia* como *anarquista* foram termos usados livremente, em seu sentido político, durante a Revolução Francesa, com um sentido de crítica negativa e até de insulto por elementos de diversos partidos para difamar seus oponentes, geralmente de esquerda.

Ao exigir a supressão dos Enragés, aos quais chamava de anarquistas, o girondino Brissot declarou, em 1793, ser "necessário definir essa anarquia" – e foi o que fez: "Leis que não são cumpridas, autoridades menosprezadas e sem força; crimes sem castigo, a propriedade atacada, direitos individuais violados, moral do povo corrompida, ausência de constituição, governo e justiça, tais são as características do anarquismo".

Brissot pelo menos tentou uma definição. Alguns anos depois, ao voltar-se contra os jacobinos que havia destruído, o Diretório desceria ao insulto faccioso ao afirmar: "Por anarquistas, o Diretório designa esses homens cobertos de crimes, manchados de sangue, engordados com a rapina, inimigos de leis que não fizeram e de todos os governos em que não governam; homens que pregam a liberdade e praticam a ditadura; que falam em fraternidade e matam seus irmãos...; tiranos, escravos, bajuladores servis do esperto senhor que os domina, capazes de, numa palavra, todos os excessos, todas as baixezas, todos os crimes".

Usada com moderação por Brissot, ou violentamente pelo Diretório, a palavra anarquismo expressava, claramente, uma condenação, tanto durante a Revolução Francesa como depois dela. Na melhor das hipóteses, servia para descrever aqueles cujos métodos de atuação política podiam ser considerados destrutivos ou desastrosos; na pior, era um termo empregado indiscriminadamente para aviltar a oposição. Foi assim que não apenas os Enragés, que desconfiavam do poder excessivo, como Robespierre – que o desejava –, foram injustamente condenados pelo mesmo erro.

Mas, assim como outras designações, tais como Cristão e Quaker, "anarquista" seria enfim orgulhosamente adotado por um daqueles homens contra o qual fora lançado como uma condenação. Em 1840, Pierre-Joseph Proudhon, aquele individualista violento, sempre tão cheio de razões, que se vangloriava de ser um homem de paradoxos, um provocador de contradições, publicou um livro que o tornaria o pioneiro dos filósofos libertários. Esse livro foi *O que é propriedade?*, no qual dá à sua própria pergunta a célebre resposta: "Propriedade é roubo". Nesse mesmo livro ele se tornaria o primeiro homem a reclamar para si, voluntariamente, o título de anarquista.

Proudhon o fez, sem dúvida, não apenas como desafio, mas para explorar as características paradoxais da palavra. Ele percebera a ambiguidade do grego *Anarchos* e voltara a usá-la exatamente por isso – para ressaltar que a crítica que se propunha fazer à autoridade não implicava, necessariamente, uma defesa da desordem. As passagens em que ele utiliza pela primeira vez "anarquista" e "anarquia" são tão importantes, do ponto de vista histórico, que merecem uma citação; já que não apenas mostram as duas palavras sendo usadas pela primeira vez com um sentido socialmente positivo, mas contêm, em embrião, a justificativa pelo direito natural, que os anarquistas têm em geral aplicado em suas discussões em defesa de uma sociedade não autoritária.

"Qual será a forma de governo no futuro?, pergunta ele. Ouço alguns de meus leitores responderem: Ora, como podes fazer tal pergunta? Sois republicano! Sim, mas essa palavra não diz nada. *Res publica,* isto é, coisa pública. Pois bem, então quem quer que se interesse por assuntos públicos – não importa sob qual forma de governo, pode intitular-se republicano. Até os reis são republicanos. Bem, então sois democrata – Não... – Então o quê? – Um anarquista!"

Proudhon vai mais longe, sugerindo que as verdadeiras leis que regem a sociedade não têm nada a ver com autoridade; elas não são impostas de cima, mas têm origem na própria natureza da sociedade. E considera que a livre emergência de tais leis deve ser o objetivo do esforço social.

"Assim como o privilégio da força e da astúcia bate em retirada ante o firme avanço da justiça, sendo finalmente aniquilado para dar lugar à igualdade, assim também a soberania da vontade cede lugar à soberania da razão e deve, finalmente, perder-se no socialismo científico... Assim como o homem busca a justiça na igualdade, a sociedade procura a ordem na anarquia. Anarquia – a ausência de um senhor, de um soberano –, tal é a forma de governo da qual nos aproximamos a cada dia que passa."

O aparente paradoxo de ordem na anarquia – eis aqui a chave para a mudança de conotação por que passou todo esse grupo de palavras. Proudhon, ao conceber uma lei de equilíbrio atuando no interior da sociedade, repudia a autoridade por considerá-la não como uma amiga da ordem, mas sua inimiga, e, ao fazê-lo, devolve aos partidários do autoritarismo as acusações lançadas contra os anarquistas, ao mesmo tempo que adota o título que espera tê-lo livrado do descrédito.

Como veremos mais tarde, Proudhon vivia voluntariamente isolado do mundo político do século XIX. Ele não desejava ter seguidores, rechaçava com indignação as sugestões de que teria criado qualquer tipo de sistema e é quase certo que se alegrava pelo fato de durante quase toda a sua vida ter aceito o título de anarquista em virtual isolamento. Mesmo seus discípulos mais chegados prefeririam ser chamados de mutualistas, e foi só nos últimos anos da década iniciada em 1870, depois do rompimento entre os discípulos de Marx e Bakunin, ocorrido durante a Primeira Internacional, que esses últimos – que eram, indiretamente, discípulos de Proudhon – começaram, a princípio com certa hesitação, a intitular-se anarquistas.

É a ideia geral proposta por Proudhon em 1840 que estabelece uma ligação entre ele e outros anarquistas surgidos mais tarde, como Bakunin e Kropotkin, e também com certos filósofos que viveram antes e depois dele, como Godwin, Stirner e Tolstoi, que criaram sistemas antigovernamentais sem aceitar a designação de anarquistas; e é nesse sentido que irei tratar o anarquismo, apesar de suas muitas variantes: como um sistema de filosofia social, visando promover mudanças básicas na estrutura da sociedade e, principalmente – pois esse é o elemento comum a todas as formas de anarquismo –, a substituição do estado autoritário por alguma forma de cooperação não governamental entre indivíduos livres.

Mas, mesmo quando conseguimos entender o anarquismo como um movimento bem definido de filosofia social, que em determinados momentos passa à ação, permanece ainda a confusão, provocada mais por um equívoco histórico do que por confusões semânticas. Em primeiro lugar, há uma certa tendência para identificar o anarquismo com o niilismo, considerando-o uma filosofia negativista e meramente destrutiva. Os próprios anarquistas são parcialmente responsáveis por esse mal-entendido, pois muitos deles preferiam ressaltar os aspectos destrutivos da doutrina. A própria ideia de abolir a autoridade implica a necessidade de eliminar grande parte das principais instituições de uma típica sociedade moderna, e o ponto forte de toda obra anarquista sempre foi a crítica incisiva a essas instituições. Comparados a essas críticas, seus planos de reconstrução sempre foram demasiado simplistas e pouco convincentes.

Entretanto, nenhum filósofo anarquista pensou apenas em destruir. Proudhon usou a frase *Destruam et Aedificabo* como lema dos ataques que dirigiu contra a autocracia industrial na sua obra *Contradições econômicas* (1846). "Eu destruo e construo." E Michael Bakunin acabou seu ensaio sobre a *Reação na Alemanha* com uma invocação célebre: "Depositemos nossa confiança no eterno espírito que destrói e aniquila apenas porque é a insondável e infinitamente criativa origem da vida. A paixão por destruir é também uma paixão criativa!"

A tradição continuou até a nossa geração. Em 1936, quase cem anos depois de Bakunin ter publicado *Reação na Alemanha* diante da destruição causada pela Guerra Civil, o líder espanhol Buenaventura Durutti anunciou com orgulho para Pierre van Paassen: "Não temos medo de ruínas – nós herdaremos a Terra. Não há a menor dúvida quanto a isso. A burguesia pode fazer explodir e arruinar seu próprio mundo antes de abandonar o palco da história. Nós trazemos o novo mundo em nossos corações. Esse mundo está surgindo neste momento".

O anarquista é capaz de aceitar a destruição, mas apenas como parte do mesmo eterno processo que produz a morte e renova a vida no mundo da natureza, apenas porque acredita na capacidade do homem livre para construir outra vez e melhor sobre os escombros do passado destruído. Foi Shelley, o maior dos discípulos de Godwin, que expressou de forma eloquente esse sonho sempre repetido de renovação:

> *"A grande idade da terra recomeça,*
> *Retornam os anos de ouro,*
> *Como uma serpente, a terra se renova*
> *As ervas daninhas do inverno já esgotadas,*
> *O céu sorri, as crenças e impérios cintilam*
> *Como destroços de um sonho que se desfaz".*

E é através dos destroços de impérios e crenças que os anarquistas têm visto erguer-se as cintilantes torres do seu mundo livre. Essa visão pode ser ingênua – ainda não chegou o momento de julgá-la nesses termos –, mas não é, obviamente, uma visão de implacável destruição.

Certamente nenhum homem capaz de tal visão pode ser considerado niilista. O niilista – para usar o termo em seu sentido mais amplo – não acredita em nenhum princípio moral, nenhuma lei natural; o anarquista crê num anseio suficientemente forte, capaz de sobreviver à destruição da autoridade e manter a sociedade unida pelos vínculos naturais e livres da fraternidade. O anarquista também não é niilista no limitado sentido histórico do termo, já que determinado grupo que foi por equívoco chamado de niilista na história russa era formado por terroristas que pertenciam a uma organização, Vontade do

Povo, um movimento organizado que conspirou para tomar o poder no fim do século XIX, por meio de um programa de assassinatos organizados dirigido contra os governantes autocráticos da Rússia czarista.

Essa última afirmação exige que se faça uma pergunta bem conhecida: se é verdade que os anarquistas não são niilistas, não serão eles, de qualquer forma, terroristas? A associação de anarquismo e terrorismo político ainda está bem viva na mente do povo, mas não é uma associação necessária, nem tem qualquer justificativa histórica, exceto em grau bastante limitado.

Os anarquistas podem estar totalmente de acordo quanto aos seus objetivos básicos, mas demonstraram ter profundas divergências quanto às táticas necessárias para atingir esses objetivos, especialmente no que se refere à violência. Os discípulos de Tolstoi não admitiam a violência, quaisquer que fossem as circunstâncias. Godwin desejava obter mudanças através da palavra e Proudhon e seus companheiros, através da proliferação pacífica de organizações cooperativas. Kropotkin aceitava a violência, embora com certa relutância, por ver nela uma parte inevitável das revoluções, que considerava etapas necessárias ao progresso da humanidade.

Mesmo Bakunin, que lutou em tantas barricadas e exaltava a crueldade sanguinária das revoltas camponesas, tinha seus momentos de dúvida, quando afirmava, num tom de melancólico idealismo: "As revoluções sangrentas são frequentemente necessárias, graças à estupidez humana, e, no entanto, jamais deixam de ser um erro, um erro monstruoso e um grande desastre, não só para suas vítimas como para a pureza e a perfeição das causas que se propõem defender".

Na verdade, ao aceitar a violência, os anarquistas o faziam quase sempre em obediência a uma tradição que teve origem nas revoluções francesa, americana e, principalmente, inglesa – uma tradição de ação popular violenta em nome da liberdade que essas revoluções compartilhavam com outros movimentos da época, como os jacobinos, os marxistas, os blanquistas e os seguidores de Mazzini e Garibaldi. Com o passar do tempo – e principalmente depois que a lembrança da Comuna de 1871 começou a dissipar-se – a tradição adquiriu uma aura romântica, passou a fazer parte do mito revolucionário e em muitos países teve muito pouco a ver com a realidade. Havia, na verdade, determinadas situações, especialmente na Espanha, Itália e Rússia, onde a violência na vida pública era já há muito tempo endêmica e nesses países os anarquistas – tais como todos os outros partidos – aceitavam as insurreições como parte da rotina. Mas entre os nomes famosos da história anarquista, os heróis de ações violentas foram bem menos numerosos do que os paladinos da palavra.

Em meio à confusão de atitudes com respeito à violência e não violência, transitam esses anjos negros do anarquismo, os assassinos terroristas. Fora das circunstâncias especiais que vigoravam na Espanha e na Rússia, eles foram bem pouco numerosos, agindo principalmente durante a década de 1890. A eminência de suas vítimas – pois várias figuras da realeza, bem como presidentes da França e dos Estados Unidos, estavam entre aqueles executados pelos autoproclamados juízes dos crimes de autoridade – emprestava aos seus atos uma fama inteiramente desproporcional ao seu número. Mas em nenhum momento foi essa a política adotada pelos anarquistas em geral. Os terroristas eram, como veremos, homens quase sempre solitários, movidos por uma curiosa mistura de idealismo austero e paixão apocalíptica, o lado negro da mesma paixão que transformou outros anarquistas, homens como Kropotkin e Louise Michel, em santos leigos.

E, no entanto, não há dúvida de que os assassinatos cometidos por homens como Ravachol, Emile Henry e Leon Golgosz – para citar apenas três dos mais famosos – fizeram um mal enorme à causa anarquista, ao implantar na opinião pública uma identificação que ainda permanece, muito tempo depois de terem cessado as razões que a justificavam. O mais curioso é que todos os outros assassinatos cometidos no mesmo período tenham sido esquecidos muito mais facilmente do que os crimes dos anarquistas. A menção de um grupo conhecido pelo nome de "Revolucionários Sociais Russos", cujas vítimas foram muito mais numerosas, não provoca o menor arrepio, e poucos daqueles que associam os anarquistas a punhais e máquinas infernais param para lembrar que apenas um entre os três assassinos de presidentes americanos declarou ser anarquista – dos outros dois, um era confederado e o outro, um republicano desiludido.

É possível que esse preconceito que dura até hoje possa ser explicado pela perturbação que qualquer doutrina de lógica extremada provoca na mente de indivíduos inseguros. Os anarquistas atacam o princípio de autoridade que é o princípio dominante nos modelos sociais contemporâneos e, ao fazê-lo, despertam nas pessoas comuns uma espécie de repugnância culpada. Eles se parecem um pouco com Ivan Karamazov quando gritou no tribunal: "Quem não desejou a morte do próprio pai?" A própria ambivalência do homem comum diante da autoridade faz com que desconfie daqueles que falam abertamente do ressentimento que ele mesmo sente em segredo, e é portanto nessa condição psicológica que Erich Fromm chamou de "medo a liberdade" que podemos encontrar a razão pela qual – contra todas as evidências históricas – tantas pessoas ainda identifiquem anarquismo com destruição total e niilismo com terrorismo político.

Descrever a teoria essencial do anarquismo é um pouco como tentar lutar com Proteu, pois as próprias características da atitude libertária – a rejeição ao dogma, a deliberada fuga a sistemas teóricos rígidos e, acima de tudo, a ênfase que dá à total liberdade de escolha, à primazia do julgamento individual – criam imediatamente a possibilidade de uma imensa variedade de pontos de vista, inconcebíveis num sistema rigorosamente dogmático. Na verdade, o anarquismo é a um só tempo diversificado e inconstante e, à perspectiva histórica, apresenta a aparência, não de um curso d'água cada vez mais forte, correndo em direção ao mar do seu destino (uma imagem que bem poderia ser aplicada ao marxismo), mas de um fio de água filtrando-se através do solo poroso – formando aqui uma corrente subterrânea, ali um poço turbulento, escorrendo pelas fendas, desaparecendo de vista para surgir onde as rachaduras da estrutura social possam lhe oferecer uma oportunidade de fluir. Como doutrina, muda constantemente, como movimento, cresce e se desintegra, em permanente flutuação, mas jamais se acaba. Existe na Europa desde 1840 ininterruptamente, e, por suas próprias características multiformes, conseguiu sobreviver onde muitos outros movimentos do século anterior, bem mais poderosos, mas com menor capacidade de adaptação, desapareceram totalmente.

A estranha fluidez do anarquismo se reflete na sua atitude em relação à organização. Os anarquistas não rejeitam a organização, mas nenhum deles procura dar-lhe uma continuidade artificial. O importante é a sobrevivência da própria atitude libertária. Na verdade, as ideias básicas do anarquismo, com sua ênfase na liberdade e na espontaneidade, excluem a possibilidade de uma organização rígida e especialmente de qualquer coisa que se assemelhe a um partido criado com o objetivo de tomar e manter o poder. "Na medida em que buscam o poder, todos os partidos – sem exceção – são variantes do absolutismo", disse Proudhon e nenhum dos seus descendentes contestou. Os anarquistas substituem a ideia de organização partidária pela mística de um impulso individual e popular que se expressou, na prática, através de uma sucessão de grupos, todos desagregados e transitórios, e de confederações que consideravam seu dever não liderar o povo, mas orientá-lo e servir-lhe de exemplo. Mesmo os rebeldes anarquistas da

Itália e da Espanha levaram a cabo suas pequenas revoltas, não porque acreditassem que elas poderiam dar origem a revoluções que ficariam sob seu controle, mas porque viam essas ações como uma forma de "propaganda pela ação", cujo objetivo era mostrar ao povo uma linha de conduta que poderia conduzi-lo à libertação. Embora na prática os militantes anarquistas tenham frequentemente chegado perigosamente próximos da postura autoritária do líder revolucionário, sua teoria basicamente sempre repudiou tais atitudes, procurando eliminar a necessidade de que viessem a ocorrer ao propor a tese da origem espontânea da revolução.

"As revoluções não são feitas por indivíduos ou sociedades secretas", disse Bakunin. "Elas acontecem, até certo ponto, automaticamente: a força dos objetos, o próprio curso dos acontecimentos e dos fatos é que as produz.

"Durante longo tempo elas amadurecem nas profundezas da obscura consciência das massas para irromper subitamente, não raro em momentos aparentemente impróprios."

Kropotkin deu um toque científico à mesma ideia, inserindo-a no espírito do século XIX: "A revolução nunca é tão lenta nem tão uniforme quanto se afirma. Evolução e revolução se alternam, e a revolução – isto é, o período em que a evolução é acelerada – é parte tão integrante da natureza quanto o tempo em que ela ocorre mais lentamente".

Tanto a crença mística de Bakunin no impulso irracional da massa quanto o darwinismo social adaptado por Kropotkin sugerem que organizações e sistemas teóricos rígidos atuam como obstáculos ao progresso – seja ele revolucionário ou evolucionário –, ao mesmo tempo que estimulam formas de abordagem mais flexíveis, capazes de tornar os homens sensíveis a correntes de descontentamento e aspiração.

A liberdade de interpretação e a variedade de formas de abordagem são portanto elementos que esperaríamos encontrar no mundo do anarquista. Os elementos de dogmatismo e ortodoxia também estão presentes – pois eles existem sempre, mais por uma questão de personalidade do que por teoria –, mas cedo ou tarde acabam desaparecendo, absorvidos pela ânsia sempre renovada por mudanças, uma ânsia que nem a força dos líderes nem os textos sagrados conseguem refrear. Por mais respeitados que tenham sido homens como Kropotkin, Malatesta e Louise Michel, nenhum deles exerceu ou tentou exercer a mesma influência hipnótica sobre todo um movimento, como fizeram Blanqui ou Marx; e, embora o anarquismo tenha produzido sua cota de livros notáveis – *A justiça política,* de Godwin; a *Ajuda mútua,* de Kropotkin, *Ideia geral sobre a revolução*, de Proudhon –, nenhum deles mereceu ou pareceu exigir um nicho no tabernáculo que os fiéis criaram para os textos canônicos do marxismo.

Entretanto, apesar do periódico estímulo para que fossem adotadas formas de abordagem e interpretação individualizadas, circunstâncias comuns e afinidades pessoais produziram, mesmo entre os anarquistas, uma tendência moderada ao pensamento em grupo e, assim, é possível identificar um certo número de "escolas" bastante definidas de pensamento anarquista.

Num dos extremos – direita ou esquerda, dependendo das predileções de cada um – está o anarquismo individualista. Pregando a auto-afirmação rebelde e prognosticando a criação de um Sindicato de Egoístas ligados pelo respeito à própria crueldade mútua, Marx Stirner leva essa tendência até onde poderia chegar o fanatismo lógico; em sua visão de uma *Tebaida* de homens livres, repartindo seus meios de subsistência segundo os preceitos da Justiça abstrata, Godwin oferece uma variante de uma benevolência um tanto fria dessa mesma visão.

O próximo ponto no espectro das atitudes anarquistas é o mutualismo de Proudhon. Proudhon diverge dos verdadeiros anarquistas individualistas por considerar a história em seu aspecto social e, apesar de sua entusiástica defesa das liberdades individuais, pensa em termos de associação: "Para que eu possa permanecer livre, para que eu não esteja sujeito a nenhuma lei, exceto aquelas que eu mesmo tenha criado, e para que eu me governe, diz ele – é preciso reconstruir o edifício da sociedade, tendo como base a ideia do contrato".

Ele deseja reconstruir a sociedade, não aboli-la, e imagina os homens do futuro reunidos em grandes federações de comunas e cooperativas operárias, tendo como base econômica um modelo onde indivíduos e pequenos grupos, dispondo (e não possuindo) de seus próprios meios de produção, ligados por contratos de permuta e crédito mútuo que assegurariam a cada um o produto de seu próprio trabalho.

Depois do mutualismo, chegamos às três variantes mais conhecidas do pensamento anarquista – o coletivismo, o anarco-comunismo e o anarcossindicalismo. Todos eles contêm alguns elementos das teorias de Proudhon, principalmente o federalismo, a ênfase nas associações operárias, que levaram seus discípulos mutualistas a estabelecer as primeiras Seções Francesas da Internacional, em 1865. Mas Bakunin e os coletivistas que viveram nos últimos anos da década de 1860, procurando adaptar o comportamento anarquista a uma nova sociedade cada vez mais industrializada, substituíram a ênfase que Proudhon atribuía à propriedade individual pela ideia da propriedade em mãos de instituições voluntárias, que assegurariam a cada trabalhador o direito de desfrutar do produto do seu próprio trabalho, ou seu equivalente.

Durante os últimos anos da década iniciada em 1870, Kropotkin e seus companheiros foram um pouco mais longe: não se limitaram a ver na comuna local e em associações semelhantes os guardiães adequados dos meios de produção. Criticaram também o sistema de salários em todas as suas formas e ressuscitaram a ideia – já proposta por Thomas More – de um comunismo literal, que permitiria a todos retirar aquilo que desejassem dos depósitos comuns, tendo como base o lema: "De cada um, de acordo com seus meios; a cada um, de acordo com suas necessidades". A principal diferença entre os anarco-comunistas e os anarcossindicalistas que surgiriam dez anos depois nos sindicatos de classe franceses é que esses últimos valorizavam o sindicato revolucionário tanto como instrumento de luta que tinha na greve geral sua arma mais poderosa quanto como base sobre a qual poderia ser construído o futuro da sociedade livre.

Finalmente, um tanto fora do círculo que vai do anarquismo individualista ao anarcossindicalismo, chegamos ao tolstoísmo e ao anarquismo pacifista que surgiu principalmente na Holanda, Inglaterra e Estados Unidos antes e depois da Segunda Guerra Mundial. Tolstoi, que associava o anarquismo à violência, repudiava essa designação, mas sua total oposição ao Estado e a outras formas de autoritarismo o coloca obviamente dentro da órbita do pensamento anarquista. Seus discípulos e os pacifistas anarquistas modernos, que aceitam a designação que ele repudiou, preferiram concentrar suas atenções quase exclusivamente na criação de comunidades libertárias – especialmente comunidades agrícolas – inseridas na sociedade atual, numa espécie de versão pacifista da "propaganda pela ação". Estão divididos, porém, quanto à questão da violência. Tolstoi pregava a não resistência, e seu mais importante discípulo, Gandhi, tentou dar forma prática a essa doutrina. Os anarcopacifistas aceitam o princípio da resistência e até a ação revolucionária, desde que não incorra em violência, que consideram uma forma de poder e, portanto, de natureza não anarquista. Essa mudança de atitude levou os anarcopacifistas a se unirem aos anarcossindicalistas, já que o conceito desses últimos, que viam na greve geral a grande arma revolucionária, atraía os pacifistas, que aceitavam a necessidade de que houvesse uma grande transformação na sociedade, mas não desejavam comprometer seus ideais utilizando métodos negativos, isto é, violentos.

Embora as diferenças entre as várias escolas possam parecer, à primeira vista, bastante consideráveis, elas na verdade se restringem a duas áreas bem definidas: métodos revolucionários (especialmente o uso da violência) e organização econômica. Todos concordam que, se as expectativas anarquistas viessem a concretizar-se e a dominação política chegasse ao fim, as relações econômicas seriam o principal campo a necessitar um novo tipo de organização. As diferenças que encontramos entre as várias escolas de pensamento refletem opiniões divergentes sobre até que ponto poderia ser aplicada a "administração das coisas" (para usar uma frase de Saint-Simon citada por todos os escritores anarquistas) – sem perigo para a independência individual. Num dos extremos, temos os individualistas, que desconfiam de qualquer forma de cooperação, além do mínimo necessário para garantir uma vida ascética; no outro, os anarco-comunistas, que imaginam uma ampla rede de instituições de ajuda mútua interligadas, como uma salvaguarda necessária aos interesses individuais.

Apesar dessas diferenças, as várias escolas anarquistas estão unidas por uma série de suposições comuns, que constituem o núcleo da filosofia anarquista, a começar pela visão naturalista da sociedade.

Creio que todos os anarquistas aceitariam a proposição de que o homem possui naturalmente todas as qualidades que o tornam um ser capaz de viver em liberdade e harmonia. Podem não acreditar que ele seja naturalmente bom, mas acreditam fervorosamente que é, por natureza, um ser social. Sua sociabilidade se expressa, segundo Proudhon, no sentimento inato de justiça que só ele possui:

"Parte integral da existência coletiva, o homem sente sua própria dignidade a um tempo em si mesmo e nos outros e, por isso, traz no coração o princípio de uma ética que está acima dele. Esse princípio não tem origem no mundo exterior, mas surge dentro dele, é inerente a ele, constituindo sua essência, a essência da própria sociedade. Ele é a verdadeira forma do espírito humano, uma forma que só consegue assumir seus verdadeiros contornos e aperfeiçoar-se através das relações que a cada dia fazem nascer a vida social. Em outras palavras, assim como o amor, a ideia de beleza, utilidade e verdade, a justiça existe em nós, como todos os nossos poderes e capacidades.

"O homem não é apenas um ser social por natureza, afirmam os anarquistas, mas sua inclinação para viver em sociedade surgiu com ele à medida que evoluía, deixando o mundo animal. A sociedade já existia antes do homem, e uma sociedade que vivesse e crescesse em liberdade seria de fato uma sociedade natural, como Kropotkin salientou em *A ciência moderna* e *anarquismo*.

"O anarquista imagina uma sociedade na qual as relações mútuas seriam regidas não por leis ou por autoridades auto-impostas ou eleitas, mas por mútua concordância de todos os seus interesses e pela soma de usos e costumes sociais – não imobilizados por leis, pela rotina ou por superstições – mas em contínuo desenvolvimento, sofrendo constantes reajustes para que pudessem satisfazer as exigências sempre crescentes de uma vida livre, estimulada pelos progressos da ciência, por novos inventos e pela evolução ininterrupta de ideais cada vez mais elevados. Não haveria, portanto, autoridades para governá-la. Nenhum homem governaria outro homem; nem cristalização nem imobilidade, mas contínua evolução – tal como a que vemos na Natureza."

Se o homem é um ser naturalmente capaz de viver numa sociedade assim livre, se a sociedade é realmente um produto natural, então obviamente todos aqueles que tentam impor-lhe leis feitas pelo homem ou criar aquilo que Godwin chamou de "instituições positivas" são os verdadeiros inimigos da sociedade, e o anarquista que se rebela contra eles, chegando ao extremo de usar a violência e a destruição, não é, afinal, um ser anti-social. Pela lógica anarquista, ele é o regenerador, um indivíduo responsável que se esforça para restabelecer o equilíbrio social em sua direção natural.

A ênfase na origem natural e pré-humana das sociedades fez com que quase todos os teóricos anarquistas, de Godwin até nossos dias, rejeitassem a ideia do contrato social, criada por Rousseau. Ela também fez com que rejeitassem não apenas o comunismo autoritário de Marx, com sua ditadura do proletariado criada para impor igualdade por meio de uma força externa, mas também os vários tipos de socialismo utópico pré-marxista. Na verdade, até a ideia da utopia desagrada a maioria dos anarquistas, pois ela é uma construção mental rígida que, se bem-sucedida, demonstraria ser tão prejudicial ao livre desenvolvimento dos que lhe estivessem sujeitos, quanto qualquer outro dos sistemas já existentes. Além disso, a utopia é imaginada como uma sociedade perfeita – e tudo que é perfeito deixa, automaticamente, de evoluir. Até Godwin suavizava suas arrojadas teses sobre a perfectibilidade do homem asseverando que com elas não pretendia dizer que os homens pudessem tornar-se perfeitos, mas sim que eram capazes de infinito progresso, uma ideia que – observou ele – não só não implica a possibilidade de que venham a se tornar perfeitos como coloca até em expressa oposição a ela.

O desagrado que a rigidez da filosofia utópica provocava nos anarquistas em geral não impediu que adotassem algumas das ideias contidas nas utopias. Já vimos como os anarco-comunistas imitaram as sugestões sobre divisão comunista apresentadas por Moro na primeira utopia. Também certas ideias de Fourier sobre como fazer com que os homens trabalhem por amor e não apenas por dinheiro penetraram profundamente nas discussões anarquistas sobre problemas tais como "o que fazer com os preguiçosos" e "quem ficará com o trabalho sujo?" Mas a única visão totalmente utópica que chegou a despertar o entusiasmo dos anarquistas foi *Notícias de nenhum lugar*, na qual William Morris, cujas ideias são extraordinariamente semelhantes às de Kropotkin, apresentava uma visão – encantadoramente despida de qualquer ideia de coerção – da espécie de mundo que poderia surgir se todos os sonhos anarquistas de construir a harmonia sobre as ruínas da autoridade chegassem a se realizar.

Um dos aspectos mais interessantes da visão de Morris em *Notícias* de *nenhum lugar* é que ele consegue despertar no leitor a curiosa sensação de ter entrado num *continuum* onde relações comuns de tempo deixaram de existir; na verdade, a Idade Média parecia bem mais real para os habitantes de *Nenhum lugar* do que o século XIX, muito mais próximo cronologicamente.

A ideia de que o progresso é um bem necessário desapareceu e tudo acontece, não à luz áspera e desagradável da perfeição – que Morris nega –, mas na suave tranquilidade de uma longa tarde de verão que só termina para o infeliz que, em visita ao futuro, deve retornar à Londres vitoriana e aos ásperos debates que na época destruíam o Pacto Social.

A dourada luz do sol daquela longa tarde de verão, em que o tempo parou à beira da eternidade, também assombrava os anarquistas. Sabemos que, tal como a maioria dos homens de esquerda do século XIX, eles falavam constantemente sobre o progresso. Godwin sonhava com homens que se desenvolveriam indefinidamente, Kropotkin procurava diligentemente estabelecer ligações entre o anarquismo e a evolução e Proudhon chegou a escrever uma *Philosophie du Progrés.*

Entretanto, é com reservas que poderemos considerar que o anarquismo é progressista, no sentido que os vitorianos usualmente atribuíam ao termo, ou evolutivo, no sentido comumente usado de desejar desenvolver-se até atingir formas mais complexas – no caso, formas sociais.

Na verdade, os marxistas sempre negaram a existência de elementos progressistas no anarquismo, e chegaram mesmo a acusar os anarquistas de exibir tendências reacionárias. E, do ponto de vista marxista, talvez não estivessem totalmente errados, pois, na sua atitude com relação ao desenvolvimento social, o anarquismo parece muitas vezes flutuar como o caixão de Maomé, suspenso entre os pólos magnéticos do passado e do futuro, ambos igualmente idealizados.

O passado que o anarquista contempla pode não ser a Idade de Ouro de Hesíodo e Platão, mas se parece bastante com essa antiga visão, é uma espécie de amálgama de todas as sociedades que viveram, ou se supõe terem vivido, mais através da cooperação do que pela ação de um governo organizado. Seus componentes vêm de todo o mundo e de todas as épocas da história. O comunismo camponês dos *mir* russos, a organização das aldeias kabyles nas Montanhas Atlas, as cidades livres da Idade Média europeia, as comunidades dos Essenes, os primitivos cristãos e os Doukhobors, a partilha de bens implícita nos costumes de certas tribos primitivas, tudo isso atraía o teórico anarquista como exemplo do que poderia ser feito sem a máquina do Estado e o levava a contemplar nostalgicamente o homem, tal como ele poderia ter sido nesses fragmentos de um passado libertário. É possível questionar a exatidão dessas interpretações das sociedades primitivas, especialmente as feitas por Kropotkin, com base no fato de não ter sido suficientemente avaliado até que ponto a tirania do costume se torna um substituto para a autoridade manifesta. Mas, aqui, estamos menos preocupados com as falhas dessa visão do passado do que com a atitude que ela representa, uma atitude que não só procura estabelecer uma continuidade – quase uma tradição –, unindo todas as sociedades não autoritárias, mas que considera a vida simples e comunhão com a natureza como virtudes positivas.

Aqui chegamos a outra importante diferença entre os anarquistas e os marxistas. Os marxistas desprezam o primitivo, considerando-o um estágio já esgotado da evolução social; para eles, tribos, camponeses, pequenos artesãos, todos devem juntar-se à burguesia e à aristocracia no montão de refugos da história. A *Realpolitik* comunista pode exigir às vezes um *rapprochement* com os camponeses, como acontece agora no Oriente Médio, mas o objetivo final dessa política é sempre transformar os camponeses em proletários da terra. Os anarquistas, por outro lado, depositam grandes esperanças no camponês. Ele vive próximo à terra, perto da natureza, sendo portanto mais "anárquico" em suas reações; Bakunin considerava as *Jacqueries* como modelos toscos das revoltas populares espontâneas que eram seu ideal de revolução de cooperação que lhe foi imposta pelas circunstâncias históricas; ao aprovar essa tendência das sociedades camponesas, os teóricos anarquistas parecem esquecer que, à medida que se vão tornando mais prósperas, as sociedades camponesas começam a apresentar – como qualquer outra sociedade em desenvolvimento – diferentes graus de riqueza e *status* que acabam por estabelecer uma hierarquia de classes. Surgem então camponeses ricos, pobres e os operários. É significativo o fato de que o anarquismo tenha se tornado um poderoso movimento de massa entre os camponeses da Ucrânia e da Andaluzia, mas não conseguisse quase nenhum sucesso entre camponeses mais prósperos. Foi apenas o temor a Durutti e suas colunas de milicianos que obrigou os vinicultores de Aragão a adotar organizações coletivistas, tão apreciadas pelos anarquistas espanhóis nos primeiros anos da Guerra Civil.

O culto anarquista a tudo que fosse natural, espontâneo e individual coloca-o em oposição à estrutura altamente organizacional da moderna sociedade industrial e estadista, que os marxistas encaram como sendo o prelúdio de sua própria utopia. Até os esforços para atrair o mundo industrial com doutrinas, tais como o anarcossindicalismo, mesclam-se a uma repulsa por este mundo, o que os leva a uma visão mística dos operários, considerados como reformadores da moral; nem mesmo os sindicalistas conseguiram aceitar com tranquilidade a perpetuação de qualquer coisa que se assemelhasse à sociedade industrial tal como existe atualmente.

Na verdade, exceto por alguns grupos isolados de operários da indústria de Paris e das regiões de Lyon, Marselha, Barcelona e Milão, o anarquismo sempre exerceu maior atração sobre as classes que permaneceram afastadas da tendência ao conformismo e à crescente mecanização que se observa no mundo industrial.

Uma alta percentagem de anarquistas pertencia à aristocracia ou à classe dos grandes proprietários rurais. Bakunin, Kropotkin, Cherkesov e Tolstoi na Rússia, Malatesta e Cafiero, na Itália, são exemplos típicos. Outros, como Godwin, Domela Nieuwnhuis e Sebastien Faure eram ex-padres ou seminaristas. Entre os restantes, os mais importantes foram talvez os membros da classe dos artesãos – os tradicionais artífices. Os anarquistas militantes incluem uma surpreendente quantidade de sapateiros e tipógrafos. Em determinadas épocas – a década de 1890 na França e 1940 na Inglaterra e Estados Unidos –, intelectuais e artistas que se rebelavam contra a massificação de valores sentiram-se atraídos pelo movimento. Finalmente, os anarquistas tinham uma tendência a considerar como rebeldes pela própria natureza os *déclassé,* que Marx desprezava, sobretudo por não se enquadrarem no seu rígido modelo de estratificação social; em consequência, o movimento anarquista sempre manteve estreitas ligações com aquele mundo sombrio, onde rebelião e criminalidade se misturavam, o mundo do Vautrin de Balzac e os homens que lhe serviram de modelo.

Esses elementos se unem pela oposição ao Estado moderno e à moderna economia capitalista ou comunista. Eles representam uma revolta, não necessariamente a favor do passado, mas certamente a favor de um ideal de liberdade individual que não encontram no mundo em que vivem. Só esse fato seria suficiente para nos fazer encarar com reservas o progressivismo anarquista. Pois ele não implica progresso nos termos de uma sociedade como a que hoje existe. Pelo contrário, o anarquista pretende aquilo que é, de certa forma, um retrocesso, uma volta à simplificação.

Isso fica aparente na sua proposta de reconstrução social. Ele procura romper com tudo, voltar às raízes e basear qualquer tipo de organização que se torne necessária – para usar uma das frases favoritas dos anarquistas – na "questão da produção". A dissolução da autoridade e do Estado, a descentralização da responsabilidade, a substituição dos governos e de outras organizações monolíticas semelhantes por um federalismo que permitirá que a soberania retorne às unidades essenciais básicas da sociedade – esse é o objetivo que todos os anarquistas sempre tentaram atingir, cada um à sua maneira. Esse desejo implica necessariamente uma política de simplificação. Mas estaríamos perdendo a essência da atitude anarquista se ignorássemos o fato de que a ânsia de chegar à simplificação social não tem origem no desejo de que a sociedade funcione de forma mais eficiente, nem sequer no desejo de eliminar os órgãos autoritários responsáveis pela destruição da liberdade individual, mas, em grande parte, numa convicção moral sobre as virtudes de uma vida mais simples.

O elemento profundamente moralista que existe no anarquismo e que o torna muito mais do que uma simples doutrina política nunca foi devidamente explicado. Isso se deve, em parte, à relutância dos próprios anarquistas – que abandonaram a moral convencional – em salientar esse aspecto da sua filosofia. Entretanto, o desejo de simplicidade é parte de uma atitude ascética que impregna o pensamento anarquista. O anarquista não se limita a sentir raiva dos ricos; ele sente raiva da própria riqueza. Aos seus olhos, o homem rico é tão vítima da sua opulência quanto o pobre da sua miséria. Fazer com que todos vivam na afluência, essa ideia que persegue a democracia americana, jamais atraiu os anarquistas. Sua atitude foi expressa por Proudhon quando, em *La Guerre et la Paix,* demonstrou a diferença entre indigência e pobreza. Indigência é penúria. Pobreza, o estado em que o homem ganha com seu trabalho o suficiente para satisfazer suas necessidades. Proudhon descreve essa situação em termos líricos, como se ela fosse a ideal, o estado em que o ser humano seria mais livre e em que – senhores de seus sentidos e apetites – os homens teriam maior capacidade para espiritualizar suas vidas.

Recursos suficientes para permitir que o homem seja livre – esse é o limite das exigências materiais do anarquista. O fato de que esse limite não é apenas teórico foi demonstrado pelo extraordinário relato de Frank Borgenau sobre algumas aldeias andaluzas que, tendo expulsado as autoridades nos primeiros dias da Guerra Civil espanhola, lançaram-se à tarefa de criar um Paraíso anarquista. Deliberadamente, ao fechar as cantinas e decidir – quando elaboraram o sistema de trocas com as comunidades vizinhas – que podiam dispensar até mesmo luxos tão inocentes como o café, eles pretenderam simplificar ainda mais a vida miserável que haviam levado até então. Esses homens não eram fanáticos apóstolos do anarquismo, mas, em sua grande maioria, simples aldeões, inspirados, num determinado momento histórico, pela dimensão moral de uma crença que durante muito tempo lhes havia dado esperança.

Proudhon e os aldeões ascetas de Andaluzia não estavam sozinhos: em toda a literatura anarquista encontramos imitações de sua concepção de uma sociedade em que, uma vez satisfeitas as necessidades mais simples, os homens teriam tempo livre para cultivar a mente e a sensibilidade. No seu livro *A conquista do pão*, Kropotkin inclui um capítulo sobre *A necessidade do luxo* que, à primeira vista, parece negar essa afirmação. Mas um exame atento revela que, para Kropotkin, o luxo não é o prazer proporcionado pelas coisas materiais, mas as delícias – as maiores que um homem pode desejar – da ciência, especialmente da descoberta científica, e da arte, especialmente a criação artística. Ao simplificar a vida de tal maneira que o tempo dedicado ao trabalho seria reduzido, o anarquista acredita que o homem poderá voltar sua atenção para atividades mais nobres, atingindo o equilíbrio filosófico no qual a morte deixará de ser algo aterrorizante. Mais uma vez, é Proudhon que apresenta essa ideia de forma mais concisa ao observar, em *De la Justice,* que a vida humana só atinge sua plenitude quando inclui amor, trabalho e "comunhão social, ou justiça". Preenchidas essas condições, declara ele, a vida é plena: ela é uma festa, uma canção de amor, um perpétuo entusiasmo, um infinito hino à felicidade. E, não importa o momento em que o sinal possa ser dado, o homem estará pronto, pois ele está sempre morrendo, o que significa que está sempre vivendo e amando.

Essa digressão sobre a ideia de uma vida simplificada terá deixado evidente que o anarquista vê o progresso não como o acúmulo constante de bens materiais ou como a complexidade crescente de estilos de vida, mas em termos de uma moralização da sociedade através da supressão da autoridade, da desigualdade e da exploração econômica. Uma vez atingidos esses objetivos, será possível retornar à situação em que os processos naturais voltarão a exercer sua influência sobre a vida das sociedades e dos indivíduos, e então o homem poderá desenvolver-se interiormente, de acordo com o espírito que o torna superior aos animais. Assim, vemos Proudhon afirmar, na sua *Philosophie du Progrés,* que a presença do equilíbrio é o complemento inevitável do incessante progresso do universo. O progresso é indefinido, mas infinito, e nem parece ter um objetivo, no sentido comum do termo. O progresso é uma "contínua transformação", uma negação do absoluto, "a afirmação do movimento universal e, em consequência, a negação de formas e fórmulas imutáveis, de todas as teorias de eternidade, permanência ou perfeição, de toda a ordem permanente, sem excluir a ordem do universo, e de todo o sujeito ou objeto, espiritual ou transcendental, que não mude". A fórmula é quase euclideana: ela sugere o fluxo de uma mudança incessante, mais do que o movimento dialético dos hegelianos e marxistas. Ela sugere um mundo onde a história perde sua rigidez no interfluxo de forças que se equilibram;

sugere a contradição como elemento positivo e produtivo e o equilíbrio como uma condição dinâmica num mundo que muda constantemente, sem jamais atingir a imobilidade da perfeição, porque a imperfeição é causa e consequência do seu eterno movimento.

Mas eu estaria deturpando o anarquismo, tal como apareceu na história, se finalizasse este capítulo de introdução deixando no leitor a impressão de que existe qualquer coisa na teoria anarquista que sugira uma aceitação passiva de inevitável processo. Para os anarquistas, apesar do determinismo científico que em determinadas ocasiões se introduziu de forma tão inconsistente na sua pregação, não há acontecimentos inevitáveis, principalmente na sociedade humana. Para eles, a história não caminha seguindo as linhas inflexíveis da necessidade dialética, como julgam os marxistas, mas da luta, e a luta humana é produto do exercício da vontade do homem, baseada no lampejo da consciência que existe dentro dele, reagindo ao estímulo de qualquer impulso – da razão ou da natureza – que desperte sua eterna ânsia de liberdade.

Foi essa consciência da necessidade da luta, da necessidade de tomar medidas práticas para obter a libertação da sociedade, que levou o anarquismo a entrar no mundo da política. E aqui levanto uma questão controvertida já que, embora discordem sobre as táticas que devem ser utilizadas para obter as transformações sociais, todos os anarquistas concordam ao considerar-se apolíticos e até mesmo antipolíticos. As mais ásperas batalhas entre anarquistas e marxistas foram travadas em torno da questão de saber se partidos políticos operários, cujo objetivo era apoderar-se da máquina do Estado, poderiam criar uma sociedade igualitária. Os anarquistas sempre repudiaram a ação política, afirmando que a máquina do Estado não deve ser tomada, mas abolida; que a revolução social não deve levar à ditadura de qualquer classe, mesmo do proletariado, mas à abolição de todas as classes.

Tal atitude pode na verdade ser descrita como antipolítica mas, assim como antiutopias tais como o *Admirável mundo novo* e *1984* fazem parte da literatura utópica, a antipolítica dos anarquistas faz parte da história política, condicionada pelas próprias instituições governamentais contra as quais luta. O desenvolvimento do anarquismo ocorreu paralelamente ao desenvolvimento de um Estado centralizado e, durante muitos anos, até seu desaparecimento como movimento numericamente significativo com a queda da República espanhola, o anarquismo foi parte integrante do modelo político da Europa e das Américas.

A diferença entre a concepção anarquista de estratégia num mundo dominado pela política e outras utilizadas pelos movimentos com os quais competiu é provocada, em parte, pelo individualismo libertário e, em parte, pela convicção – já observada por nós – de que, pelo menos em sentido amplo, os meios afetam profundamente os fins. Compartilhando metaforicamente a afirmação de Cristo de que não se podem trocar demônios por Belzebu, os anarquistas consideram contra-revolucionárias todas as instituições e partidos que têm como base a ideia de regular as transformações sociais por meio de atos do governo e leis criadas pelo homem. Como prova desse argumento, apontam o fato de que todas as revoluções realizadas por meios políticos acabaram sempre em ditadura: recorrer à coerção acabou por transformá-las, fazendo com que traíssem o ideal revolucionário. É por essa razão que os anarquistas não apenas rejeitam a ação política como tal, mas atacam também o reformismo – a ideia de que a sociedade poderá ser transformada através de medidas graduais – e negam a teoria de que deve haver um período de transição entre o Estado capitalista e a sociedade anarquista. Talvez seja realmente impossível que a sociedade consiga atingir a liberdade completa de uma só vez, mas o anarquista acredita que este deveria ser o seu objetivo básico e que ela deveria continuar lutando, utilizando todas as falhas da sociedade não liberada para atingi-lo.

Os anarquistas, portanto, baseiam suas táticas na teoria da "ação direta" e afirmam que os meios que utilizam são essencialmente sociais e econômicos. Tais meios incluem uma grande variedade de táticas, que vão desde a greve geral e a resistência ao serviço militar até a formação de comunidades cooperativas e uniões de crédito – com a finalidade de dissolver a ordem vigente e não apenas preparar a revolução social, como assegurar-se que, uma vez iniciada, ela não tomará rumos autocráticos. Mas a diferença entre meios socioeconômicos e políticos é, na verdade, bem menos definida do que geralmente afirmam os anarquistas, já que uma greve geral com o objetivo de provocar mudanças na estrutura política da sociedade – ou a dissolução dessa estrutura – é, na verdade, tal como Clausewitz disse sobre a guerra, ação política executada através de outros meios. O mesmo pode ser dito nas revoltas defendidas em vários períodos pelos anarquistas mais violentos e sobre os assassinatos cometidos pela minoria terrorista entre 1880 e 1890.

Mas não devemos permitir que a questão da definição oculte a diferença que realmente existe entre a ação direta advogada pelos anarquistas e os métodos utilizados por outros movimentos de esquerda. Pois é a diferença que une e caracteriza todas as várias táticas propostas pelos anarquistas; por mais que possam divergir sobre questões tais como o emprego ou não da violência, a ação da massa contra a ação individual – o fato é que todas são baseadas em decisões pessoais diretas. O indivíduo participa voluntariamente de uma greve geral, por sua livre e espontânea vontade, torna-se membro da comunidade; ou se recusa a prestar o serviço militar ou participa de uma rebelião. Não há coerção nem delegação de responsabilidades – o indivíduo vai ou vem, age ou deixa de agir segundo suas conveniências. É verdade que a imagem anarquista de revolução assume com frequência a forma de uma revolta espontânea do povo; mas o povo não é visto como uma massa, no sentido marxista, mas como uma coleção de indivíduos soberanos, cada um dos quais deve decidir sozinho se quer ou não agir.

As formas de ação revolucionária baseadas na vontade espontânea do indivíduo são obviamente acompanhadas pelo fim da sociedade livre, na qual a administração de assuntos econômicos e sociais será executada por pequenos grupos locais e funcionais que exigirão do indivíduo um mínimo de sacrifício de sua soberania, necessário para uma vida que foi descentralizada, desburocratizada e altamente simplificada. Na verdade, os indivíduos se reunirão em comunas e associações operárias e essas, por sua vez, serão reunidas em sessões regionais. As autoridades dominadoras serão substituídas por secretariados coordenados. Nessa rede orgânica de equilíbrio de interesses, baseada no anseio natural pela ajuda mútua, as formas artificiais de coerção tornar-se-ão desnecessárias.

A preocupação extremada com a soberania da escolha individual domina não apenas as ideias anarquistas sobre táticas revolucionárias e a futura estrutura da sociedade; ela também explica por que razão o anarquista rejeita tanto a democracia quanto a autocracia. Nenhuma concepção do anarquismo fica mais distante da verdade do que aquela que o considera uma forma extrema de democracia. A democracia prega a soberania do povo. O anarquismo, a soberania da pessoa. Isso significa que o anarquista nega muitas das formas e ideias democráticas. As instituições parlamentares são rejeitadas porque significam que o indivíduo abdicou de sua soberania, delegando-a a um representante e, ao fazê-lo, permitiu que fossem tomadas decisões em seu nome, sobre as quais já não tem nenhum controle. É por essa razão que os anarquistas consideram *votar* um ato que trai a liberdade, tanto simbolicamente quanto de fato. "O sufrágio universal é a contra-revolução", bradou Proudhon – e nenhum dos seus sucessores o contestou.

Mas a oposição anarquista à democracia vai além da simples disputa sobre modelos. Ela envolve a não aceitação da ideia de que o povo é uma entidade totalmente distinta dos indivíduos que a compõem; também implica a negação do governo popular. A esse respeito, Oscar Wilde falou pelos anarquistas quando disse: "Não há nenhuma necessidade de separar a monarquia da plebe: toda forma de autoridade é igualmente nociva". Os anarquistas rejeitam, principalmente, que a maioria tenha o direito de impor sua vontade à minoria. O direito não está nos números, mas na razão; a justiça não está na contagem de cabeças, mas na liberdade do coração dos homens. "Só há um poder – disse Godwin – ao qual posso votar uma genuína obediência: a decisão a que cheguei a partir da minha própria compreensão, os ditames da minha própria consciência."

E Proudhon pensava tanto em Napoleão III quanto na democracia ao declarar, orgulhosamente: "Quem quer que coloque a mão sobre mim para governar-me é um usurpador e um tirano – eu o declaro meu inimigo!"

Na verdade, o ideal do anarquismo, longe de ser a democracia levada até seu fim lógico, se aproxima mais da aristocracia universalizada e purificada. Aqui a espiral da história fechou o círculo e onde a aristocracia – que atingiu seu ponto máximo na visão rebelaisiana do abade de Thelème – exigia que os homens nobres fossem livres, o anarquismo sempre afirmou a nobreza dos homens livres. Na visão definitiva do anarquismo, esses homens aparecem como deuses, majestosos, uma geração de príncipes; como os descreveu Shelley:

> *A odiosa máscara caiu, e o homem permanece*
> *sem cetro, livre, sem restrições, mas homem*
> *igual, sem castas, tribos ou nações,*
> *isento de medo, respeito, hierarquias.*
> *Rei de si mesmo; apenas gentil, sábio, mas homem*

sem paixões? – não, entretanto livre de culpa ou
⠀⠀⠀⠀⠀⠀⠀⠀⠀⠀⠀⠀⠀⠀⠀⠀⠀⠀⠀⠀⠀[sofrimento
que por sua vontade tivesse criado ou sofrido
ainda não isento da sorte, da morte e da inconstância
embora ordenando-as como se escravas fossem.
Os obstáculos daquilo que, de outra maneira,
poderia voar demasiado alto
como a mais sublime estrela do firmamento
elevando-se acima do vazio intenso.

Mas esta é a visão anarquista do homem num mundo ainda fora da história e do tempo. Passemos agora à imagem, um tanto ou quanto diferente, do anarquismo tal como até agora aparece na história.

A árvore genealógica

O anarquismo é uma doutrina inspirada e dominada pelo paradoxo, e é por isso que, embora teoricamente rejeitem a tradição, seus defensores estejam sempre tão preocupados com a linhagem da sua doutrina. Essa preocupação tem origem na ideia de que o anarquismo é uma manifestação dos anseios naturais do ser humano e que a tendência a criar instituições autoritárias é que seria uma aberração temporária. Se aceitarmos esse ponto de vista, o anarquismo não seria então apenas um fenômeno do presente e os vários aspectos que têm assumido na história seriam simplesmente as diferentes fases de um elemento permanente da sociedade. É à investigação desse elemento permanente, mas esquivo, que anarquistas históricos como Kropotkin, Max Nettlau e Rudolf Rocker dedicaram grande parte de suas vidas.

A árvore genealógica que esses escritores cultivaram tão cuidadosamente é um espécime magnífico e à sombra de seus galhos encontramos alguns antepassados surpreendentes. Kropotkin foi talvez o mais extremado entre os genealogistas do anarquismo, pois procurou encontrar a verdadeira origem da sua doutrina não entre determinados filósofos isolados, mas na massa anônima do povo. "O anarquismo – declarou ele – surgiu entre o povo e só conseguirá preservar sua vitalidade e sua força criativa enquanto continuar sendo um movimento popular."

Em *A ciência moderna e o anarquismo* essa crença é elaborada em termos históricos. "Através dos tempos – diz Kropotkin no seu livro – sempre houve duas correntes de pensamento e ação em conflito nas sociedades humanas." Elas são, de um lado, a tendência à "ajuda mútua", exemplificada pelos costumes tribais, pelas comunidades aldeãs, pelas guildas medievais e, na verdade, por todas as instituições "criadas e mantidas não através de leis mas pelo espírito criativo das massas"; e, por outro lado, a corrente autoritária, que começa com os curandeiros, magos, bruxos, feiticeiros, oráculos e sacerdotes, até chegar aos oficiais de registro e aos "chefes de bandas militares". "É evidente – conclui Kropotkin dogmaticamente – que a anarquia representa a primeira dessas duas correntes... Podemos portanto afirmar que, através dos tempos, sempre houve anarquistas e partidários do Estado." Em outra ocasião, Kropotkin conjetura que "as raízes do anarquismo remontam à mais remota antiguidade, a Idade da Pedra", e, a partir dessa visão extremamente pessoal da pré-história, passa a examinar toda a gama de movimentos rebeldes, até os primeiros sindicalistas franceses, concluindo finalmente que "essas são as principais correntes anarquistas populares da história".

Paralelamente a essa busca de Kropotkin por um anarquismo popular, anônimo e desarticulado, existe a pesquisa de outros historiadores do movimento, tentando descobrir elementos anarquistas nas ideias de filósofos e escritores do passado. Essas pesquisas resultaram na inclusão dos nomes de Lao-Tsé e Zeno, Étienne de La Noétie, Fénelon e Diderot. A deliciosa utopia cavalheiresca do abade de Thelème justificou a inclusão de Rabelais entre os precursores do anarquismo, com base no seu lema libertário "Faça o que quiser!" Movimentos religiosos como os dos anabatistas, hussitas, os doukhobors e os essenes foram incluídos *en masse* e o tolstoiano francês Lechartier não estava de modo algum sozinho quando declarou que "o verdadeiro fundador da anarquia foi Jesus Cristo... e a primeira sociedade anarquista foi a dos apóstolos". Dois historiadores do anarquismo, Alain Sargent e Claude Harmel, descobriram que o primeiro anarquista foi Jean Meslier, o cura de Étrepigny, que viveu no século XVIII, cujo ressentimento contra as autoridades civis e eclesiásticas do seu tempo o levou a escrever um grande testamento, que legou aos seus paroquianos rurais (e que as autoridades da Igreja interceptaram após a sua morte, não tendo jamais chegado ao conhecimento dos camponeses, aos quais se destinava). Nele, o cura denunciava todas as formas de autoridade e defendia a criação de uma sociedade bucólica, baseada na amizade entre as comunidades camponesas. E James A. Preu, um professor americano, acaba de provar (de forma que julga convincente) que a essência da *Justiça política* de Godwin – e, por extensão, de todo o pensamento anarquista – pode ser encontrada no Livro IV das *Viagens de Gulliver* – e não foi ele o primeiro a reconhecer no deão conservador um antepassado disfarçado dos anarquistas. Mas as raízes dessa árvore genealógica que não para de crescer são demasiado frágeis para a quantidade de ramos que devem sustentar. Um rápido exame dos autores citados mostra que aquilo que foi tantas vezes apresentado como a pré-história do anarquismo não passa, na verdade, de uma mitologia criada para emprestar autoridade a um movimento e suas teorias, assim como uma tribo ou clã primitivas criavam seus mitos totêmicos para emprestar autoridade à tradição ou aos tabus. Essa mitologia é sustentada pela incapacidade de entender que, embora a rebelião e o desejo de liberdade sejam, ambos, elementos muito antigos na sociedade humana, eles mudam de feição de acordo com as diferentes situações históricas. Se considerarmos, por exemplo, os grandes rebeldes da antiguidade clássica, como Brutus e Spartaco, percebemos que cada um deles buscou sua própria ideia de liberdade; e no entanto, nem Brutus, lutando pelos interesses de uma oligarquia aristocrática contra a ameaça de uma ditadura, nem Spartaco, procurando libertar os escravos para que eles pudessem retomar o curso interrompido de suas vidas em seus próprios países, teriam compartilhado ou entendido determinados conceitos de igualdade econômica e liberdade sem classes que os anarquistas do século XIX desenvolveram como forma de reação a um Estado capitalista cada vez mais centralizado e mecanizado.

Em geral, os historiadores anarquistas confundiram certas atitudes que constituem a essência do anarquismo – a crença na decência intrínseca do homem, o desejo de liberdade individual, a intolerância diante da dominação – enquanto movimento e doutrina, surgida num determinado momento histórico, com teorias, objetivos e métodos específicos. Essas atitudes básicas podem ser sem dúvida encontradas através da história, datando pelo menos da Grécia antiga. Mas o anarquismo como tendência desenvolvida, articulada e facilmente identificável só aparece na era moderna de revoluções sociais e políticas conscientes.

Sua excentricidade, que combinava uma visão moral com uma crítica radical à sociedade, só começaria a aparecer de forma perceptível depois do colapso da ordem medieval. Esse colapso daria origem, por um lado, ao aparecimento do nacionalismo e do Estado centralizado moderno e, por outro, ao surgimento de uma tendência revolucionária que muito cedo começou a desenvolver correntes libertárias e autoritárias que amadureceriam no século XIX durante os conflitos entre marxismo e anarquismo.

Assim como a dissolução da sociedade medieval assumiu formas eclesiásticas, sociais e políticas que são difíceis de separar, os movimentos da revolta também conservaram até o fim do século XVII um aspecto tríplice. Durante esse período, as críticas mais severas não eram feitas por humanistas, mas por dissidentes religiosos fundamentalistas, que atacavam ao mesmo tempo a Igreja e os modernos sistemas baseados na autoridade e na propriedade privada, com base numa interpretação literal da Bíblia. Implícito nas suas reivindicações estava o desejo por uma volta à justiça natural do Paraíso. Tenha ou não sido declamada por John Ball, um sacerdote ignorante e de baixa classe, os famosos versos:

Quem era o senhor
Quando Adão arava
E Eva fiava?

são sintomáticos da ânsia por um retorno à simplicidade perdida que, quase trezentos anos depois, ainda ecoava nos panfletos do período da República inglesa de 1649.

As reivindicações dos camponeses que se revoltaram na Inglaterra do século XIV e na Alemanha, no início do século XVI, não eram, em si, revolucionárias. Os descontentes desejavam o fim das imposições da Igreja e dos lordes; desejavam, acima de tudo, a extinção total da moribunda instituição da servidão. Mas poucos iam além dessas simples exigências reformistas e a crença ingênua em certos aspectos do feudalismo ficou demonstrada pela confiança com que os camponeses ingleses acreditaram nas promessas de Ricardo III, mesmo depois da execução do seu líder Waltt Wyler. Podemos comparar essa atitude com a dos analfabetos russos quando marcharam até o Palácio de Inverno, em 1905, conduzidos pelo padre Gapon, na esperança tragicamente tola de que iriam encontrar não as balas que na verdade os esperavam, mas a compaixão e a compreensão do czar, a quem – no seu mundo semifeudal – continuavam considerando o Pai da Pátria.

Entretanto, foi entre os líderes dos camponeses da Inglaterra e da Alemanha que apareceram os primeiros sinais do tipo de crítica social que acabaria por se transformar em anarquismo. O fragmento do discurso de John Ball preservado por Froissart – quase tudo o que sabemos sobre as opiniões desse homem violento, cuja presença mal pôde ser percebida entre as sombras medievais – ataca tanto a autoridade quanto a propriedade, sugerindo que existe um elo entre ambas – o que antecipa os argumentos desenvolvidos pelos anarquistas do século XIX: "As coisas não podem ir bem na Inglaterra, nem jamais irão até que todos os bens sejam comuns a todos, até que não existam nem servos nem senhores e sejamos todos iguais. Pois que razão têm aqueles a quem chamamos senhores para aproveitar-se de nós? O que fizeram para merecê-lo? Por que nos mantêm em servidão? Se descendemos todos do mesmo pai e da mesma mãe, Adão e Eva, como podem afirmar e provar que são mais senhores do que nós? Exceto talvez porque nos fazem trabalhar para que eles gastem!"

O tom desse discurso parece autêntico, mesmo que o cronista tenha avivado certos detalhes. Ele tem aquela estranha mistura de exaltação religiosa e denúncia social que aprendemos a identificar à medida que a Reforma ia assumindo formas mais radicais. Mas, embora John Ball ataque a propriedade privada e exija igualdade, não parece rejeitar especificamente o governo como tal. E durante muito tempo vemos surgir reivindicações por um comunismo igualitário partindo do que ainda continuava sendo uma estrutura autoritária. A primeira apresentação literária da sociedade igualitária ideal, a *Utopia,* de Thomas Moro (1516), é governada por uma autoridade eleita por um sistema bastante complexo e impõe regras de comportamento individual extraordinariamente severas. E, muito embora tenham sido feitos esforços para descobrir elementos anarquistas na revolta dos camponeses alemães liderada por Tomás Munzer, e na comuna anabatista de Münster, na prática esses movimentos parecem negar as atitudes antiautoritárias sugeridas pelas declarações de alguns de seus líderes. Munzer, por exemplo, denunciou a autoridade, mas não fez nenhuma sugestão concreta sobre o tipo de sociedade capaz de sobreviver sem ela, e quando tentou instalar sua comunidade ideal em Mülhausen, esta na verdade não se parecia em nada com uma comunidade anarquista.

Engels resumiu essa situação de forma bastante clara na sua *As guerras camponesas na Alemanha:* "Proclamou-se a posse comum de todos os bens, as mesmas e universais obrigações de trabalho e a abolição de todas as formas de autoridade. Mas, na verdade, Mülhausen continuou sendo uma cidade imperial republicana, com uma constituição levemente democrática, um senado eleito por sufrágio universal e sob o controle de um foro e um sistema improvisado para alimentar os pobres. As transformações sociais que tanto horrorizaram os protestantes da classe média da época jamais foram além de uma tênue e inconsciente tentativa para estabelecer prematuramente a sociedade burguesa de um período posterior".

Quanto aos anabatistas, seus ataques contra a autoridade terrena foram desmentidos pelas inclinações teocráticas que demonstraram possuir na prática e houve poucas evidências de que tivessem assumido atitudes genuinamente libertárias quando tentaram impor o comunismo à força em Münster, quando expulsaram da cidade todos aqueles que se recusaram a tornar-se anabatistas, ou na iconoclasia que resultou na destruição de manuscritos e instrumentos musicais. Um pequeno grupo de santos anabatistas parece ter exercido uma autoridade um tanto impiedosa durante a maior parte da tempestuosa história da comuna de Münster. No fim desse período, Jan de Leyden tornou-se não apenas o líder espiritual como o chefe temporal da cidade, afirmando ser o Rei da Terra, destinado a introduzir a Quinta Monarquia que iria preparar a segunda vinda de Cristo.

O que parecia faltar a esses movimentos, do ponto de vista anarquista, era o elemento de individualismo que teria contrabalançado seu igualitarismo. Libertar-se da tendência medieval de ver o homem como um membro de uma comunidade ordenada por Deus foi um processo lento e talvez tenha sido ainda mais lento entre os camponeses e artífices – acostumados ao modelo comunitário das guildas e aldeias – nos quais se baseavam inteiramente as revoltas camponesas e os movimentos anabatistas. Aqui, os historiadores anarquistas cometem o erro de pensar que as comunidades populares primitivas ou medievais baseadas na ajuda mútua e toscamente igualitárias por natureza são também individualistas. Na maioria das vezes, acontecia exatamente o oposto – elas prefeririam manter um modelo tradicional no qual o conformismo é esperado e o excepcional provoca indignação.

Na Europa pós-medieval a tendência individualista surgiu entre as classes cultas das cidades italianas do *Quattrocento;* ela aparece sob a forma de um culto à personalidade sem qualquer relação com reforma social e resulta tanto no orgulho do ditador quanto no desejo do sábio humanista, por múltiplas satisfações, criando um novo interesse pelo homem como indivíduo e não como simples membro da ordem social. Impregna a literatura do sul da Europa desde Dante e, com Chaucer, a literatura inglesa até dar origem a formas literárias individualistas, tais como o teatro elizabetano, a biografia, a autobiografia e, eventualmente, o romance, todas baseadas no crescente interesse pela natureza emocional e psicológica do homem, definido contra e não como parte do cenário social.

Paralelamente a essa exaltação do indivíduo no plano leigo, os últimos estágios da Reforma culminam num radicalismo religioso que vai além das seitas giliastas, como a dos anabatistas. Esse individualismo cria, principalmente entre os quakers, uma visão personalista da religião, rejeitando formas organizadas e tomando como base a ideia da "luz interior" ou, como chamou George Fox, "o Deus que habita em cada homem", uma ideia semelhante à de Tolstoi e não muito diferente da concepção que alguns anarquistas tinham sobre justiça imanente.

Todas essas tendências religiosas e seculares empurraram o século XVII em direção a uma consciência cada vez maior do valor da liberdade individual. Foi durante a Guerra Civil inglesa que essa tendência produziu o primeiro movimento com características anarquistas.

Em ambos os lados, os homens que combateram nessa guerra eram muito mais herdeiros do individualismo renascentista do que comumente se acredita. Talvez não haja exemplo tão extraordinário do culto barroco à personalidade do que o Satã criado por Milton. Em outra direção, o aparecimento dos independentes, em oposição aos calvinistas, demonstra a crescente tendência para atribuir um maior valor à consciência pessoal, como orientadora das escolhas morais e religiosas. Aqui, foi mais uma vez Milton na *Areopagitica* que chegou a uma conclusão que é bem mais libertária do que liberal. As transformações econômicas e sociais, o aparecimento dos primeiros sinais de um capitalismo primitivo e a consolidação do domínio da classe dos proprietários rurais, todos esses sinais apontavam na mesma direção e se combinavam para produzir uma situação de extrema tensão política que levou, através da rebelião, à formação da primeira ditadura revolucionária moderna – o protótipo cromwelliano de Estado totalitário – e também à sua contradição.

Pois o próprio individualismo que mergulhou a classe média numa luta política e militar, criando uma oligarquia de classes mascarada por pronunciamentos democráticos, teve como resultado o aparecimento de movimentos radicais entre as classes mais baixas. O maior deles foi o dos *niveladores*, ancestrais dos chartistas e defensores do sufrágio universal. Embora alguns deles – como Walwyn – sugerissem a adoção da propriedade comunitária, seu objetivo principal não era a conquista da igualdade econômica, mas da igualdade política. Reivindicavam também uma constituição democrática que acabasse com os privilégios que os oficiais de mais alta patente da Admirável Armada concediam a si próprios. Numa curiosa antecipação às agressões que surgiriam durante a Revolução Francesa, um panfletário cromwelliano estigmatizou os niveladores, chamando-os de "anarquistas suíços". Mas os legítimos representantes da ala anarquista do movimento revolucionário inglês do século XVII não eram os niveladores, mas um outro grupo efêmero, cuja estranha forma de protesto social valeu-lhe o nome de "cavadores".

Os niveladores saíam principalmente dos níveis mais baixos da Nova Armada Modelo, desejosos de participar do governo de um país que haviam ajudado a libertar do jugo dos reis por Direito Divino. Os cavadores, por outro lado, eram em sua maioria homens pobres, vítimas da recessão econômica que se seguiu à Guerra Civil, e suas reivindicações tinham um cunho social e econômico. Acreditavam ter sido roubados por aqueles que continuavam ricos, não apenas de seus direitos políticos, mas até mesmo do direito elementar aos meios de sobrevivência. Seus protestos eram um brado de fome e seus líderes, Gerrard Winstanley e William Everard, tinham sofrido na carne os problemas da época. Winstanley era um ex-negociante de fazendas de Lancashire que viera para Londres, onde se estabeleceu no comércio de tecidos e foi arruinado pela recessão. "Fui roubado de todos os meus bens e de meus negócios e obrigado a aceitar a caridade de amigos que me dão crédito para que eu possa levar uma vida de privações." Everard era um velho combatente da Guerra Civil que havia sido expulso do exército por distribuir propaganda a favor dos niveladores.

Os cavadores criaram sua teoria em 1648 e passaram à ação em 1649. No primeiro panfleto de Winstanley *A verdade erguendo-se por sobre as nuvens,* estabeleceu-se a base filosófica do movimento, dando-lhe um cunho racionalista. Na visão de Winstanley, Deus não era outro senão "aquele espírito ininteligível, a razão". "E onde habita a razão?" – pergunta ele. Ela está em todas as criaturas, de acordo com sua natureza e essência, mas especialmente no homem. Por esse motivo, o homem é chamado de ser racional... "Este – continua ele, numa interessante antecipação de Tolstoi – é o Reinado de Deus no Homem."

A partir dessa concepção quase panteísta do homem como sendo a razão intrínseca, surge uma teoria de conduta segundo a qual, ao agir de acordo com sua própria natureza racional, o homem estaria cumprindo seu dever como ser social.

"Permita que a razão governe o homem e ele não se atreverá a transgredir contra seus semelhantes, mas fará a eles o que quer que lhe tenham feito. Pois a razão lhe diz que, se o vizinho está hoje faminto e nu, é preciso alimentá-lo e vesti-lo, pois talvez isso aconteça contigo amanhã e então ele estará pronto a ajudar-te."

Essas palavras aproximam-se bastante do verdadeiro Cristianismo, mas também estão próximas às teorias de Kropotkin sobre a motivação para a ajuda mútua. No mais radical de todos os seus panfletos, *A nova lei da justiça,* Winstanley lança uma série de proposições que reforçam os elementos anarquistas do seu pensamento.

Igualando Cristo à "liberdade universal", ele começa com uma exposição sobre a natureza corruptora da autoridade – e aqui faz uma crítica não apenas ao poder político, mas ao poder econômico do patrão sobre o empregado, do poder familiar do pai sobre o filho e do marido sobre a esposa.

"Todo aquele que tem autoridade nas mãos procede como um tirano; quantos maridos, pais, patrões, juízes portam-se como senhores, oprimindo os que estão sob seu poder, sem saber que essas esposas, filhos, servos e súditos são seus semelhantes e têm os mesmos direitos a repartir as bênçãos da liberdade."

Mas esse "direito de repartir com eles as bênçãos da liberdade" não é um privilégio abstrato. A sua conquista depende de um ataque ao direito de propriedade – e aqui Winstanley insiste na estreita ligação entre poder político e econômico.

"E que todos os homens digam o que quiserem: enquanto tais senhores afirmarem que a terra lhes pertence, protegendo essa propriedade privativa, que é minha e tua, o povo jamais conseguirá obter a liberdade e a Terra não ficará livre de problemas, opressões e queixas. É por essa razão que o Criador de todas as coisas está constantemente enfurecido."

Se a crítica que Winstanley faz da sociedade, tal como a vê nesse momento crucial de sua carreira, acaba numa rejeição tipicamente libertária, tanto da autoridade como da propaganda, sua visão do tipo de sociedade igualitária que gostaria de criar incorpora muitas das características de uma sociedade ideal, tal como seria imaginada pelos anarquistas dois séculos mais tarde.

"Quando a lei universal de igualdade surgir em todos os homens e mulheres, ninguém poderá então reivindicar direitos sobre qualquer criatura e dizer 'Isto é meu e aquilo é teu'. Este é o meu trabalho, aquele o teu. Todos cultivarão a terra e cuidarão do gado; e as bênçãos da terra serão comuns a todos; sempre que um homem sentir necessidade de grãos ou de gado, poderá retirá-los no primeiro depósito que encontrar. Já não haverá compra nem venda, nem feiras ou mercados, e a terra será um tesouro compartilhado por todos os homens, pois ela é do Senhor... Pois quando um homem tem o que comer e beber e roupas para vestir, ele tem o suficiente. E todos trabalharão com entusiasmo para realizar as tarefas necessárias, um auxiliando o outro. Não haverá senhores de outros homens, mas todos serão senhores de si mesmos, sujeitos às leis da justiça, da razão e da igualdade que habita e governa nele, que é o Senhor."

Trabalho em comum e seus produtos repartidos igualmente; nenhum governo; homens vivendo em harmonia, segundo a inspiração de suas consciências. Comércio abolido e, em seu lugar, um sistema de armazéns abertos. Tudo isso parece o primeiro esboço tosco da sociedade anarco-comunista imaginada por Kropotkin, e esse esboço recebe um toque final, que o transforma numa cópia reconhecível, quando descobrimos que Winstanley antecipou toda a série de filósofos libertários, ao condenar o castigo, afirmando que o crime é uma consequência da desigualdade social.

"Certamente é a propriedade individual e privada a responsável pela miséria do povo. Pois, primeiro ela faz com que as pessoas roubem umas das outras e, depois, cria leis para enforcar aqueles que roubaram. Ela induz à prática do mal e depois mata quem o praticou. Que todos julguem se esse não é realmente um grande mal!"

Winstanley insiste em afirmar que a única forma de acabar com a injustiça social seria fazer com que o próprio povo agisse e falasse com fervor apocalíptico no papel que os pobres irão desempenhar na reforma do mundo.

"O Pai está agora criando um povo para si, do pó de que é feita a mais baixa e desprezada espécie de gente; e é deles e para eles que primeiro surgirá a Lei da Justiça."

O povo deve agir, sustenta Winstanley, apossando-se da terra, que representa a principal fonte de riqueza, e trabalhando nela. Ele não julgava necessário utilizar a força para tomar as propriedades dos ricos. Os pobres poderiam ocupar as terras públicas e as servidões (que, segundo sua estimativa, ocupariam dois terços do país) e cultivá-las em conjunto.

Uma vez dado o exemplo, todos aprenderiam a apreciar as virtudes da vida comunitária e a terra passaria a ser um "tesouro comum", garantindo muita liberdade para todos. As melhores páginas de *A nova lei da justiça* atingem um tom de fervor profético: "E quando o Senhor me tiver mostrado o local e os meios pelos quais fará com que nós, o chamado povo, fertilizemos e trabalhemos a terra que é de todos, eu então me adiantarei e declararei ser meu dever comer o pão com o suor da minha fronte, sem dar ou pedir paga, considerando a terra tão minha quanto dos outros".

O Senhor não tardou. *A nova lei da justiça* foi publicada em janeiro de 1649 e nos primeiros dias de abril Winstanley e seus companheiros iniciaram a campanha de ação direta, instalando-se em St. George Hill, perto de Walton-on-Thames, onde começaram a trabalhar na terra, semeando trigo, nabo, cenouras e feijão. Era um grupo de cerca de quarenta pessoas e Winstanley convidou os camponeses locais para que se unissem a eles, prevendo que em pouco o grupo teria cinco mil integrantes. Mas os cavadores pareciam não ter despertado muita simpatia entre seus vizinhos mais pobres e muita hostilidade entre o clero e os proprietários rurais. Foram surrados por capangas, multados por juízes, seu gado foi roubado e os brotos recém-plantados arrancados da terra. Suas frágeis cabanas foram incendiadas e tiveram de comparecer diante do general Fairfaix, que não conseguiu intimidá-los. Enviaram tropas de soldados para investigá-los, mas estas foram rapidamente afastadas quando os soldados demonstraram demasiado interesse pelas doutrinas dos cavadores. Durante todos esses meses difíceis, Winstanley e seus companheiros recusaram-se a reagir, usando a violência que tanto detestavam. Por todo o ano de 1649 sucederam-se os panfletos, cheios de justas queixas contra um mundo que se recusava a reconhecê-los; chegaram até a enviar apóstolos que andavam pela região instigando os camponeses a ocupar terras públicas em vários locais, desde os condados até regiões tão distantes quanto Gloucestershire.

Mas nem a perseverança dos cavadores foi capaz de resistir àquela perseguição sem tréguas e assim, em março de 1650, os pioneiros deixavam St. George Hill, abandonando a tentativa de converter a Inglaterra ao comunismo rural pela força do exemplo. As outras colônias tiveram vida ainda mais breve e pelo fim de 1650, os cavadores haviam desaparecido com o movimento.

Durante algum tempo, Winstanley continuou a difundir suas ideias, agora exclusivamente através da literatura, e em 1652 tentou fazer a sua mais improvável conversão, dedicando a Cromwell o último e mais longo dos seus trabalhos – *A lei da liberdade numa plataforma* ou *A restauração da verdadeira magistratura*. O tom relativamente moderado desse panfleto sugere que a experiência de St. George Hill conseguira não apenas diminuir o entusiasmo de Winstanley como tornar suas ideias um pouco menos radicais. Pois embora continue a defender um comunismo quase absoluto e apresente um plano político semelhante ao dos niveladores mais extremados, prevendo um parlamento que se renovaria anualmente, a utilização de vários funcionários e administradores, introduzindo o trabalho compulsório e chegando até a admitir a pena de morte para certos crimes contra a comunidade, *A lei da liberdade* recebeu pouca atenção e, depois, de sua publicação Winstanley recolheu-se à sombra de um anonimato tão absoluto, que desconhecemos até mesmo o local e a data de sua morte.

O movimento dos cavadores não deixou qualquer herança para outros movimentos políticos e sociais que surgiram depois dele, embora tenha exercido alguma influência sobre os quakers, que haviam atraído alguns dos antigos cavadores. Na verdade, foi tão completamente esquecido que mesmo William Godwin, ao escrever a *História do Commonwealth,* não parece ter percebido o quanto a doutrina dos cavadores se parecia com aquela que ele próprio havia criado na sua *Justiça política.* Só no final do século XIX seria reconhecida a importância de Winstanley como precursor das modernas ideologias sociais e, então, baseado apenas nas suas ideias comunistas, alguns marxistas tentaram transformá-lo num dos antepassados do marxismo. Mas não havia o menor vestígio de marxismo no paraíso rural que Winstanley imaginou na sua *Lei da justiça.* Seu comunismo é inteiramente libertário e o esforço de Winstanley e seus amigos para pôr em prática esses princípios durante a experiência de St. George Hill coloca-o entre os precursores da tradição anarquista.

Nenhum incidente ou movimento da Revolução Americana ou Francesa apresentou uma miniatura tão profética do anarquismo do futuro como o que os cavadores criaram em 1648 e 1649. Durante o século XIX, tanto os Estados Unidos quanto a França viriam a conhecer uma grande variedade de teorias e ações de cunho anarquista, mas todas as manifestações dessa tendência nas grandes revoluções do século XVIII foram impulsivas e incompletas.

Alguns escritores detectaram elementos anarquistas na democracia de Thomas Jefferson, mas, embora tanto ele quanto seus discípulos – especialmente Joel Barlow – admirassem a *Justiça política,* não há nada em sua obra que indique ter ele aceito sem reservas as ideias radicais de

Godwin ou que tenha sido mais do que um opositor na teoria do governo excessivamente atuante. Quando fez aquela sua famosa afirmação – "O melhor governo é aquele que menos governa" –, não estava rejeitando a autoridade, mas, ao contrário, pensava que esse governo poderia tornar-se inofensivo se o povo participasse ativamente dele.

"A influência exercida sobre o governo deve ser compartilhada por todo o povo. Se cada indivíduo que compõe essa massa participar da autoridade suprema, o governo estará a salvo, pois ninguém terá jamais meios suficientes para corromper toda a massa."

Passagens como esta deixam evidente que Jefferson pensava num sistema de sufrágio universal em que o goverrno seria exercido pelo povo, até onde isso fosse possível – algo tão oposto às ideias anarquistas quanto qualquer outra espécie de autoridade. E, embora também julgasse que uma pequena rebelião ocasional podia trazer tantos benefícios ao mundo político quanto uma tempestade ao mundo físico, ele as via muito mais como uma força corretiva do que revolucionária. "Elas impedem a corrupção e estimulam a atenção geral para os negócios públicos."

Na verdade, toda a carreira de Jefferson – tanto como presidente expansionista, cavalheiro e senhor de escravos na Virgínia quanto como líder político partidário da conciliação – reforça o sentido autoritário de toda a sua obra e vai de encontro à ideia daqueles que pretendiam colocá-lo no Panteon dos ancestrais anarquistas.

Mais direitos a figurar nesse Panteon teria Thomas Paine, cuja vida fez dele a personificação dos ideais comuns aos movimentos revolucionários da Inglaterra, dos Estados Unidos e da França no fim do século XVIII. A extrema desconfiança de Paine em relação ao governo iria sem dúvida influenciar Godwin, que conviveu com ele durante os anos cruciais de 1789 a 1792. As discussões que os dois tiveram sobre os deméritos do governo seriam citadas na *Justiça política,* tornando-se parte do seu contexto. Paine era um daqueles que pensavam ser o governo uma necessidade, embora desagradável, algo que nos foi imposto como consequência do declínio da inocência original do homem. No início da Guerra da Independência, num panfleto histórico intitulado *Senso comum,* ele estabelece distinções entre sociedade e governo que o aproximam bastante das ideias que Godwin viria a defender mais tarde.

"Alguns autores confundiram de tal modo a sociedade com o governo, que mal conseguem distinguir entre um e outro. Entretanto, eles não apenas são diferentes, como têm origens diversas. A sociedade é produto das nossas necessidades; o governo, da nossa iniquidade. A primeira promove a nossa felicidade de forma positiva, unindo nossas afeições; o segundo, negativamente, reprimindo nossos vícios. Uma estimula a comunicação; o outro cria distinções. O primeiro protege, o último castiga.

"A sociedade é sempre uma bênção. O governo, mesmo nos seus melhores momentos, é um mal necessário; nos piores, chega a ser um mal intolerável. Pois, quando sofremos ou somos expostos pelo governo às mesmas desgraças que poderíamos esperar num país sem governo, nossa desventura é ainda maior quando refletimos que fomos nós que criamos os meios que nos fazem sofrer. Tal como a roupa, o governo e o símbolo da inocência perdida, os palácios dos reis são construídos sobre as ruínas dos caramanchões do paraíso."

A desconfiança de Paine em relação ao governo é persistente; na verdade, ela foi intensificada pelas dificuldades que teve de enfrentar, mesmo com os governos revolucionários, provocadas pela sua honestidade. Dezesseis anos mais tarde, no *Direito do homem,* ele oporia às exigências do governo a influência benéfica daqueles impulsos sociais naturais que Kropotkin usaria como tema de sua *Ajuda mútua.*

"A maior parte da ordem que reina entre a humanidade não é obra do governo. Ela tem origem nos princípios que regem a sociedade e na própria constituição natural dos homens. Ela já existia antes do governo e existiria mesmo que essa formalidade fosse extinta. A dependência mútua e o interesse recíproco que existe entre os homens, e entre todas as partes que compõem uma comunidade civilizada, cria a grande corrente que os mantêm unidos. O proprietário rural, o fazendeiro, o industrial, o comerciante e todas as outras profissões prosperam graças ao auxílio que uns recebem dos outros e da sociedade como um todo. São os interesses comuns que regem suas preocupações e fazem suas leis; e as leis criadas pelo interesse comum são muito mais importantes do que aquelas criadas pelo governo."

Nesse mesmo livro, Paine – tal como Godwin – fala do governo como de um obstáculo "à inclinação natural pela vida em sociedade" e afirma: "Quanto mais perfeita a civilização, menos necessidade terá de um governo, porque mais capacidade terá para resolver seus próprios problemas e autogovernar-se". Aqui vemos a ideia que caracteriza o anarquista típico, um homem que vive no presente mau e dominado pelo governo, os olhos voltados para o passado – um paraíso de primitiva inocência perdida –, e para o futuro – cuja civilizada simplicidade irá recriar a Idade de Ouro da liberdade. Paine se aproximava bastante dos anarquistas em temperamento e ideias e só a sua falta de otimismo no futuro imediato o impediu de se tornar um deles.

A ausência de expressões nativas do anarquismo observada durante o período da Revolução Americana pode ser explicada, em parte, pelo fato de que as profundas divisões sociais que separaram cavadores e niveladores durante a Revolução Inglesa eram mascaradas, na América, pelo desejo comum de libertar-se da opressão estrangeira. Essas divisões só se tornariam evidentes durante o século XIX.

Na Revolução Francesa, por outro lado, o choque entre as duas tendências – libertária e autoritária – era evidente e em certas ocasiões chegava a assumir formas violentas. Kropotkin dedicou uma de suas obras mais eruditas, *A Grande Revolução Francesa,* à interpretação dos movimentos populares ocorridos durante os tempestuosos anos que vão de 1789 até o fim do governo jacobino, em 1793. Sua parcialidade em favor dos anarquistas leva-o a dar excessiva ênfase aos elementos libertários, mas permite-lhe também ver os acontecimentos estereoscopicamente, realçados por causas sociais e econômicas e não apenas como simples luta entre partidos e personalidades políticas.

Tal como Kropotkin, também percebemos que durante esse período surgiram algumas das ideias que eventualmente se transformariam no anarquismo do século XIX.

Condorcet, um dos cérebros mais fecundos da época, que acreditava no progresso infinito do homem rumo a uma liberdade sem classes, já havia anunciado – enquanto se escondia dos jacobinos – a ideia da *mutualité,* que viria a ser um dos pilares do anarquismo de Proudhon. Condorcet concebeu o plano de criação de uma grande associação de "ajuda mútua", que reuniria todos os operários para salvá-los do perigo das crises econômicas, durante as quais eram normalmente obrigados a vender seu trabalho em troca de salários de fome.

O outro pilar do anarquismo proudhoniano era o federalismo, objeto de muitas discussões e experiências durante a Revolução. Os girondinos o concebiam como um expediente político. E, enquanto a Comuna de Paris veria na criação da República Federal, em 1871, um meio de salvar Paris de uma França reacionária, os girondinos imaginavam que ela poderia salvar a França de uma Paris jacobina. Um tipo mais autêntico de federalismo social surgiu então entre as várias instituições revolucionárias semi-espontâneas da época, primeiro nos "distritos ou seções" em que fora dividida a capital para fins eleitorais, dando origem à Comuna de Paris, e depois na rede de Sociedades Populares e Irmandades, assim como nos Comitês Revolucionários, que aos poucos iam tomando o lugar das seções, à medida que estas se tornavam órgãos políticos subordinados, dominados pelos jacobinos. A esse respeito, Kropotkin cita uma passagem interessante dos *Atos da Comuna* de Sigismond Lacroix:

"O estado de ânimo dos distritos... se expressa por um forte sentimento de união comunitária e por uma tendência não menos forte em favor do autogoverno. Paris não queria ser uma federação de sessenta repúblicas demarcadas aleatoriamente, cada uma em seu território. A Comuna é uma unidade composta pela união de seus distritos... Mas, ao lado dessa verdade inquestionável, outra nos é revelada... a de que a Comuna deve criar suas próprias leis e, tanto quanto possível, governar-se. O governo por representação deve ser reduzido a um mínimo e tudo aquilo que a Comuna puder fazer deve ser feito, sem intermediários, sem delegação ou através de representantes cujo papel será reduzido ao de comissários especiais, agindo sob controle ininterrupto daqueles que os comissionaram... A palavra final sobre as leis e a administração da Comuna pertence aos distritos – aos cidadãos que se reúnem nas assembleias gerais dos distritos".

Kropotkin vê nesse tipo de organização uma expressão primitiva dos "princípios do anarquismo" e conclui que esses princípios não são fruto de especulações teóricas, mas de atos da grande Revolução Francesa. Mas aqui mais uma vez permitirá que, na ânsia de provar as origens populares do anarquismo, seja levado ao exagero. O que ele não chega a perceber é o fato de que "o direito de legislar" continua existindo, mesmo que apenas a nível de assembleias gerais; o povo governa. Assim, devemos considerar esse período revolucionário como uma tentativa de estabelecer não a anarquia, mas a democracia direta. Entretanto, ainda que não fosse anarquista na verdadeira acepção do termo, a Comuna – tal como sua sucessora em 1871 – era federalista, e nisso ela antecipou Proudhon, ao criar um esboço, um modelo tosco do tipo de estrutura prática na qual, segundo ele julgava, seria possível desenvolver uma sociedade anarquista.

Mas é preciso buscar além do mutualismo de Condorcet e do federalismo da Comuna para encontrar os verdadeiros proto-anarquistas da Revolução Francesa. Kropotkin estava tão preocupado em descobrir manifestações populares que cometeu o erro de não dar a devida importância a determinados indivíduos isolados que se aproximaram da atitude anarquista, diante dos acontecimentos da época em que viveram. Ele deu pouca atenção a Jacques Roux, Jean Varlet e aos Enragés que se agruparam em torno deles. Entretanto, se houve alguém que possa ser considerado um antepassado dos anarquistas durante a Revolução Francesa, é justamente entre esses corajosos intransigentes – por mais malsucedidos e obscuros que tenham sido – que devemos encontrá-los.

O movimento Enragé surgiu em 1793, correu como um baixo obstinado e rabugento durante os anos de terror. Tais como os cavadores da Guerra Civil inglesa, eles surgiram num período de recessão econômica, em grande parte como resposta às dificuldades econômicas por que passavam os pobres de Lyon e Paris, mas também como uma forma de reagir às distinções de classe que marcaram o crescente poder da classe média em ascensão.

Os Enragés não formavam um partido político, no sentido moderno do termo. Não tinham qualquer tipo de organização definida, nem uma orientação política única. Constituíam um grupo desagregado de revolucionários que tinham ideias semelhantes, cooperavam uns com os outros de forma rudimentar e que, no entanto, mantinham sua união por não aceitar as ideias dos jacobinos sobre a autoridade do Estado, defendendo a ideia de que o povo deve exercer ação direta e vendo nas medidas econômicas comunistas, mais do que na ação política, o caminho para acabar com o sofrimento dos pobres.

As acusações que os jacobinos lançaram contra Roux, afirmando que ele dissera ao povo que "qualquer forma de governo deveria ser proibida", poderiam na verdade ter sido aplicadas aos Enragés.

Jacques Roux, o mais célebre dos Enragés, era um dos sacerdotes da revolução, um padre da zona rural que, mesmo antes de chegar a Paris em 1790, já havia sido acusado de incitar os camponeses do seu distrito a queimar e pilhar os castelos dos proprietários que tentavam fazer valer seus direitos aos tributos senhoriais.

"A terra pertence a todos", teria ele dito aos seus paroquianos.

Continuou a ser padre depois da Revolução, na qual parece ter visto um reflexo do espírito do Cristianismo; certa vez, definiu sua tarefa como sendo "a de tornar os homens tão iguais entre si quanto são iguais por toda a eternidade diante de Deus". Mas é difícil acreditar que um homem com o temperamento e as atitudes de Roux pudesse continuar sendo um católico romano ortodoxo; suas ideias a respeito de Deus não deviam ser muito diferentes das de Gerrard Winstanley.

A sinceridade de Roux o tornou tão pobre quanto o mais pobre dos ascetas cristãos, e a solidariedade que sentia pelos operários do bairro de Gravilliers, onde vivia, parece ter contribuído para o seu radicalismo extremado. Havia, entretanto, no seu caráter um traço de fanatismo que o levou a praticar a ação que iria manchar de forma tão odiosa a sua memória. Enquanto Thomas Paine pedia pela vida de Luís XVI, Roux estava entre aqueles que deveriam assistir à execução do rei. Antes de deixar a prisão, o rei perguntou se poderia confiar-lhe o seu testamento, na qualidade de padre, ao que Roux respondeu friamente: "Estou aqui apenas para levá-lo até o cadafalso". Porém esse homem que vibrou com a destruição do rei, como manifestação viva da autoridade, protestaria mais tarde, na sua cela, contra a brutalidade que o terror infligia sobre homens e mulheres cujo único crime era a classe na qual haviam nascido, por puro acaso.

Desde o início Roux desempenhou papel ativo na vida revolucionária de Paris. Frequentava o Club des Cordelliers e em março de 1792 ocultou Marat em sua própria casa, fato que não o livraria mais tarde dos ataques de alguns autoproclamados "amigos do povo". Concorreu sem sucesso como candidato à Convenção e eventualmente tornou-se membro do Conselho Geral da Comuna.

No fim de 1792, Roux começou a expressar as teorias radicais que havia elaborado enquanto trabalhava entre os sapateiros e carpinteiros de Gravilliers, seus mais íntimos amigos. A incapacidade da Revolução em cumprir o que Roux esperara dela durante o primeiro ano não lhe saía da cabeça, e foi durante esse período que fez o seu primeiro discurso. Nele, deixava entrever pela primeira vez suas tendências anarquistas ao declarar: "A ditadura dos senadores é tão terrível quanto o cetro dos reis, pois acorrenta as pessoas sem que elas o percebam, brutalizando-as e subjugando-as através de leis que elas julgam ter criado".

Durante as turbulentas semanas que se seguiram, quando os suplicantes se apresentaram diante da Convenção, exigindo que fosse exercido um controle sobre os preços, e os pobres de Gravilliers se revoltaram contra os lucros excessivos dos comerciantes, Roux defendeu-os e talvez tenha até contribuído para que tomassem tais atitudes.

Durante o ano de 1793, o jovem orador revolucionário Jean Varlet uniu-se a Roux. Tal como Roux, Varlet era um homem culto. Vinha de boa família, estudara no College d'Harcourt e na época da Revolução vivia modestamente de rendas, tendo além disso um cargo no serviço público. A Revolução veio enchê-lo daquela espécie de entusiasmo que pode transformar-se em amargura quando se vê frustrado. Varlet tornou-se um orador popular e, em março de 1793, surgiu como o líder dos primeiros ataques dirigidos contra os girondinos. Mas, assim como por trás da indignação de Roux contra os preços altos havia a ideia da propriedade comum, por trás dos ataques de Varlet contra o grupo mais conservador da Convenção havia uma condenação geral à ideia do governo representativo.

Embora não haja qualquer evidência de que Varlet e Roux tivessem trabalhado juntos antes disso – e até algumas provas de que esses dois agitadores populares sentiam certo ciúme um do outro –, em junho de 1793 participaram lado a lado de novas agitações, provocadas pelo alto custo de vida. Jacques Roux fez uma série de discursos nos quais não apenas denunciava a estrutura de classes que a Revolução tinha mantido – "Que liberdade é essa em que uma classe de homens mata a outra de fome?" –, mas também sugeria que a lei protege a exploração, que prospera "à sua sombra". E, como não confiava nos legisladores, exigiu que a condenação aos lucros excessivos fosse inserida na constituição, de tal maneira que ficasse protegida da ingerência dos governos.

Durante todo o ano de 1793, a agitação dos Enragés continuou. A eles juntaram-se Teophile Leclerc de Lyon e a bela e talentosa atriz Claire Lacombe com sua organização de mulheres, *La Société des Républicaines Révolutionnaires*. Ao mesmo tempo, a hostilidade dos jacobinos apertava o cerco em torno deles, especialmente quando começaram a protestar contra o terror patrocinado pelo governo. Para Robespierre, as implicações antigovernamentais tanto dos discursos dos Enragés quanto de seus efêmeros jornais (*Le Publiciste,* de Roux, e o *L'Ami du Peuple,* de Leclerc) pareciam tão evidentes na época quanto hoje nos parecem. Robespierre não tinha a menor intenção de tolerá--los indefinidamente, nem às agitações que promoviam. Roux e Varlet foram presos. A sociedade de mulheres de Claire Lacombe foi extinta, embora tivesse organizado demonstrações de protesto que reuniram seis mil mulheres enfurecidas. Chamado diante do tribunal revolucionário e percebendo que seria inevitavelmente condenado à morte, Roux burlou a guilhotina suicidando-se de forma dolorosa. "Não me queixo do tribunal – disse, antes de morrer. – Ele agiu de acordo com a lei. Mas eu agi de acordo com a minha liberdade. Morrer colocando a liberdade acima da lei é morrer como um anarquista."

Entretanto, foi Varlet, que sobreviveu a Roux, quem expressou com clareza a conotação anarquista do movimento dos Enragés. Depois que Robespierre caiu e que os Enragés se rejubilaram com a sua morte, Varlet testemunhou a tirania do Diretório que se seguiu e, na sua fúria, publicou o que devemos considerar como o primeiro manifesto anarquista da Europa continental. Muito a propósito, chamava-se *L'Explosion;* a página de rosto trazia uma gravura mostrando uma nuvem de fumaça e labaredas de fogo que saíam de uma construção de estilo clássico e, sobre a gravura, lia-se a legenda: "Que acabem os governos revolucionários mas permaneçam os princípios".

Analisando os anos da Revolução, disse Varlet:

"Que monstruosidade social! Que obra-prima de maquiavelismo é na verdade esse governo. Para qualquer ser racional, Governo e Revolução são incompatíveis, a menos que o povo deseje criar órgãos que se coloquem permanentemente contra ele, o que seria por demais absurdo".

Aqui, já no fim do movimento, o último dos Enragés deixa bem claras as suas implicações. É interessante observar como esses primeiros libertários franceses tardaram a rejeitar abertamente o governo. Mesmo quando comparados a Winstanley, é notável o fato de não possuírem um programa ou uma filosofia própria. Mas, na verdade, tiveram muito pouco tempo – apenas alguns meses – e estavam demasiado próximos ao centro da Revolução que haviam ajudado a fazer para que suas ideias pudessem ter tomado formas definitivas em tão breve período. Winstanley conseguiu permanecer à margem dos acontecimentos e formular suas teorias, até onde permitiram os seus conhecimentos, para só depois agir, tendo uma filosofia para inspirar seus atos.

Entretanto, a Revolução Francesa não foi tão improdutiva no que se refere a ideias anarquistas quanto este relato pode ter dado a entender. No mesmo ano em que Varlet publicava sua *L'Explosion*, William Godwin editava na Inglaterra o primeiro grande tratado sobre os erros do governo, a *Justiça política*, e é realmente duvidoso que *Justiça política* pudesse ter sido concebida se a Revolução Francesa não tivesse acontecido naquele momento.

O homem racional

Tal como Tolstoi e Stirner, William Godwin é um dos grandes filósofos libertários que permaneceram fora do movimento anarquista histórico do século XIX e que, entretanto, pelo seu próprio isolamento, demonstram até que ponto esse movimento teve origem no espírito da época. Godwin exerceu pouca influência direta sobre o movimento e muitos de seus líderes, cujas teorias tanto se assemelhavam às suas, não chegaram a perceber o quanto Godwin se havia antecipado a eles. Proudhon conhecia Godwin pelo nome, mas a única referência que fez a ele nas suas *Contradições econômicas* (1846), atribuindo-lhe pouca importância e tachando-o de "comunista" da mesma escola de Robert Owen, sugere que não devia estar familiarizado com a sua obra. Não há nenhuma evidência de que Bakunin soubesse muito mais do que Proudhon sobre Godwin, e não foi senão relativamente tarde, depois de já ter formulado suas próprias teorias, que Kropotkin chegou a ler *Justiça política*, percebendo a profunda afinidade entre suas ideias e aquelas expostas por Godwin. A partir de Kropotkin, Godwin passou a ser reconhecido pelos anarquistas mais intelectualizados como um de seus antecessores, mas sua influência, que foi poderosa, apareceu quase sempre em outras áreas.

Godwin jamais chamou a si próprio de anarquista, pois para ele a anarquia conservava o significado negativo que lhe fora dado pelos polemicistas do período da Revolução Francesa. Sempre que se referia a anarquismo, era para designar a desordem que resulta do colapso do governo sem que seja aceita uma "visão consistente e elaborada de justiça política". Como outros filósofos libertários que vieram depois dele, Godwin via a sociedade como um fenômeno que se desenvolvia naturalmente, capaz de funcionar independente de um governo, mas não compartilhava da fé que outros anarquistas depositavam nos instintos espontâneos da massa inculta. Nesse sentido, permanecia um homem do Iluminismo, acreditando que a educação era a verdadeira chave da liberdade e temendo que, sem ela, as paixões incontroláveis do homem frequentemente não ficariam satisfeitas em obter a igualdade, mas os levariam a desejar o poder.

Entretanto, tão profunda era a sua convicção na capacidade destruidora da autoridade, que não chegava a condenar totalmente nem mesmo a anarquia concebida em termos negativos. Para esse homem, que acreditava numa vida ordenada sob a égide de uma razão imparcial, a extrema desordem era infinitamente mais desejável do que a extrema subordinação.

"A anarquia é transitória, mas a ditadura tende a se tornar permanente. A anarquia desperta a mente, difunde energia e iniciativa entre a comunidade, embora possa talvez não fazê-lo da melhor maneira... Mas na ditadura, a mente é esmagada sob a mais odiosa forma de igualdade. Tudo que promete grandeza está destinado a cair sob o jugo exterminador da suspeita e da inveja."

No sentido positivo que o anarquismo adquiriu atualmente, Godwin coloca-se entre os primeiros nomes da tradição anarquista, pois os argumentos que utilizou em 1793, com a publicação de *Inquérito sobre a justiça política,* abrangiam todos os aspectos essenciais da doutrina anarquista. Godwin repudiava qualquer sistema social que dependesse do governo e apresentou sua própria concepção de uma sociedade simplificada e descentralizada, com um mínimo de autoridade que se iria tornando cada vez menos atuante, baseada na divisão voluntária dos bens materiais. E ele sugeria meios para atingir tal objetivo, através de uma propaganda divorciada de qualquer partido ou objetivo político.

Na essência, essa doutrina – que entusiasmou os poetas românticos, de Colleridge até Shelley, e por um breve período (durante a década que se iniciou em 1790) chegou a tornar-se o evangelho leigo dos radicais ingleses – era igual àquela que Proudhon proclamou durante o período revolucionário de 1840.

Godwin antecipou todo o anarquismo do século XIX quando resumiu no seu retumbante estilo "latinizado" a esperança que constituía a essência da sua doutrina: "Com que júbilo deve cada amigo bem informado da humanidade esperar pela dissolução do governo político! Essa máquina brutal, a única e eterna causa de todos os erros da humanidade, tem males de vários tipos incorporados à sua substância, os quais não poderão ser removidos senão com a sua total destruição".

Em Godwin é possível ver, mais claramente do que em qualquer dos outros escritores libertários posteriores, as várias correntes que se uniram para produzir o ponto de vista anarquista. A Revolução Francesa terá certamente dado a Godwin o impulso imediato para escrever *Justiça política* e proporcionou-lhe um público pronto a recebê-la com um entusiasmo que ainda hoje nos provoca espanto, quando recordamos aqueles anos – durante os quais, como disse Hazzlitt numa passagem de suas memórias, William Godwin "resplandecia no firmamento da reputação". Mas as ideias que Godwin propôs na *Justiça política* já existiam muito antes da Revolução Francesa.

Já em 1784, quando seu entusiasmo pela educação seguia linhas mais tradicionais, Godwin planejou criar uma escola particular e publicou um curioso prospecto intitulado *Um relatório sobre o Seminário que será inaugurado segunda-feira, 4 de agosto, em Epson, Surrey.* Por razões que se tornam evidentes para quem o lê, esse prospecto não conseguiu atrair um só aluno, mas tem um lugar garantido entre os primeiros e mais curiosos exemplos de literatura anarquista. Godwin dedicou muito pouco espaço aos aspectos práticos que todo pai de aluno esperaria encontrar, preocupando-se muito mais em apresentar suas teorias sobre a natureza da sociedade e a função geral da educação. Em consequência, *Um relatório...* parece, em determinados momentos, um ensaio das teorias sobre o governo, que Godwin deveria desenvolver mais tarde na *Justiça política* e nas propostas por uma educação livre que elaboraria no *The Inquirer* (1797). O parágrafo seguinte revela claramente que rumo haviam tomado seus pensamentos cinco anos antes do início da Revolução:

"O estado da sociedade é incontestavelmente artificial; o poder de um homem sobre o outro deve provir sempre de um consenso ou de uma conquista, pois, por natureza, somos iguais. A consequência lógica é que o governo deve depender sempre da opinião dos governados. Permita que o mais oprimido dos povos que exista debaixo do céu mude uma vez seu modo de pensar e ele será um povo livre... O governo tem uma capacidade limitada para tornar os homens virtuosos ou felizes: é apenas na infância da sociedade que ele pode fazer alguma coisa; na maturidade, consegue apenas dirigir algumas poucas ações externas. Mas nossas disposições morais e nosso caráter dependem muito, talvez inteiramente, da educação."

Aqui encontramos em embrião as ideias-chave da *Justiça política*. Uma sociedade artificial e regida por um governo. Godwin enfatiza o poder do pensamento e atribui especial importância à educação, por julgar que o caráter humano é determinado pelo meio e não pela hereditariedade, e que os erros humanos têm origem na má educação. Mais adiante, ainda no mesmo prospecto, observa: "Os erros dos jovens não provêm da natureza, que é a mãe bondosa e inocente de todos os seus filhos, sem distinções; eles derivam dos erros da educação".

Embora Godwin ainda não tivesse chegado à conclusão lógica de que todo governo é positivamente mau, já está pronto a demonstrar que ele contém muito pouca coisa verdadeiramente benéfica.

A linguagem e até a forma como foram apresentadas as ideias no *Relatório...* têm um "toque" francês, lembrando

Helvetius, d'Holbach e Rousseau, os escritores franceses que Godwin vinha lendo desde 1781. Mas seria um erro supor que Godwin foi apenas um simples discípulo dos filósofos sociais do século XVIII; ao utilitarismo de Helvetius e d'Holbach (e de Bentham também, já que falamos nisso), ele opunha uma visão do homem como parte de um sistema de ordem moral universal e afirmava que as verdades imutáveis devem ser os critérios para nossas ações. Ao contrato social de Rousseau, opunha a ideia de uma sociedade vivendo de acordo com as leis da moral; e à visão de Rousseau, que considerava a educação um processo cujo objetivo seria impor um determinado molde à mente do aluno, opunha o intercâmbio de ideias, mestre e aluno a influenciar-se mutuamente, o que estimularia a mente da criança a desenvolver suas tendências naturais. "O jugo gentil do preceptor deveria ser confundido, tanto quanto possível, com as eternas leis da natureza e da necessidade."

Na verdade, Godwin revela, talvez mais do que qualquer outro escritor do seu tempo, as modificações que os elementos radicais dos dissidentes ingleses impuseram ao pensamento libertário do século XVIII. Godwin pertencia a uma família de ministros dissidentes. Seu avô e um tio haviam sido pregadores famosos; seu pai foi o pastor pouco eloquente mas rigoroso de uma série de congregações rurais independentes. O próprio Godwin mostrou desde cedo a inclinação para seguir a profissão da família. Na infância, sua brincadeira favorita era pregar sermões lancinantes, com os quais esperava converter seus colegas de escola. Mais tarde, tal como Hazzlitt, frequentou a Academia Hoston, a melhor entre todas as excelentes faculdades que os dissidentes tinham fundado durante o século XVIII, quando suas crenças ainda os impediam de frequentar as universidades. Quando saiu, ainda conservava a ideia de se tornar ministro, e de 1778 a 1783 presidiu uma sucessão de pequenas capelas não conformistas em East Anglia e nos Home-Counties com a certeza crescente de que não era aquela a sua verdadeira vocação. Em Beaconsfield decidiu finalmente que havia perdido qualquer vocação que pudesse ter tido no início da carreira e partiu para Londres, pensando em se tornar escritor. Mas até o fim da vida conservou as maneiras e os trajes de um ministro não conformista.

Antes de abandonar o ministério, Godwin converteu-se – graças aos argumentos de J. Priestley –, trocando o calvinismo da infância pelas doutrinas de Socinius, que negava a divindade de Cristo e afirmava que a alma do homem nasce pura – uma opinião que vinha ao encontro da ideia mais tarde desenvolvida por Godwin, segundo a qual a criança era uma *tabula rasa,* sobre a qual a experiência escreve a sua história. Mas não foi senão em 1790, exatamente um ano antes de começar a escrever a *Justiça política,* que Godwin finalmente abandonou qualquer espécie de fé cristã e, sob a influência de seu grande amigo Holcroft, tornou-se um ateu declarado e confesso, posição que só viria a abandonar para refugiar-se num vago panteísmo que dominou o fim da sua vida.

Mas embora na década iniciada em 1780 Godwin tivesse começado a abandonar progressivamente os dogmas da religião que praticara na juventude, não devemos por isso supor que tenha também se libertado da influência intelectual da tradição dissidente. Seu individualismo, a suspeita com que encarava o governo, a ênfase na sinceridade como regra que deveria reger as relações humanas foram todas adquiridas na sua juventude entre os independentes e viriam eventualmente a tornar-se os mais importantes pilares da visão anarquista que ele construiria na *Justiça política.* Mas há uma outra influência importante à qual os estudiosos da obra de Godwin não deram a devida atenção: quando tinha onze anos, seus pais o retiraram da última de uma série de escolas rurais e o mandaram para Norwich, para tornar-se o único aluno de Samuel Newton, pastor da congregação independente. Newton era uma daquelas curiosas misturas de radicalismo e intolerância que têm sido uma das características marcantes dos movimentos de esquerda desde a Guerra Civil. Newton era um dos partidários de John Wilkes e também um discípulo de Robert Sandeman, negociante de tecidos e apóstolo de uma pequena seita fundamentalista que havia sido banida pelos presbiterianos porque se opunha a qualquer forma de governo dentro da Igreja e que posteriormente iria ligar-se aos independentes. No fundo, os sandemanianos continuavam sendo calvinistas; sua concepção de predestinação era tão rigorosa, afirmava Godwin, que, depois de Calvino ter amaldiçoado noventa e nove por cento da humanidade, Sandeman tinha imaginado uma forma de amaldiçoar noventa e nove por cento dos seguidores de Calvino.

Muito cedo Godwin converteu-se a essa crença e permaneceu fiel a ela desde a adolescência até os vinte anos, pois é ele mesmo quem conta ter saído de Hoston aos vinte e três anos com sua crença nas ideias de Sandeman inalterada, só começando a abandoná-las algum tempo depois. Na verdade, jamais chegou a libertar-se totalmente da influência dessa seita radical, e um rápido exame de suas ideias básicas sugere que vários aspectos da *Justiça política* não são mais do que uma forma leiga de sandemanianismo.

Sandeman afirmava que a Bíblia continha tudo que era necessário para a Salvação; obviamente Godwin discordava dele nesse ponto, embora concordasse com muitas das conclusões a que ele havia chegado a partir dessa ideia. Os sandemanianos negavam a validade do governo na Igreja; Godwin negava a validade de qualquer governo. Os sandemanianos afirmavam que um homem religioso não deve envolver-se nos negócios do Estado; Godwin afirmava o mesmo do homem honrado. Eles estabeleceram uma organização de congregações independentes, sem ministros ordenados. Godwin imaginou uma rede de paróquias independentes, sem governantes, como sendo a estrutura básica ideal para uma sociedade libertária. Finalmente, os sandemanianos acreditavam na propriedade comum, vendo nela um ideal desejado, e ensinavam que economizar era um pecado, pois todo o excesso deveria ser distribuído entre aqueles que necessitassem dele; nas congregações sandemanianas era costume, aparentemente, que os membros mais pobres fossem sustentados por seus irmãos relativamente mais afluentes. Aqui há mais um paralelo com o sistema godwiniano, que prevê a propriedade comum partilhada segundo as necessidades de cada um, ressalta os males morais causados pela propriedade acumulada, julgando que o homem pobre não só tem o direito de ser sustentado por aqueles mais bem aquinhoados mas que estes últimos teriam positivamente o dever de sustentá-lo.

A doutrina de Sandeman foi apenas uma entre as muitas influências que contribuíram para dar forma à *Justiça política*. Entretanto, ela contém, indiscutivelmente, as origens de alguns dos mais importantes elementos do sistema de Godwin; também serve para demonstrar que desde a sua infância Godwin conhecia bem uma ou outra das ideias antiautoritárias e comunistas que desenvolveria mais tarde. Ele não se tornou um filósofo anarquista após experimentar uma súbita conversão, mas depois de sofrer um processo gradual em que chegou às conclusões lógicas a partir de conceitos que sua mente extremamente receptiva já conhecia há muito tempo. Nesse sentido, os filósofos sociais franceses e mesmo escritores ingleses como Locke e Paine não serviram apenas para dar-lhe novas ideias, mas para proporcionar-lhe os argumentos racionais e a estrutura lógica com as quais pôde desenvolver o individualismo que lhe fora transmitido pela tradição dissidente. Godwin mantém quase todas as ideias dos dissidentes em sua forma mais radical, exceto o elemento religioso – a ideia de que tudo o que fazemos é uma preparação para o Reino do Céu.

Na verdade, a única ligação que a *Justiça política* mantém com a religião é em termos de suas origens mais tarde abandonadas. Por si própria ela apresenta uma combinação tipicamente anarquista do político e do moral, não se limitando a criticar formas de organização governamental, mas chegando também a uma solução baseada na transformação das opiniões pessoais e na reforma da conduta pessoal. E é assim que Godwin surge como o primeiro escritor social importante a propor conscientemente as implicações extremas daquele mundo pós-reformista, no qual, como disse Maitland, "pela primeira vez o Estado Absoluto enfrentou o Indivíduo Absoluto".

Assim, a partir da sua raiz – a dissensão inglesa – e alimentada por duas décadas de leitura assídua dos clássicos gregos e da literatura inglesa e francesa, desde o fim do século XVII em diante, a *Justiça política* finalmente deu seus frutos, sob a revigorante luz do sol que a Revolução Francesa lançou pela primeira vez no mundo ocidental.

Na primeira fase da Revolução, quando ainda não havia derramamento de sangue e a luta entre facções ainda não tinha culminado no terror, o entusiasmo de Godwin quase não conhecia limites: "Meu coração se enche de ardentes sentimentos de liberdade (lembraria ele mais tarde, com palavras que nos fazem pensar nas confissões de Wordsworth). Eu tinha lido com grande satisfação a obra de Rousseau, Helvetius e outros, os mais populares autores da França. Observara neles um sistema mais geral e mais simplesmente filosófico do que o da maioria dos autores ingleses que se dedicam a temas políticos, e não pude deixar de alimentar ardentes esperanças numa Revolução da qual tais escritos haviam sido os precursores".

Entretanto, ele observara que continuava a desaprovar o "governo de massa e a violência" e a desejar apenas "as transformações políticas que tivessem origem na luz clara da compreensão e nos sentimentos mais puros do coração".

Mas, como já vimos, não foi a Revolução Francesa em si que fez de Godwin um libertário – Godwin apenas viu nela um acontecimento que serviria para colocar em prática as suas ideias, então em pleno desenvolvimento, e esse fato explica, em parte, a firmeza com que manteve suas opiniões radicais nos dias que se seguiram a 1797, quando a reação política reinava na Inglaterra e a maioria dos antigos partidários da Revolução passava a ser seu inimigo. Suas ideias tinham sido concebidas independentemente dos acontecimentos da França, e, quando a Revolução degenerou em violência e tirania, isso não fez com que abandonasse suas crenças básicas, mas, pelo contrário, veio reforçar seu pensamento original de que toda a mudança política é inútil, a menos que seja fruto de uma mudança no comportamento ético.

Embora a Revolução Francesa proporcionasse um clima apropriado, restam algumas dúvidas sobre os reais motivos que levaram Godwin a lançar-se ao trabalho em *Justiça política*. O próprio Godwin afirmava que a concepção original surgira a partir da observação das imperfeições e erros de Montesquieu e do desejo de apresentar um trabalho menos imperfeito do que o *L'Esprit des Lois* do escritor francês. Por outro lado, sempre se acreditou, embora Godwin jamais o tivesse confirmado com suas próprias palavras –, que *Justiça política* pretendia ser uma resposta abrangente às *Reflexões sobre a Revolução Francesa*, de Burke. Godwin certamente tinha consciência da necessidade de responder a Burke, já que foi um dos integrantes do pequeno comitê responsável pela publicação dos *Direitos humanos* de Pine, uma resposta declarada às *Reflexões*. Mas isso ainda não nos diz nada sobre quais seriam suas verdadeiras intenções ao escrever *Justiça política*, e só nos resta supor que o desejo de responder a Burke pudesse ter sido um entre os vários motivos que o levaram a escrevê-la.

Uma vez iniciada, a ideia de *Justiça política* foi sendo desenvolvida à medida que ia sendo escrita e, como a maior parte das grandes obras da literatura mundial, foi aos poucos adquirindo vida própria, indo muito além da primitiva intenção de Godwin. Na verdade, a estrutura do pensamento, desenvolvida de forma tão lógica que parece agora tornar o livro tão importante, só foi aparecer enquanto este ia sendo desvendado, durante o processo de criação.

Godwin sabia disso, especialmente porque os capítulos eram impressos tão logo ficavam prontos, um processo que não lhe permitia eliminar as inevitáveis contradições que surgiam à medida que suas opiniões iam amadurecendo.

Com o avanço das pesquisas, as ideias do autor tornavam-se cada vez mais perspicazes e amadurecidas – explicou ele num prefácio justificativo. Ao iniciar o trabalho, tinha consciência de que, pela sua própria natureza, o governo frustra o aperfeiçoamento do raciocínio individual, mas, enquanto escrevia, pôde entender melhor todo o alcance dessa proposição, percebendo com maior clareza qual seria o remédio para esse mal.

Justiça política apareceu em 1793. A reação política já tinha começado e o governo perseguia os radicais que haviam demonstrado simpatia pela Revolução Francesa. Dois meses antes, Paine fora condenado à morte por ter publicado o *Direito do homem* e fugira para a França depois de receber uma mensagem de William Blake na qual este o avisava que funcionários da Coroa andavam a sua procura. Isso deu-lhe tempo suficiente para fugir. Godwin devia saber que ele também poderia vir a ser molestado por ter escrito um livro tão direto quanto *Justiça política,* mas a covardia moral não se incluía entre os seus defeitos e no prefácio ele faz um sereno desafio aos inimigos da liberdade literária.

"É preciso provar que um projeto foi criado para suprimir a atividade da mente e para acabar com a investigação científica. Com referência ao incidente, assumindo um ponto de vista pessoal, o autor tomou uma resolução: seja qual for a conduta adotada por seus compatriotas, ela não conseguirá abalar a sua tranquilidade. Ele está decidido a cumprir seu dever, auxiliando o progresso da verdade e, se vier a sofrer de alguma forma por agir desse modo, não há certamente nenhum mal que possa lhe acontecer capaz de trazer consigo uma compensação mais satisfatória."

Tal filosofia ante a perspectiva de uma possível perseguição era talvez mais um presente de sua herança dissidente; pelo menos alguns entre seus antepassados deve ter enfrentado momentos de risco semelhante por amor a seu não conformismo. Mas *Justiça política* não sofreu perseguições.

Uma famosa história conta que quando o Gabinete discutia a possibilidade de ser aberto um processo contra Godwin, Pitt considerou que não valeria a pena fazê-lo, observando que um livro que custava 3 guinéus não poderia exercer tanta influência. Veremos mais tarde o quanto ele estava errado.

No resumo de *Justiça política* que se segue, limitar-me-ei a abordar, tanto quanto possível, os aspectos que confirmam ter Godwin se inserido no início da tradição intelectual anarquista. A extraordinária perfeição com que o livro antecipa as várias facetas do pensamento libertário – de tal forma que ainda hoje continua sendo uma das mais completas exposições das ideias anarquistas – explicará por que dedico tanto espaço a falar de um único – e memorável – tratado.

É impossível iniciar uma discussão sobre o anarquismo de Godwin sem considerar a ideia de necessidade que impregna a sua obra-prima. Tal como a via Godwin, a necessidade era realmente a força imutável e impessoal que movia o Universo, expressando-se através de leis naturais e determinando as ações dos seres humanos.

As teorias deterministas não eram raras entre os anarquistas, pois muitos dos sucessores de Godwin aceitaram o determinismo científico dos evolucionistas do século XIX. Na verdade, a tendência anarquista para confiar na lei natural e o desejo de retornar a um modo de vida baseado em seus preceitos levam, por uma lógica paradoxal, a conclusões deterministas que obviamente entram em choque com a crença na liberdade de agir do indivíduo.

A leitura de *Justiça política* deixa bem claro que a ideia que Godwin tinha do determinismo não era, de modo algum, desprovida de tais contradições. Um raciocínio determinista não só era algo que se poderia esperar de um ex-calvinista; ele só poderia despertar entusiasmo num homem que ambicionava alcançar a isenção filosófica e que preferia sentir pena das pessoas não por julgar que infringissem as leis voluntariamente, mas por considerá-las vítimas das circunstâncias. Entretanto, embora sua herança intelectual e sua própria natureza o impelissem para o determinismo, era evidente que Godwin já havia percebido as dificuldades que teria para conciliar anarquismo e determinismo. Se a determinação existe e é uma lei da natureza, como explicar o fato de que a humanidade tenha se desviado tanto do caminho certo, permitindo que sistemas artificiais de autoridade tomassem o lugar das formas naturais de organização social? Por outro lado, se o governo é algo inevitável – como devem ser, para os deterministas, todas as coisas que existem –, como poderemos condená-lo? Finalmente, que significado poderão ter a liberdade pessoal e a escolha responsável, pelas quais lutaram todos os anarquistas, inclusive Godwin, num mundo determinista? Será possível ser um político libertário com uma filosofia determinista?

Os anarquistas tentaram resolver esse problema de várias maneiras. Poucos optaram pela atitude que nos pareceria mais lógica, aceitando a visão absurdista ou existencialista de um mundo indeterminado onde a lei natural não existe. A maioria deles parece ter adotado uma atitude de aceitação do determinismo, relegando-o, porém, a certos aspectos da vida. É impossível negar a determinação natural: envelhecemos e morremos, somos obrigados a reconhecer nossas fraquezas físicas e até morais. Mas, uma vez aceitas voluntariamente essas limitações, seremos livres – dentro dos limites que elas nos impõem, e então só o evitável conseguirá escravizar-nos. A sociedade humana é o maior domínio do evitável e do artificial e é essa precisamente a área em que a vontade consegue funcionar de forma mais eficaz. Em outras palavras, o homem não pode negar a determinação física e psicológica, assim como não pode negar as catástrofes da natureza; mas pode negar-se a continuar escravo de outros seres humanos ou de instituições criadas pelo homem.

Na prática, Godwin – tal como outros anarquistas que vieram depois dele – propunha um meio-termo entre determinação e liberdade, nem sempre evidente quando ouvimos falar da determinação como de uma deusa cega, mecânica e absoluta. Ninguém conseguiu explicar melhor esse aspecto do pensamento de Godwin do que o Dr. F. E. L. Priestley em sua introdução e edição fac-símile de *Justiça política*, publicada em 1946. Priestley sugere que Godwin dá tanta importância à determinação porque, tal como Hume, Hartley e d'Holbach, ele imagina o livre-arbítrio como "total irresponsabilidade de comportamento" ou como "querer ou escolher sem motivos, ou ser capaz de impedir que os motivos influenciem a vontade". A tal ideia, o Dr. Priestley opõe a definição de Locke sobre a liberdade como "uma forma de determinação pelo último resultado a que chegou o raciocínio, com todas as dúvidas lógicas de uma vontade livre, mas determinada", que em sua opinião expressaria melhor a ideia de liberdade. O que Godwin deseja evitar, sugere Priestley, é que a vontade se torne algo independente da ideia de compreensão. E, na aplicação que faz da ideia de determinação, não há nada que conteste a existência de uma vontade livre – embora limitada – tal como foi definida por Locke.

Das duas espécies de determinismo, aquele em que a mente é determinada pela experiência passada e aquele em que ela é determinada por um julgamento futuro – continua Priestley – é esta última a mais importante no sistema criado por Godwin. Ao mesmo tempo, o desejo de criar uma ciência exata da moral, baseada na previsibilidade do comportamento, na descoberta de princípios gerais e no controle do processo, leva-o a preferir a forma mais empírica. A distinção que estabelece entre ações voluntárias e involuntárias sugere que o comportamento involuntário expressaria um tipo de necessidade ditada por experiências passadas, enquanto as ações voluntárias seriam sempre determinadas por um juízo, e teriam origem numa proposição cuja verdade foi apreendida. É difícil distinguir esse segundo tipo de determinismo racional e teológico daquele que é geralmente considerado livre-arbítrio. Na verdade, toda a doutrina de Godwin é basicamente igual à doutrina tomista de livre-arbítrio, tal como foi descrita pelo Prof. Taylor. Ao agir, sofremos a influência de fatores cuja importância é salientada por várias ciências, mas algumas vezes é possível eliminar essa influência e avaliar de forma imparcial os méritos das alternativas possíveis. Ao fazer tal avaliação, a vontade é determinada exclusivamente pela superioridade da alternativa proposta. Essa capacidade de escolher considerando apenas os méritos é tudo o que os defensores do livre-arbítrio podem pretender com justiça. Baseados nessa ideia, podemos colocar Godwin entre os defensores do livre-arbítrio.

A visão do Dr. Priestley é confirmada pelos últimos trabalhos de Godwin, especialmente *Reflexões sobre o homem,* o último volume de ensaios que publicou em vida. Os atos praticados pelo homem, afirma ele, estão inseridos numa corrente necessária de causa e efeito, mas a vontade humana é, a um só tempo, causa e consequência desse processo. As ações do ser humano só se tornam voluntárias – o que implica dizer, livres – na medida em que ele é capaz de alterar a direção dessa corrente, mesmo que jamais consiga destruí-la. A vontade e a confiança na sua eficácia permanecem até a nossa morte. É ela que nos inspira a invencível perseverança e as heróicas energias; sem ela, seríamos apenas blocos inertes e sem alma, sombras do que a história registra e a poesia imortaliza, e não homens.

O livre-arbítrio é parte integrante da ciência do homem, podendo até ser considerado seu capítulo mais importante... Mas, embora a doutrina da determinação das ações humanas não possa jamais determinar as regras do meu relacionamento com os outros, ainda assim terá a sua utilidade. Servirá para moderar nossos excessos e fazer com que escolhamos o caminho intermediário preconizado pela mais sábia filosofia. Olharemos então com piedade e até com simpatia os homens de cujas fraquezas somos testemunhas e aqueles que cometem crimes, convencidos de que eles são parte de uma grande engrenagem e, assim como nós, movidos por impulsos sobre os quais não têm nenhum controle.

Em outras palavras: na velhice, Godwin aceitou a divisão básica na atitude determinista – que, embora seja impossível do ponto de vista filosófico encontrar alguma alternativa para a determinação, na prática agimos como se os homens fossem livres. Ele admite que "jamais conseguiremos despojar-nos de nossas ilusões sobre a liberdade das ações humanas", nem seria desejável que o fizéssemos. Resumindo, admite a contradição que existe entre um universo dominado por leis imutáveis e o sentimento que o homem tem de sua própria liberdade e acolhe pragmaticamente essa contradição, criando com isso uma daquelas situações de equilíbrio entre ideias e condições opostas que fazem as delícias de muitos dos seus sucessores libertários. Especialmente de Proudhon, é claro.

É dentro dos limites dessa região suspensa entre o determinado e o voluntário que Godwin ergue a estrutura da sua *Justiça política*. Ele começa a partir da suposição de que "a felicidade da espécie humana é o mais desejável dos objetivos da ciência". E entre todas as formas de felicidade, coloca em primeiro lugar a felicidade "intelectual e moral". O mais poderoso inimigo dessa felicidade seria "o governo equivocado e corrupto". Seu livro tem, portanto, um duplo propósito; é, ao mesmo tempo, um inquérito sobre o funcionamento político da sociedade, mas também – assim espera Godwin – "um proveitoso veículo de aperfeiçoamento moral... após consultá-lo, nenhum homem deixará de sentir-se fortalecido em seus hábitos de sinceridade, integridade e justiça". Depois de tecer melancólicas considerações sobre a história dos governos, de suas infindáveis guerras externas, da pobreza endêmica e da repressão periódica que promovem dentro de suas fronteiras, Godwin conclui que, embora os males da vida política provavelmente jamais se acabem, vale a pena manter a esperança de que um dia será possível substituir essa "história de crimes" por uma sociedade "verdadeiramente livre e igualitária". Mas a confiança com que fala sugere que, pelo menos nesse período de apogeu de sua carreira, Godwin nem de longe acreditava ser o porta-voz dessa desalentada esperança.

Ele começa com quatro proposições básicas. Em primeiro lugar, afirma que "o caráter do homem é consequência de suas percepções", e que não nascemos nem bons nem maus. Se isso é verdade, a eliminação de fatores externos nocivos eliminaria também as tendências criminosas dos seres humanos. Mas não se trata apenas de agir sobre os indivíduos, alterando o meio em que vivem. É preciso despertar seu raciocínio, pois as ações voluntárias têm origem em juízos de bondade e desirabilidade, sendo portanto atos da razão. Como tal, é possível alterá-las pelo uso de formas racionais de persuasão. Mesmo a força do ambiente pode muitas vezes ser contrabalançada pela adequada indução de conceitos.

Isso nos traz à segunda proposição básica. De todos os meios capazes de "agir sobre o pensamento", nenhum é mais poderoso do que o governo. Aqui, observamos uma diferença significativa do *Relatório sobre o Seminário,* em que Godwin atribuía este papel à educação. Agora, ele explica que "a instituição política é extremamente eficaz exatamente ali onde a educação é deficiente: seu âmbito de ação". É essa força que as "instituições concretas" detêm – afirma Godwin – que mantêm vivos os erros do mundo. Pois, como todos os anarquistas, Godwin também acredita que, se entregue a si mesma, a mente humana tenderá a reconhecer o erro e a aproximar-se cada vez mais da verdade.

"Pela sua própria natureza, a injustiça não poderia manter-se por muito tempo. Mas o governo coloca sua mão sobre a mola que impulsiona a sociedade e impede que esta se mova. É o governo que dá força e permanência aos nossos erros. É ele que contraria as verdadeiras tendências do pensamento e, em vez de permitir que busquemos a perfeição no futuro, nos ensina a procurá-la no passado. É ele que nos incita a buscar o bem comum não na inovação e no progresso, mas na aceitação reverente das decisões de nossos antepassados, como se fosse da natureza da mente degenerar sempre, jamais desenvolver-se."

A terceira proposição de Godwin é na verdade um corolário da segunda: o governo é tão mau na prática quanto na teoria. Para demonstrá-la, ele concentra sua atenção especialmente nas diferenças econômicas entre as classes sociais do mundo em que vivia no século XIX. Tanto a legislação quanto a execução das leis favorecem os ricos. E, realmente, pela sua própria natureza, as instituições políticas, ao concederem poderes e privilégios a determinados indivíduos, "reforçam a suposta superioridade da riqueza". Godwin foi um dos primeiros a descrever com clareza a ligação entre propriedade e poder, que fez dos anarquistas inimigos tanto do capitalismo quanto do Estado.

A quarta proposição básica é a famosa declaração sobre a perfectibilidade do homem: "A perfectibilidade é um dos aspectos mais característicos da espécie humana, de tal modo que é lícito supor que, tanto do ponto de vista político quanto do intelectual, o homem esteja em constante processo de aperfeiçoamento".

Godwin reforça essa ousada afirmação quando compara o homem primitivo e o civilizado e mantém, com uma ingenuidade digna de Ruskin quando jovem, que até nas artes é evidente essa contínua evolução. Mais tarde – como vimos num capítulo anterior – negaria essa intenção utópica afirmando que, ao declarar tal coisa, queria apenas dizer que o homem era capaz de infinitos progressos. E mesmo aqui seu progressivismo difere do tipo vitoriano comum por ser basicamente ético e considerar como seu objetivo principal efetuar no indivíduo uma transformação que o fará retornar à condição de integridade que lhe é natural e da qual foi desviado pela submissão às instituições políticas.

Godwin salienta o valor da justiça ao desenvolver – a partir de suas quatro proposições básicas – uma discussão sobre os princípios da sociedade... A sociedade – afirma ele – surgiu da percepção dos homens sobre a necessidade da ajuda mútua. E sua mola propulsora – uma norma ética – é a justiça, que Godwin define como uma regra de conduta que tem origem no vínculo entre um ser perceptivo e outro. A justiça exige que façamos tudo que estiver ao nosso alcance para ajudar outros indivíduos, de acordo com suas necessidades e merecimento. Godwin vê nossa pessoa e nossas propriedades como objetos que colocamos à disposição da humanidade.

"Devo empregar todo o meu talento, toda a minha compreensão, toda a minha força e todo o meu tempo na prática do bem. Entretanto, é preciso tomar cuidado para não colocar o bem geral ou a própria sociedade acima do indivíduo. O que é bom e justo para a sociedade será sempre o que for justo e bom entre os indivíduos, já que a sociedade nada mais é que um conjunto de indivíduos. Suas exigências e deveres devem ser a soma de exigências e deveres desses indivíduos, um não mais precário e arbitrário do que o outro." O objetivo da sociedade é fazer tudo que puder contribuir para a felicidade de seus membros. Mas a natureza dessa felicidade será definida pela natureza da mente. Aquilo que mais contribuir para ampliar a inteligência, estimular a virtude, incutir-nos a generosa consciência de nossa independência, eliminando tudo que puder opor-se aos nossos esforços, será a felicidade.

Em outras palavras, a sociedade é útil quando ajuda o homem a tornar-se um ser moral. Mas aqui chegamos a outro tipo de relação: se os vínculos que unem o homem à sociedade são uma espécie de padrão horizontal e ampliado dos vínculos que unem os indivíduos, sua relação com a moral é vertical, pois, como insiste Godwin:

"Se existe algo fixo e imutável, é a moral. Portanto, é sem dúvida por um estranho ardil que somos induzidos a atribuir a uma ação que será sempre eterna e invariavelmente errada os epítetos de honradez, dever e virtude".

A dificuldade surge quando consideramos de que maneira o homem – preso aos limites de sua percepção – será capaz de estabelecer um relacionamento vertical com as verdades absolutas que constituem a moral ideal. Obviamente, o dever só pode exigir que façamos o bem dentro dos limites da nossa capacidade. Por outro lado, nem a incapacidade nem a ignorância podem justificar um ato injusto, nem torná-lo justo. E assim, embora os homens não possam pretender a virtude absoluta, devem esforçar--se para criar "disposições virtuosas". Tais disposições não podem ser impostas: é preciso que cada homem as cultive dentro de si mesmo, pelo exercício incontrolado de seu juízo pessoal e pela aceitação rígida daquilo que lhe for ditado por sua consciência.

Se insistimos na autonomia do juízo pessoal estaremos seguindo o caminho dos dissidentes radicais, concluindo pela igualdade moral entre os homens. Pois, mesmo que sejam diferentes física ou mentalmente – embora Godwin acredite que essas diferenças são exageradas –, moralmente todos os homens são iguais, graças à sua independência intrínseca. É preciso que a justiça seja aplicada em igual medida e que todos recebam as mesmas oportunidades e o mesmo estímulo, sem discriminações.

O homem tem deveres para com a verdade e a moral, que é um dos aspectos da verdade. Mas terá ele direitos? Nenhum homem tem o direito de fazer algo que não seja virtuoso, nem de dizer nada que não seja verdadeiro. Na verdade, o que ele possui não são direitos, mas a pretensão de exigir a ajuda de seu semelhante, sob condições de justiça recíproca. Muitas das coisas geralmente vistas como direitos deveriam ser reivindicadas não porque o homem tenha realmente direito a elas, mas porque são imprescindíveis à obtenção da verdade moral.

A sociedade e o governo não têm nem exigências nem direitos. Existem apenas para a conveniência dos indivíduos. Aqui, Godwin repete a eterna confusão entre justiça e as leis criadas pelo homem. A primeira – diz ele – baseada em verdades éticas imutáveis; a segunda, nas decisões falíveis de instituições políticas. É preciso que o homem chegue ao que é certo através da sua própria compreensão e, aqui, serão as evidências e não a autoridade que deverão guiá-lo. A partir desse raciocínio, concluímos que o governo não tem qualquer direito a exigir nossa obediência. Exercida de forma independente na busca da justiça, a razão deveria ser a única a ditar nossa conduta. Se todos os homens ouvissem a sua voz, a sociedade seria harmônica e natural.

Podemos admitir que no atual estágio de imperfeição em que se encontra o julgamento humano, nem sempre é possível aplicar tais princípios. Crimes ocorrem e, embora todo castigo seja, por natureza, injusto, a repressão pode tornar-se inevitável. Entretanto, os homens são o que são – insiste Godwin – por culpa do ambiente que os formou. É necessário abolir as causas sociais que tornam a repressão uma necessidade. "Aquele que conseguir conciliar uma liberdade total a esse respeito com os interesses da sociedade como um todo, deve ao mesmo tempo propor os meios capazes de acabar com o egoísmo e com o vício."

Ao considerar a questão da necessidade de repressão, Godwin pergunta como seria possível colocar o bem comum acima do julgamento individual, sempre que isso se tornasse necessário, o que o leva – por sua vez – a "determinar as origens do governo político", começando pelas três hipóteses comumente apresentadas.

Godwin rejeita as duas primeiras – que o governo teria origem no direito da força e/ou no direito divino, por considerar que ambas se opõem ao conceito de justiça imutável. A terceira hipótese seria a do contrato social, criada por Locke e Rousseau e geralmente aceita pelos radicais do século XVIII. Godwin discorda totalmente dos homens do seu tempo, antecipando os anarquistas do século XIX, quando não considera o contrato social como base para a justiça política. Tal contrato procura ligar uma geração às promessas feitas pelas gerações anteriores. Nega a cada indivíduo o dever de exercer seu julgamento individual sobre o que é certo e errado. Baseia-se na falácia de que devemos cumprir nossas promessas, quando a verdade é que jamais deveríamos fazer promessas, mas realizar atos e apenas porque são justos.

Godwin apressa-se a acrescentar que a ênfase no dever do julgamento individual não exclui a necessidade da ação comum. Na verdade, sempre que se tornar necessário adotar medidas para o bem comum, estas deverão ser discutidas pelo grupo, já que há uma grande semelhança entre o exercício do juízo individual e as decisões tomadas em comum de maneira correta. Ambas são "meios de descobrir o que é certo e errado e de comparar determinadas proposições com os padrões da eterna verdade". Mas não seriam mais do que isso e nem o indivíduo nem o organismo deliberativo está autorizado a criar leis. A única lei justa é a lei da razão. "Suas decisões são irrevogáveis e uniformes." As funções da sociedade não incluem a criação de leis mas sua interpretação: "ela não pode determinar nada, apenas confirmar o que já foi determinado pela própria natureza das coisas..." Assim, a autoridade da comunidade tem caráter estritamente executivo, limitando-se à defesa pública da justiça. Onde ela assegurar tal coisa, será dever de todo cidadão razoavelmente sensato apoiá-la; onde não puder fazê-lo, todo cidadão sensato deverá resistir às suas decisões.

Com a ideia de resistência, chegamos ao início da longa controvérsia anarquista sobre meios e fins. Como Tolstoi e – até certo ponto – Proudhon, Godwin também figura entre aqueles que colocam a persuasão moral e a resistência passiva acima da resistência ativa e violenta. Embora não chegue a repudiá-la, Godwin aconselha cautela no seu uso, pois a força não substitui a razão e o fato de que seja utilizada por indivíduos em busca de justiça não a torna melhor. Jamais deveria ser empregada sem alguma possibilidade de sucesso e, mesmo assim, "apenas onde não for possível ganhar tempo ou quando ganhar tempo trouxer consequências indubitavelmente fatais". A violência seria então o último e desesperado recurso dos homens justos.

A forma apropriada de resistência, que deveria ser tentada em todas as circunstâncias, seria a difusão da verdade, "a censura explícita a todas as decisões que eu perceba serem contrárias aos verdadeiros interesses da humanidade"; usada com sinceridade e persistência, a razão conseguirá tudo aquilo que a violência tenta obter com poucas chances de sucesso.

Mas é preciso que a persuasão seja sempre, tanto quanto possível, direta e individual. Godwin não confia nas associações políticas que procuram persuadir não pela propagação da verdade, mas pela força dos números. As únicas formas de associações que ele admite são aquelas criadas em situações de emergência para resistir aos ataques feitos à liberdade, e mesmo essas deveriam ser extintas tão logo deixassem de ser necessárias, para que não se transformassem em instituições. Godwin sugere que sejam formados grupos informais de discussão, integrados por pessoas interessadas na busca da verdade. Tais grupos poderiam eventualmente aglutinar-se num movimento universal, contribuindo poderosamente para o desenvolvimento dos indivíduos e a melhoria das instituições políticas. Mas é preciso evitar qualquer tentativa de criar uma uniformidade de pensamento nesses grupos. "Os seres humanos devem reunir-se não para impor, mas para questionar. A verdade dispensa o auxílio de multidões comandadas." Dessa maneira, as transformações sociais poderão ser graduais e tranquilas. Mas isso não significa, necessariamente, que a "revolução está infinitamente distante". O domínio da verdade não chega com aparato e seu aparecimento pode produzir grandes resultados ali onde são menos esperados.

Essa crença no poder da razão é quase um privilégio do século em que Godwin viveu. Encontraremos bem poucos anarquistas do século XIX que ainda confiam tanto nela. Mas, ao opor-se à formação de partidos políticos altamente organizados e insistir nos pequenos grupos informais integrando-se naturalmente a um movimento mais amplo, Godwin esboçava o primeiro plano dos modelos de organização anarquista que surgiriam mais tarde.

Tendo assentado as bases morais de seu raciocínio, Godwin passa a discutir o que chama de "detalhes práticos da instituição política" e, aqui, aborda – um de cada vez – os quatro aspectos da vida política: a administração geral, ou governo; o ensino; crime e direito; e a regulamentação da propriedade. Essa discussão sobre o governo começa com uma declaração de intransigente oposição: "Acima de tudo, não podemos esquecer que o governo é um mal, uma usurpação do juízo pessoal e da consciência individual da humanidade; e, embora possamos ser obrigados a admiti-lo como um mal necessário no momento, cumpre-nos – como amigos da razão e da espécie humana – admitir o mínimo possível dele e observar cuidadosamente se, como consequência do esclarecimento gradual da mente humana, até esse mínimo não deva ser diminuído para o futuro".

Assim, ao examinar as várias formas de governo que reconhece – monarquia, aristocracia e democracia –, Godwin não está buscando o bem maior, mas o mal menor. Suas objeções à monarquia e à aristocracia não são muito diferentes das críticas feitas por outros filósofos do século XVIII a essas formas de governo. É quando discute a democracia que ele se mostra original e caracteristicamente anarquista. A democracia é, sem dúvida, a forma de governo sob a qual teremos melhores perspectivas de chegar a alguma coisa melhor e, da forma como Godwin a apresenta em sua definição ideal, ela já traria em si as sementes de uma sociedade melhor. A democracia "é um sistema de governo em que cada membro da sociedade é considerado apenas um homem e nada mais. No que se refere à regulação – se é que podemos chamar assim aquilo que não é mais do que o reconhecimento do mais simples de todos os princípios –, todo homem é considerado igual. Na melhor das hipóteses, a história registra apenas formas que se aproximam desse ideal, mas mesmo as democracias mais imperfeitas e turbulentas foram infinitamente superiores às monarquias e aristocracias.

"A democracia devolve ao homem a consciência de seu próprio valor, ensina-o a remover a autoridade e a opressão e a ouvir apenas os ditames da razão. Confere-lhe a confiança necessária para que trate outros homens como seu semelhante e leva-o a considerá-los não como inimigos contra os quais deva manter-se sempre em guarda, mas como irmãos a quem cabe ajudar."

Entretanto, até o momento, a democracia jamais conseguiu atingir uma situação de verdadeira justiça social. Esse fracasso, segundo Godwin, deve-se em parte à falta de sensibilidade para entender o justo poder da verdade e o valor da sinceridade. É por essa razão que a democracia procura apoiar-se em formas institucionais e não aceita, com confiança godwiniana, a ideia de que "a competição entre verdade e mentira é por si só de tal modo desigual, que essa última não tem necessidade de recorrer ao apoio de qualquer aliado político".

Por isso, ainda persistem não apenas as invenções da religião, como os mitos políticos, dividindo os homens entre uma elite esclarecida e uma casta ignorante e submissa, com todas as implicações que isso traz. Aqui Godwin difere bastante de Platão e da sua teoria da "mentira nobre": "Por que dividir os homens em duas castas – pergunta ele –, uma das quais deve pensar e raciocinar pelas duas, enquanto a outra aceita, em confiança, as conclusões a que chegaram seus superiores? Tal distinção não tem bases naturais, pois, na verdade, não existem no homem essas diferenças intrínsecas que ela parece pressupor. As razões que nos levarão à certeza de que a virtude é melhor do que o vício não são complicadas nem abstratas e, quanto menos sofrerem a leviana interferência das instituições políticas, melhor serão entendidas e aprovadas por cada homem".

Voltando sua atenção para o funcionamento do governo democrático, Godwin defende a simplificação e a descentralização de todas as formas de administração. Grandes estados complexos e centralizados são nocivos e desnecessários ao bem da humanidade. À medida que estes forem desaparecendo, deverão ser substituídos por formas locais de administração nas quais as desvantagens do governo possam ser imediatamente atenuadas pela redução da cobiça.

"Sobriedade e justiça são as características óbvias de um círculo limitado." Esse tipo de localismo esclarecido não levaria, segundo Godwin, a um paroquialismo acanhado, mas, ao contrário, transformaria o mundo numa grande república, na qual os homens poderiam transitar e discutir livremente, sem os obstáculos impostos pelas fronteiras nacionais.

Nessas unidades locais da sociedade – as "paróquias", como Godwin chamava os antepassados das "comunas" anarquistas do futuro – as leis quase não seriam necessárias; toda a comunidade participaria, tanto quanto possível, na administração pública, e os funcionários públicos – quando existissem – limitar-se-iam a fornecer informações e ocupar-se dos detalhes práticos. A única organização realmente necessária seria um júri para examinar as ofensas contra a justiça e arbitrar as controvérsias.

Em situações especiais de emergência, seria também necessário ir além das paróquias, convocando uma assembleia geral. Mas Godwin vê um grande perigo nessa espécie de instrumento e, quando fala nele, antecipa o tom antiparlamentar característico da tradição anarquista. Nas melhores circunstâncias, as assembleias apresentam grandes desvantagens. Suas ações baseiam-se na unanimidade fictícia das decisões majoritárias. Ainda mais sinistra é a verdadeira unanimidade que surge quando os delegados, agrupados em partidos, aceitam o cerceamento da liberdade de pensamento individual. Quanto à prática do voto, Godwin declara com grande indignação moral que "decidir sobre a verdade pela soma de números" é um "insulto intolerável à justiça e à razão".

Por todos esses motivos, as assembleias nacionais devem ser usadas com "tanta moderação quanto for possível", mesmo quando necessárias.

Nos primeiros tempos dessa democracia radical imaginada por Godwin, tanto as assembleias quanto os júris talvez tenham de emitir ordens. Mas a necessidade de utilizar a força não tem origem na própria natureza do homem, e sim nas instituições pelas quais já foi corrompido. À medida que tais instituições forem desaparecendo, o homem terá atingido um estágio de desenvolvimento tal que será necessário apenas solicitar que se abstenha de agir de modo a prejudicar seus semelhantes. E chegaremos finalmente a uma sociedade onde a sabedoria poderia ser transmitida sem a intervenção de qualquer instituição, uma sociedade de seres morais, vivendo relacionamentos justos – ou, como poderíamos dizer, usando a linguagem moderna, uma sociedade de anarquia pura.

Tudo isso irá depender da nossa atitude em relação à educação, e é esse aspecto da vida política que Godwin passa a abordar. Ele começa com uma discussão sobre como deve ser conduzido o processo vital de formar opiniões justas. Pela sua própria natureza, a sociedade não está qualificada para exercer essas funções, pois seus atos são condicionados pelos homens que a compõem, tanto os pecadores quanto os virtuosos, tanto os justos quanto os injustos, não tendo portanto nenhum direito a pretender a superioridade moral. A única vantagem da sociedade está na sua autoridade. Mas nenhum homem poderá tornar-se virtuoso apenas porque lhe ordenamos que o seja e, ao usar a força, nós o estaremos prejudicando, inibindo o relacionamento sincero entre os seres humanos e limitando a liberdade.

Godwin afirma que, sob todos esses aspectos, o pequeno grupo social leva vantagem sobre a instituição política mais ampla.

Em círculos desse tipo, diz ele, "a opinião seria suficiente"; o exame de todos os homens sobre a conduta de seus semelhantes, quando não prejudicado por qualquer capricho, constituiria uma forma irresistível de censura. Mas a força dessa censura dependeria da liberdade com que fosse feita, seguindo não as imposições categóricas da lei, mas as decisões espontâneas da inteligência. Nem mesmo a convicção com que Godwin afirmava que esse processo seria livre e espontâneo consegue apagar inteiramente a desagradável visão de um futuro onde a imprecação e a censura mútuas estariam na ordem do dia e onde a opinião pública reinaria absoluta. Talvez essa passagem seja um reflexo da influência que uma infância puritana exerceu sobre a mente de Godwin; uma infância em que suas próprias ações eram objeto de tão intensa censura – sem que entretanto sofresse qualquer castigo físico –, que certa vez foi repreendido pelo pai por ter acariciado um gato no domingo. Mas a imagem que ele criou volta a nossa mente com inquietante frequência, à medida que avançamos no estudo da história anarquista.

A esse respeito, George Orwell escreveu um ensaio sobre Swift (um escritor que, a propósito, Godwin admirava bastante), no qual observa que na sociedade anarquista dos Hoynhnms, das *Viagens de Gulliver,* a "advertência" tinha a mesma força que tem a coerção em outras sociedades. Continua Orwell: "Isso ilustra bem a tendência totalitária implícita na visão anarquista ou pacifista da sociedade. Numa sociedade onde não existe lei e, teoricamente, não existe coerção, o único árbitro do comportamento é a opinião pública. Mas, pela ânsia de conformismo que existe em todos os animais gregários, a opinião pública é menos tolerante do que qualquer sistema de leis. Quando os seres humanos são governados pelo 'não', o indivíduo ainda consegue agir com um certo grau de originalidade, mas quando não são supostamente governados pelo 'amor' e pela 'razão', vivem sob contínua pressão que os obriga a portar-se e pensar exatamente como todo o mundo".

Há uma grande dose de verdade no que Orwell diz, mesmo que sua maneira de dizê-lo seja caracteristicamente dogmática. O anarquismo aceita quase sem críticas a ideia de uma opinião pública ativa, por julgar que essa seria uma maneira fácil de resolver o problema do manejo das tendências anti-sociais do indivíduo. Poucos deram suficiente atenção ao perigo que representaria a substituição de uma tirania física por uma tirania moral e de uma sociedade em que o cenho franzido do vizinho tornar-se-ia algo tão temível quanto a sentença de um juiz. E alguns sentiram-se positivamente atraídos pela ideia de uma autoridade moral irradiante; como qualquer outro movimento visando à reforma da humanidade, o anarquismo também tinha seus fariseus.

Entretanto, embora ressaltando de forma bem pouco inteligente as virtudes da censura mútua, a crítica que Godwin faz da interferência do Estado sobre a opinião pública é bastante arguta e, quando discute a aplicação dessa interferência pelos sistemas de ensino criados pelo Estado, ele aponta os perigos que iriam se tornar ainda mais óbvios no decorrer deste século. Aqui caberia uma longa citação, já que, ao desenvolver uma ideia compartilhada por quase todos os seus antepassados dissidentes, Godwin também esboça uma atitude que se repetiria muitas vezes entre seus sucessores anarquistas, a maioria dos quais encarava os problemas da educação com tanta seriedade quanto o próprio Godwin. Ele chega ao âmago da questão quando demonstra os perigosos usos que o governo pode fazer do ensino quando tem o controle nas mãos.

"Não se deve estimular qualquer projeto de criação de um sistema estatal de ensino pela óbvia ligação que este teria com o governo nacional, um vínculo muito mais formidável do que a velha e bastante contestada aliança entre Igreja e Estado.

"Cumpre-nos refletir antes de colocar tão poderosa máquina em mãos de tão ambíguo agente. O governo não deixará de utilizá-la para reforçar seus poderes e perpetuar suas instituições. Mesmo admitindo a hipótese de que os agentes do governo não se proporão objetivos que, a seus próprios olhos, parecerão não apenas inocentes, mas meritórios, o mal seria feito. Suas ideias como fundadores de um sistema de ensino não poderão deixar de ser análogas às que terão na sua qualidade de políticos; as premissas que justificarão sua conduta como estadistas serão aquelas que servirão de base ao seu sistema de ensino. Não é verdade que os nossos jovens devam ser ensinados a venerar o Estado; deveríamos ensiná-los a respeitar a verdade e a Constituição apenas até onde esta correspondesse às *suas* próprias deduções sobre o que é *verdadeiro*. Se o plano de criar um sistema estatal de ensino tivesse sido adotado no apogeu do despotismo, é provável que não conseguisse abafar para sempre a voz da verdade, mas teria sido o mais terrível e sagaz de todos os ardis que a imaginação poderia sugerir para atingir tal objetivo. Mesmo nos países onde predomina a liberdade ocorrem falhas graves, e o sistema estatal de ensino contribui diretamente para perpetuá-las, moldando todas as mentes segundo um único modelo."

Os métodos utilizados pelos estados totalitários da nossa época não nos dão qualquer motivo para pensar que Godwin tivesse exagerado quando falou sobre os perigos de um sistema de ensino entregue nas mãos de líderes políticos. Para ele, a pequena escola independente – assim como o pequeno grupo de discussão – continuava sendo a escola desejável, e o ensino particular parecia-lhe superior a todos os outros.

O último capítulo de *Justiça política*, no qual Godwin examina a instituição da propriedade, é o mais famoso dessa obra-prima, devido à sua suposta antevisão de uma economia socialista. Mas é ao denunciar os efeitos da propriedade privada e insistir na estreita ligação entre propriedade e sistemas de governo que Godwin realmente antecipa o socialismo – se atribuirmos a essa palavra a conotação moderna de domínio do Estado. Suas sugestões sobre as mudanças no sistema de propriedade são invariavelmente anarquistas.

Godwin começa observando que a abolição do "sistema de coerção e castigo" está intimamente vinculada ao fato de que a propriedade passe a ter bases equitativas. Todo homem teria então o "direito não apenas aos meios de sobrevivência, mas de uma sobrevivência com dignidade, desde que o estoque geral fosse suficiente". Mas essa reivindicação por uma justa distribuição da propriedade comum pressupõe o dever de que cada um desempenhe a sua parte nas tarefas comuns.

"A justiça determina que cada homem – a menos talvez que se ocupe com tarefas mais úteis ao bem-estar da comunidade – deve contribuir com a sua parte na colheita, da qual irá consumir aquilo a que tiver direito. Essa reciprocidade... é a própria essência da justiça."

No esboço grosseiro que Godwin faz sobre o funcionamento de uma sociedade sem propriedade privada, é possível perceber a mesma visão agrária que encontramos em Moro, Winstanley, Morris e Kropotkin – uma visão de homens trabalhando lado a lado nos campos e depois retirando dos celeiros e armazéns comuns tudo aquilo de que necessitassem, de acordo com sua própria estimativa, sem qualquer mecanismo que envolvesse dinheiro ou troca, pois a "troca é a pior de todas as práticas". Tal como outros escritores anarquistas posteriores, Godwin prevê um modo de vida drasticamente simplificado, pois o luxo corrompe – devemos ter tanta pena dos ricos quanto dos pobres – e o trabalho é necessário à felicidade do ser humano. A situação ideal seria aquela em que o homem tivesse uma mente independente e ativa – a primeira nos faz sentir que os nossos prazeres não dependem nem dos homens nem da fortuna; a segunda nos enche de uma alegria provocada pelo esforço feito para atingir objetivos cujo valor intrínseco reconhecemos.

"A propriedade acumulada – a expressão pré-marxista de Godwin para designar o que chamamos de capitalismo – é contrária ao enriquecimento qualitativo da vida. Ao perpetuar a desigualdade econômica, ela "esmaga a força do pensamento, transformando-a em pó; extingue as fagulhas da genialidade e reduz a grande massa da humanidade a viver mergulhada em preocupações sórdidas." Em oposição a esse domínio funesto, Godwin pinta um quadro idílico de sua própria utopia. Com o fim do luxo, "cessaria a necessidade de grande parte do trabalho manual que a humanidade produz; e o resto, amigavelmente partilhado por todos os membros ativos e vigorosos da comunidade, deixaria de ser um fardo. Todo homem teria uma dieta frugal, mas saudável. Cada homem exercitaria o corpo com moderação, o que serviria para animar-lhe o espírito. Mas ninguém ficaria embotado pelo cansaço, todos teriam lazer suficiente para cultivar as gentis e filantrópicas inclinações da alma e libertar suas potencialidades, em busca de aperfeiçoamento intelectual... Os gênios... ficariam livres das preocupações que perpetuamente os levam a pensar em dinheiro e, em consequência, viveriam livremente, entre sentimentos de generosidade e interesse pelo bem geral.

Godwin afirma que tal sistema acabaria com as principais causas do crime, que resulta do fato de que "um homem possua em abundância aquilo de que o outro carece". A inveja e o egoísmo desapareceriam, e com eles a ansiedade e a insegurança; a corrupção deixaria de existir e cessaria o principal estímulo para as guerras. "Com frequência mil vezes maior do que no presente, cada homem se acercaria de seu vizinho movido por sentimentos de amor e bondade mútuos, mas cada homem pensaria e agiria por si mesmo."

Godwin continua, descrevendo em detalhes a sua arcádia igualitária. Antecipa Veblen, ao observar que geralmente a propriedade é desejada não por si mesma, mas pela distinção que confere a quem a possui; numa sociedade igualitária, entretanto, o homem procurará distinguir-se pelos serviços que prestar ao bem público. Ele também fala longamente sobre qual seria o número ideal de horas de trabalho e apresenta uma estimativa surpreendente, quando afirma que, num tipo de vida destituído de luxo, o trabalho poderia ser reduzido a apenas meia hora diária. Para chegar a tais conclusões, vale-se de uma visão profética sobre o desenvolvimento industrial do futuro, que também o leva a sugerir uma forma de evitar a cooperação excessiva. Pois, tal como Proudhon e Stirner e diferente de Kropotkin e Bakunin, o individualismo de Godwin o fazia desconfiar profundamente de qualquer tipo de colaboração que pudesse consolidar-se, adquirindo formas institucionais A esse respeito, cultiva alguns deliciosos absurdos, como duvidar que um homem capaz de opiniões independentes pudesse tocar numa orquestra ou participar de uma representação teatral, mas faz uma observação válida quando diz que um homem livre não deve se deixar levar, mais do que o necessário, pelas conveniências dos outros. Godwin vê no progresso tecnológico a possibilidade de proporcionar ao indivíduo meios para que se torne mais independente.

"Hoje, derrubar uma árvore, abrir um canal, navegar um barco exige o esforço de muitos. Será sempre assim? Quando olhamos os complicados mecanismos criados pelo homem: vários tipos de moinhos, máquinas de fiar, caldeiras a vapor, não nos espantamos ao ver o volume de trabalho que executam? Quem poderá prever até onde chegará o progresso? No futuro que aqui esboçamos, ele poderá ter eliminado a necessidade do trabalho humano."

Vivendo no início da Revolução Industrial, Godwin tem a mesma atitude de espanto que H. G. Wells teria no início da Revolução Tecnológica*, atrevendo-se até a sugerir que a ciência poderia vir a descobrir o segredo da imortalidade!

Apesar da suspeita com que encarava a cooperação, Godwin não imagina os homens liberados vivendo isolados uns dos outros, cheios de suspeitas mútuas. Pelo contrário, imagina a possibilidade de especialização nos vários ofícios, o que levaria o homem a seguir a profissão para a qual tivesse maiores aptidões e a distribuir o excesso de sua produção entre quem dela necessitasse e recebendo as sobras do que seus vizinhos tivessem feito, sempre com base na distribuição espontânea, jamais na troca. É evidente que, apesar de suas especulações sobre o futuro da máquina, a sociedade ideal de Godwin baseava-se numa economia de artesanato e de cultivo da terra.

Mas, acima de tudo, a comunicação entre os homens continua sendo necessária, como uma forma de promover o amadurecimento do raciocínio e o desenvolvimento do caráter através de conversas francas e de trocas de ideias. Esse tipo de relacionamento exclui, naturalmente, ligações

---

* Até agora a história não confirmou as previsões de Godwin. O principal efeito do desenvolvimento industrial foi aumentar a divisão do trabalho, reforçando com isso a rede de cooperação mútua. Além disso, a visão de Godwin ignora o fato de que, mesmo que seja operada por um só homem, a maquinaria mais complexa sempre é feita por muitos homens. Entretanto, vale a pena observar que alguns dos maiores escritores modernos que tratam das relações econômicas e sociais, como Lewis Munford, sugeriram que eventualmente o progresso tecnológico poderá vir a provocar uma ruptura das estruturas monolíticas da indústria contemporânea, acompanhada pela descentralização geográfica, pela dissolução das metrópoles e pelo retorno a uma ordem social orgânica, na qual o indivíduo poderá desenvolver-se com mais liberdade do que no passado recente. Se isso chegar a acontecer, Godwin verá realizada a sua ideia da máquina como libertadora.

pessoais possessivas e é por essa razão que Godwin fez sua célebre condenação ao casamento, que pretende dar permanência a uma escolha feita no passado sendo, além disso,"a pior forma de propriedade". "Homens e mulheres viverão como iguais, num clima de amizade, e a propagação da espécie será regida pela ditames da razão e do dever." Quanto às crianças, elas também deverão se libertar do domínio de pais e professores. "Nenhum ser humano aprenderá nada, a menos que o deseje e que tenha alguma ideia a respeito de sua utilidade e valor."

Godwin não chegou a deixar qualquer movimento de protesto organizado que pudesse ser de alguma forma relacionado com aquele que surgiu em 1860, a partir da semente lançada por Proudhon. Logo depois de sua publicação, *Justiça política* teve grande sucesso durante alguns anos, até que o céu político se encheu de nuvens, provocadas pela guerra entre a Inglaterra e a França revolucionária. O ano em que o breve e romântico casamento de Godwin com Mary Wollstonecraft chegou ao fim, 1797, marcou um momento decisivo. O sucesso popular de *Justiça política* acabou, de forma abrupta. Coleridge, Wordsworth e Southey, todos eles partidários de Godwin nos bons tempos, reconsideraram rapidamente a sua fugaz adesão às ideias contidas na *Justiça política* e não merecem mais do que uma simples menção na história do anarquismo. Os círculos operários que haviam economizado os seus três pence para comprar exemplares de *Justiça política* e discuti-la desapareceram com o que restava do movimento radical nos dias negros do fim do século. O próprio Godwin, manchado por calúnias, reduzido à condição de devedor pelo resto de sua vida e escrevendo quase que exclusivamente para sobreviver, manteve suas ideias com exemplar integridade, apoiado pela consideração e apreço de homens como Hazzlitt, Lamb e Coleridge, que o abandonara como discípulo mas voltara como amigo. E embora tivesse revisado *Justiça política* duas vezes para novas edições, Godwin jamais retirou ou amenizou as conclusões anarquistas a que havia chegado na primeira edição, apesar das acusações sensacionalistas que lhe foram feitas por escritores como De Quincey.

Esse é o esboço do plano de Godwin de um mundo de universal benevolência, em cuja direção a justiça avança e que cabe a cada homem esclarecido promover através de seus ensinamentos. *Justiça política* finaliza num tom de majestosa retórica e serena confiança no poder da razão. Nele, como disse Sir Alexander Gray, Godwin resume, como nenhum outro, a síntese e a essência do anarquismo e, ao fazê-lo, concretiza toda uma tradição. E, o que é mais surpreendente, o faz num tom profético. *Justiça política* permaneceu como um trabalho isolado durante meio século. O próprio Godwin não voltou a escrever nada parecido, embora sua primeira novela, *Caleb Williams* – uma história de perseguição quase kafkiana, na qual um homem inocente é perseguido por todas as forças hostis da sociedade –, pudesse ser considerada uma parábola anarquista. Mas após a publicação de *Caleb Williams*, em 1794, seu autor começou a mergulhar nas sombras da rua Gruber, e seus romances posteriores, suas minuciosas biografias e peças teatrais medíocres (que ele teimosamente considerava o melhor de sua obra) pertencem à história da literatura menor da Inglaterra.

Na verdade, não foi durante aqueles anos, em que gozou de popularidade "exaltada e doentia" como tão apropriadamente a descreveu Hazzlitt, que Godwin exerceu maior influência, mas sim no período em que sua reputação havia descido ao nível mais baixo. Em 1811, Shelley descobriu, com grande surpresa, que o autor de *Justiça política* ainda estava vivo. Seguiu-se uma amizade marcada não apenas por uma série de acontecimentos sensacionais, como a fuga de Shelley com a filha de Godwin e os incessantes pedidos de empréstimo que Godwin fazia a Shelley, como pela consolidação de um traço godwiniano nos versos do poeta, que mesmo o platonismo da sua fase final jamais conseguiu apagar totalmente. Pelo menos em um nível, *Queen Mab, The Revolt of Islam* e *Prometheus Umbound* são transmutações, em verso, das ideias expostas em *Justiça política,* e mesmo *Hellas* não poderia ser o que é sem a influência de Godwin. Outros escritores – principalmente H. N. Brailsford e Frank Lea – investigaram a dívida intelectual do poeta para com o filósofo, concluindo ser ela mais do que suficiente para cancelar a dívida econômica do filósofo para com o poeta. Basta dizer que foi através do "godwinismo" de Shelley que o anarquismo figurou pela primeira vez como tema da literatura mundial. E, embora talvez Shelley seja obrigado a ceder a Tolstoi a honra de ser o maior dos escritores anarquistas, ele permanece como o maior dos poetas anarquistas.

Godwin exerceu uma influência bem menos óbvia sobre o movimento trabalhista inglês. É provável que muitos dos operários que haviam lido *Justiça política* em 1790 tivessem continuado a admirar Godwin no fundo de seus corações, enquanto pelo menos três dos mais influentes entre os primeiros socialistas foram influenciados por Godwin, então nos seus últimos anos de vida. Um deles foi Robert Owen, que o conhecia pessoalmente. Owen não era anarquista, mas absorveu as desconfianças que Godwin sentia pelos movimentos políticos e é através dele que o elemento libertário foi transmitido aos primeiros sindicatos classistas e principalmente à União de Sindicatos. Frances Place, outro lutador dedicado à causa do direito dos operários se unirem numa associação, foi também discípulo de Godwin e, num determinado momento, assumiu a ingrata tarefa de tentar desenredar seus problemas financeiros. William Thompson, um dos primeiros economistas socialistas, desenvolveu suas teorias sobre propriedade baseando-se, em grande parte, no Livro VIII da *Justiça política.* Pode ter sido através dele que certamente influenciou as teorias econômicas de Karl Marx, que aquele frágil fantasma anarquista conhecido como "a decadência do estado" chegou para assombrar a imaginação daquele que foi o mais autoritário de todos os socialistas.

Quando o socialismo inglês ressuscitou durante a década de 1880, ele assumiu um tom singularmente libertário, e ecos de Godwin podiam ser percebidos nas obras de muitos de seus principais expoentes. As *Notícias de Nenhum Lugar,* de Morris, parecem uma adaptação da utopia criada por Godwin, transportada para a época medieval. *A alma do homem sob o socialismo* é, como observou o Dr. F. E. L. Priestley, uma minuciosa e completa repetição de todo o sistema criado por Godwin. G. B. Shaw escolheu um tema godwiniano para desenvolver em *De volta a Matusalém* e H. G. Wells, em *Deuses e homens,* aproximou a sociedade ideal de Godwin das especulações dos cientistas eduardianos.

Em épocas mais recentes, desde a Segunda Guerra Mundial, os escritores ingleses voltaram a ler Godwin com renovado interesse. J. M. Murray, Herbert Read e Charles Morgan observaram como a crítica que Godwin faz das "instituições formais" ainda parece válida num mundo tão cheio de governos; e críticos como Angus Wilson, Walter Allen e Roy Fuller reconheceram no romance *Caleb Williams* um trabalho pioneiro sobre crime e perseguição, uma extraordinária antevisão das ansiedades que constituem o tema de inúmeros trabalhos de ficção contemporânea. Cento e cinquenta anos depois de sua morte, em 1836, Godwin figura, mais do que nunca desde 1797, como um marco não só para o desenvolvimento do pensamento político, mas também na história da literatura inglesa.

Entretanto, permanece a ironia de que a influência de *Justiça política,* a mais completa entre as primeiras exposições das ideias anarquistas, fosse tão evidente na literatura e no movimento socialista inglês, mas permanecesse ausente do movimento anarquista propriamente dito, surgindo apenas muito mais tarde. Pois Stirner e Proudhon não retomaram do ponto em que Godwin parou – cada um deles começa do princípio a trilhar seu próprio caminho até a liberdade.

O egoísta

A penetração das ideias anarquistas no período que se seguiu à Revolução Francesa e que instituiu tanto o sistema capitalista de produção quanto o Estado centralizado moderno é demonstrada de forma notável pela variedade de pontos a partir dos quais escritores de vários países começaram separadamente a jornada que os levaria a destinos libertários semelhantes. Como já vimos, Godwin chegou à rejeição ao governo a partir da tradição dissidente inglesa, atenuada pelo Iluminismo francês. Josiah Warren nos Estados Unidos e Pierre Joseph Proudhon na França chegaram, isoladamente, ao anarquismo da década de 1840 em grande parte ao criticar as doutrinas socialistas utópicas, principalmente as de Charles Fourier e Robert Owen. E durante a mesma década, na Alemanha, no único livro importante que escreveu, *O ego e o que a ele pertence,* Max Stirner partiu das teorias de Hegel para chegar a sua completa inversão, numa doutrina que negava todos os absolutos e todas as instituições, baseando-se unicamente na "singularidade" do indivíduo. É verdade que Stirner tinha lido os primeiros trabalhos de Proudhon, mas – como o próprio Proudhon não atribuiu grande importância a Godwin – ele também não foi capaz de perceber a semelhança entre suas próprias conclusões e aquelas implícitas na obra do anarquista francês. Seus argumentos e o extremado individualismo a que estes o levaram podem, portanto, ser considerados um fruto independente de uma tendência geral da época.

À primeira vista, a doutrina de Stirner parece muito diferente das teorias de outros pensadores anarquistas, como Godwin. Todos demonstram certa inclinação para imaginar um critério moral absoluto ao qual o homem deveria subordinar seus desejos em nome da justiça ou da razão; ou, como Kropotkin, propõem um tipo qualquer de impulso inato que, uma vez extinta a autoridade, induzirá os homens a cooperar naturalmente, numa sociedade governada pelas leis invisíveis da ajuda mútua. Ao negar todas as leis naturais e a existência de uma humanidade comum, por outro lado, Stirner aproxima-se do niilismo e do existencialismo, apresentando como seu ideal o egoísta, um homem que se realiza em conflito com a coletividade e com os outros indivíduos. Um homem que não recua, lançando mão de todos os recursos na "guerra de cada um contra todos". Um homem que julga todas as coisas de forma impiedosa, levando em conta apenas o seu próprio bem-estar e que, tendo proclamado sua "singularidade", poderá formar um sindicato de egoístas, sem regras ou regulamentos, reunindo outros indivíduos que pensam como ele para resolver problemas de interesse comum.

Não é necessário salientar as semelhanças entre o egoísta de Stirner e o super-homem de Nietzsche. O próprio Nietzsche considerava Stirner uma das mentes mais fecundas do século XIX. Entretanto, certos elementos contidos nas ideias de Stirner o aproximam da tradição anarquista e explicam por que ele exerceu considerável influência sobre alguns círculos libertários do nosso século. Como qualquer outro típico filósofo anarquista, Stirner critica a sociedade vigente por seu caráter autoritário e antiindividualista e propõe uma situação desejável, que entretanto só poderia ser atingida após a derrubada das instituições governamentais. Ele exige que haja igualdade entre todos os egoístas, mesmo que a veja em termos de tensão criada pelo equilíbrio de forças; e sugere – embora de forma um tanto vaga – meios insurrecionais através dos quais seria possível transformar a sociedade. Ao mesmo tempo, poucos anarquistas foram tão radicais quanto Stirner no seu culto à força, nem tão entusiastas na sua visão da vida como um eterno e amoral conflito de vontades.

Entretanto, quando observamos esse fanático do individualismo, que chegou a assustar até alguns anarquistas, como Kropotkin, pela ferocidade do que ensinava, temos uma curiosa visão do caráter dos teóricos extremistas. Pois o grande egoísta, o poeta do conflito eterno, que louvava o crime e exaltava o assassinato, era, na vida real, ao publicar *O ego e o que a ele pertence* em 1843, um homem de maneiras suaves, um paciente professor na Academia para Moças de Madame Gropius, em Berlim. Chamava-se Johann Caspar Schmidt. O "nom de plume" que escolheu para substituir um nome tão comum tinha origem no extraordinário tamanho da sua testa: Stirner quer dizer testa em alemão e Max Stirner poderia ser traduzido por Max, o testa larga.

Assim como assumiu um novo nome para publicar seu livro, Schmidt parece ter criado também uma nova personalidade para escrevê-lo, ou pelo menos ter invocado um outro eu, violento e estranho, que vivia submerso na sua personalidade cotidiana. Pois na infeliz, desafortunada e confusa carreira do tímido Schmidt não havia nada que lembrasse o egoísta independente do sonho passional de Max Stirner. O contraste entre o homem e sua obra parece dar um exemplo clássico do poder da literatura como devaneio compensatório.

Os fatos que conhecemos sobre a vida de Schmidt, reunidos com dificuldade pelo poeta individualista John Henry Mackay em 1890, são escassos e patéticos. Schmidt era bávaro, nascido em 1806 em Bayreuth, que era então uma cidadezinha obscura, ainda não atingida pela fama que Wagner e Richter mais tarde lhe trariam. De família pobre, o pai morreu quando ele era ainda criança e o segundo casamento da mãe levou-o a viver um período de viagens constantes pelo norte da Alemanha, interrompidas por doenças intermitentes. Mais tarde, quando a família voltou a Bayreuth, Johann Caspar continuou seus estudos no ginásio local, iniciando depois uma longa e medíocre carreira universitária, várias vezes interrompida.

De 1826 a 1828, estudou filosofia na Universidade de Berlim, assistindo a conferências de Hegel, o primeiro dos heróis intelectuais contra os quais iria reagir mais tarde de forma incisiva. Seguiu-se um único semestre em Erlanger, e a matrícula em Königsberg, onde não chegou a assistir a nenhuma aula, pois foi chamado a Kulm para cuidar de sua mãe, que mergulhava na loucura. Só três anos mais tarde, em 1832, pôde retornar à Universidade de Berlim, mal conseguindo ser aprovado nos exames que lhe confeririam um certificado para lecionar em ginásios prussianos. Durante um ano e meio Schmidt trabalhou como estagiário sem direito a vencimentos na Königliche Realschule de Berlim. No fim desse período, o governo prussiano recusou-se a nomeá-lo para um posto assalariado. Ele não protestou: na verdade, essa fase da sua vida se caracterizou por uma resignada apatia, que parecia impedi-lo de fazer qualquer esforço sério para superar suas desventuras. E elas continuaram – mesmo desempregado, Schmidt casou, em 1837, com a filha da sua senhoria, a qual viria a morrer de parto alguns meses mais tarde. Ele voltou então a cuidar da mãe louca e esperou quase dois anos até ser aceito como professor na escola de Madame Gropius, onde permaneceu durante cinco anos, realizando um bom trabalho.

Esses foram os anos menos infelizes da vida de Stirner, durante os quais conviveu com algumas das inteligências mais vitais da Alemanha e, estimulado por elas, emergiu da estagnação em que vivia para escrever *O ego e o que a ele pertence,* um livro que, apesar de suas falhas, jamais poderá ser acusado de falta de entusiasmo e força.

O ambiente que fez vir à tona tão inesperadas qualidades no cérebro até então improdutivo de Johann Caspar Schmidt era o Hippel's Weinstube, na Friedrichstrasse, onde, durante os primeiros anos da década de 1840, os jovens hegelianos de Berlim se reuniam para discutir, corrigir e às vezes até refutar as teorias do Mestre. Chamavam-se *Die Freien* – Os Livres – e formavam uma espécie de sociedade de debates informal, sob a liderança dos irmãos Bruno e Edgar Bauer. Marx, Engels e os poetas Herwegh e Hoffman von Fallersleben eram visitantes ocasionais. Os debates costumavam ser brilhantes, extravagantes e ruidosos. Autoridades visitantes eram tratadas com desrespeito, e certa noite, Arnold Ruge, que tinha se ungido como uma espécie de alto sacerdote entre os hegelianos de esquerda, envolveu-se numa ácida disputa com o Grupo de Berlim. Essa discussão foi celebrada por Engels num esboço feito a lápis que sobrevive até hoje. Nele, Ruge aparece corpulento e pomposo, gritando enfurecido contra os berlinenses, entre uma confusão de cadeiras viradas e papéis amassados, enquanto, bem longe da desordem, uma figura solitária, de testa ampla, óculos, fuma negligentemente um cigarro e observa tudo com ar irônico. É Stirner, surpreendido ao desempenhar o papel mudo que lhe cabia no grupo dos Livres: o de ouvinte crítico e sorridente, que se dá bem com todos, mas não é amigo de ninguém.

Apenas uma vez essa armadura de indiferença foi rompida e isso aconteceu depois da chegada, em Mecklenburg, de uma jovem bonitinha, brilhante e superficialmente emancipada, que se chamava Marie Dahnhardt e frequentava o Hippel's Weinstube e era aceita pelos Livres como uma boa companheira, capaz de beber e fumar seu charuto como os melhores entre eles. Stirner viu em Marie a esperança de uma felicidade que ainda não conhecera, e em 1843 eles se casaram. A cerimônia aconteceu no apartamento de Stirner e foi uma confusão tipicamente boêmia. Ao chegar, o pastor encontrou o noivo e as testemunhas em mangas de camisa, jogando cartas. A noiva chegou atrasada, vestindo roupas comuns, e, como ninguém havia lembrado de comprar alianças, a cerimônia foi celebrada com os anéis de cobre da bolsa de Bruno Bauer. *O ego e o que a ele pertence* foi publicado durante o primeiro ano do casamento.

Esse não era o primeiro trabalho que Stirner conseguira publicar. Karl Marx já havia incluído um ensaio sobre métodos de ensino na *Rheinischpe Zeitung*. Mas foi o livro que trouxe fama a Stirner, um renome breve e escandaloso.

Em suas páginas, ele não se limitava a defender um tipo de egoísmo e de amoralidade que repugnava as mentes do século XIX, mas atacava todo o pensamento contemporâneo. Não apenas Hegel, como Feuerbach, Marx e Proudhon – já então um anarquista declarado – eram rejeitados. Os frequentadores do Hippel's Weinstube – e principalmente Bruno Bauer – eram condenados com o resto. Stirner estava decidido a destruir não apenas as crenças religiosas, mas toda a doutrina social, política e filosófica, pois julgava que, ao colocar qualquer coisa fora do indivíduo – fosse ela um princípio absoluto, um partido ou mesmo uma abstração coletiva como homem –, parecia-lhe estar começando mais uma vez todo o processo religioso. Pelo seu extremismo, seus argumentos levaram celebridades, tais como Feuerbach e Moses Hess, a dar-lhe uma resposta através da imprensa.

Mas o sucesso de Stirner foi tão passageiro quanto a maioria daqueles que têm origem na notoriedade. Bem depressa seu livro deixou de atrair a atenção do público e só cinquenta anos depois, quando a popularidade de Nietzche já havia preparado os leitores para o culto da ilimitada voluntariosidade, aconteceu um renascimento popular do *O ego e o que a ele pertence*. Durante a década de 1890, e na era eduardina ele foi muito lido, dentro e fora dos círculos anarquistas. Havia algo no vigor indisciplinado do livro que atraía especialmente os rebeldes autodidatas da época, os destemidos do Instituto de Mecânica. Em 1940, ainda encontrei um grupo de operários anarquistas de Glascow que julgavam o livro uma espécie de evangelho.

Essa nova popularidade surgiu, entretanto, muito depois da morte de Stirner e, para ele, o sucesso efêmero foi seguido por um período de renovada desgraça. Deixou a escola de Madame Gropius – e, embora não se conheçam as causas, é muito provável que tenha sido pela descoberta de que o humilde Herr Schmidt tinha um *alter ego,* o terrível Herr Stirner, que pregava a rebelião e regozijava-se com a violência.

Para ganhar a vida, Stirner começou a fazer uma série de traduções de obras de economistas franceses e ingleses, chegando a publicar vários volumes de J. B. Say e Adam Smith; era um trabalho árduo e mal-remunerado e, numa desesperada tentativa para conseguir dinheiro sem tanto esforço, Stirner investiu o que restava do dote da mulher numa leitaria, que faliu pela sua falta de experiência como negociante. Em 1846, Marie Dahnhardt já não suportava mais acompanhar Stirner em suas tentativas fracassadas de enfrentar a vida e deixou-o, viajando primeiro para a Inglaterra e depois para a Austrália. Muito tempo depois, lá por 1890, John Henry Mackay visitou-a, descobrindo que a lembrança daqueles dias vividos há meio século ainda a exasperava: ela só falava em Stirner para dizer que ele era "muito sonso" e insuportavelmente egoísta.

Sozinho, Stirner mergulhou aos poucos na pobreza e no anonimato, vivendo numa série de quartos baratos, ganhando a vida miseravelmente de agenciar negócios entre pequenos negociantes. Publicou uma *História da reação*, cujo estilo monótono traz a marca não de Max Stirner, mas de Johann Caspar Schmidt. Foi preso duas vezes por não pagar suas dívidas e os últimos anos de sua vida, até morrer em 1856, foram quase todos dedicados a fugir de seus inúmeros credores.

Esta foi a carreira de um homem cuja predisposição para o fracasso deve-se obviamente a algo muito mais pessoal do que a simples falta de sorte. Alguma falha no seu caráter confere à sua única obra importante, quando vista contra o pano de fundo cinzento da sua vida, o aspecto de um violento esforço para libertar-se da sufocante apatia que era parte de sua natureza. Essa apatia abateu-se mais uma vez sobre Johann Caspar Schmidt, o homem, acabando por engoli-lo. Mas Stirner, o escritor, sobreviveu graças ao tom de absoluto desespero que deu ao seu protesto aquele extraordinário vigor.

O que nos chama a atenção de imediato em *O ego e o que a ele pertence* é o seu tom de apaixonado antiintelectualismo. Contrastando com a importância que Godwin atribuía à razão, Stirner dirige-se à vontade e aos instintos, procurando romper todas as estruturas do mito e da filosofia, todas as interpretações artificiais do pensamento humano, até chegar ao ser elementar. Ele nega a realidade de conceitos tão abstratos e gerais como homem e humanidade. O ser humano é a única coisa sobre a qual temos algum conhecimento; cada indivíduo é único. É essa singularidade que cada homem deve cultivar; o ego é a única lei e fora dele não existem compromissos com códigos, crenças ou ideias. Quanto a conceitos godwinianos sobre dever e leis morais imutáveis, Stirner os nega totalmente. A única regra de conduta a ser seguida pelo indivíduo serão suas próprias necessidades e desejos.

Até mesmo a liberdade, o grande objetivo da maioria dos anarquistas, é – segundo Stirner – superada pela singularidade ou independência. Stirner vê a liberdade como a condição de quem se liberta de algumas coisas, mas salienta que a própria natureza da vida torna a liberdade absoluta uma impossibilidade.

"É possível libertar-se de muitas coisas, não todas. Interiormente é possível ser livre, apesar da condição de escravo, embora aí também apenas em algumas coisas, não todas; mas do gênio autoritário, do chicote e etc. do senhor é impossível ficar livre, enquanto escravo. A liberdade existe apenas em sonhos! Pertencer-me, pelo contrário, é todo o meu ser, a minha existência, sou eu. Sou livre daquilo de que me vi livre, dono de tudo que estiver em meu poder, tudo que eu possa controlar. Eu me pertenço em qualquer tempo, sejam quais forem as circunstâncias, desde que saiba controlar-me e não me malgaste com outros. Mas não serei verdadeiramente livre apenas porque quero sê-lo, pois liberdade é algo que não posso fazer, nem criar; posso apenas desejá-la, aspirar a ela, que continua sendo um ideal, um fantasma. A todo o momento os grilhões da liberdade cortam vergões profundos na minha carne. Ainda assim, continuo sendo eu mesmo."

Entretanto, ao lutar por sua independência, Stirner deve enfrentar o mesmo inimigo que o anarquista enfrenta em busca da liberdade – o Estado.

Somos inimigos, o Estado e eu. Eu, o egoísta, não me preocupo com o bem-estar da "sociedade humana". Não sacrifico nada por ela. Utilizo-a apenas; mas, para que possa utilizá-la completamente, é preciso que eu a transforme em minha propriedade e minha criatura – ou seja, devo aniquilá-la e colocar em seu lugar a União dos Egoístas.

O Estado, seja ele tirânico ou democrático, é a negação da vontade individual. Baseado no culto ao homem coletivo, os próprios sistemas que utiliza para criar e fazer cumprir as leis resultam numa estabilização, num congelamento de atos e opiniões que quem quer que deseje ser dono de si mesmo em sua singularidade não pode tolerar. É por isso que a luta entre o Estado e o egoísta tornou-se inevitável.

"Para o Estado, é indispensável que ninguém tenha uma vontade própria. Se alguns a possuíssem, seria preciso excluí-los, prendê-los ou bani-los. Se todos a possuíssem, o Estado acabaria. É impossível imaginar um Estado sem senhores nem servos, já que ele deve desejar ser o senhor de tudo aquilo que abrange – e a isso chamamos 'a vontade do Estado'... A vontade que existe em mim pode destruí-lo e, por isso, ele a chama de egoísmo. Minha vontade e o Estado são duas forças em luta, entre as quais é impossível a paz eterna."

No vácuo deixado pelo Estado aniquilado, surge o mundo dos egoístas, um mundo que Stirner caracteriza de modo alarmante pelo emprego frequente de palavras como força, poder, potência, que a maioria dos anarquistas usa apenas com sentido pejorativo. Como já observei antes, a essas palavras Stirner opõe *direito*.

"Não exijo qualquer direito e, portanto, também não os reconheço. O que puder conquistar pela força, conquistarei e não terei qualquer direito àquilo que não puder conquistar – nem fingirei ter... Com autorização ou sem ela – isso não me preocupa. Se eu for poderoso, terei poderes sobre mim mesmo e não necessitarei qualquer outro tipo de autorização ou direito."

Entretanto, para Stirner, a ascensão de cada indivíduo ao poder implícito na sua própria singularidade não sugere um domínio da ganância universal, ou uma infindável carnificina, nem significa que alguns terão poderes sobre todos. Cada homem defenderá sua própria singularidade através da força, mas uma vez atingido o estado de verdadeiro egocentrismo, não precisará viver sobrecarregado por outros bens, além daqueles de que realmente necessita, e reconhecerá que, ao dominar os outros, poderá estar destruindo sua própria independência.

"Todo aquele que, para manter a própria independência, precisa contar com a ausência de vontade do outro, é uma coisa criada pelo outro, assim como o senhor é uma coisa criada pelo servo. Se a submissão deixasse de existir, não haveria mais senhores."

No mundo de Stirner não existiriam nem servos nem senhores, apenas egoístas. O próprio fato de cada homem viver recolhido à sua singularidade serviria não para estimular, mas para impedir os conflitos. Como ser único você não tem mais nada em comum com o outro e, portanto, também já não há nada que possa dividi-los ou criar hostilidade entre ambos. Você não está tentando provar que tem razão contra ele diante de terceiros, nem está ligado a ele com base no direito ou em qualquer outro terreno comum. A oposição desaparece, transformada em total divisão ou isolamento. Isso poderia ser considerado um novo ponto comum, ou uma nova semelhança, mas aqui a semelhança reside precisamente na disparidade.

O egoísmo não nega a união entre os indivíduos. Na verdade, poderá até estimular uma união espontânea e verdadeira. Pois "o indivíduo é único, não como membro de um partido. Ele pode unir-se e separar-se livremente". Desprezando tudo o que é prático e preferindo sempre os aforismos à discussão, Stirner não chega a dar detalhes sobre o tipo de organização que essa União de Egoístas poderia produzir. Na verdade, qualquer coisa suficientemente estática para ser definida por uma palavra como organização está fora da perspectiva stirneriana. Stirner opõe-se claramente à sociedade e ao Estado por considerar que ambos são instituições baseadas num conceito coletivo do homem, na subordinação do indivíduo ao todo. O que ele propõe é uma união baseada na reunião espontânea de egoístas que utilizam seus "relacionamentos" ou "comércio" em proveito próprio, abandonando-as tão logo deixam de atender aos seus objetivos.

"Para essa União, você traz toda a sua força, a sua competência e faz com que a sua voz seja ouvida; numa sociedade, você é usado pela sua força de trabalho. Na primeira você vive egocentricamente, na última, humanamente, ou seja, "como um membro do corpo do Senhor"; à sociedade você deve tudo aquilo que possui e está ligado a ela por compromissos e deveres; a União você usa e abandona, sem deveres nem compromissos, quando já não precisa mais dela. Se a sociedade é maior do que você, a seus olhos ela passará a ser mais importante do que você mesmo; mas a União é apenas um instrumento, a espada com a qual você aguça e aumenta a sua força natural. A União existe para você e por você; a sociedade, ao contrário, pretende ter direitos sobre você em benefício próprio e existe mesmo sem você. Em resumo, a sociedade é sagrada; a União é sua. A sociedade consome você; você consome a União."

Se esse mundo dos egoístas stirnerianos – essa comunicação espontânea entre seres singulares, cada um fortalecido em seu próprio poder – chegasse a se tornar realidade, talvez se parecesse àquela utopia clandestina que Bulwer Lytton descreve em *A raça do futuro*. Nele, todos os seres humanos dispõem do poder sob a forma de energia mortífera chamada *vril*. Foi estabelecida uma espécie de equilíbrio baseado no respeito mútuo e, paradoxalmente, do perigo de destruição mútua surgiu um sentimento de fraternidade. Diante de uma união tão poderosa, os governos se tornaram desnecessários, e entraram em decadência.

Mas será preciso lutar para chegar a esse mundo dominado pela União dos Egoístas. Enquanto houver Estado, afirma Stirner, o egoísta deve lutar contra ele com todos os meios ao seu alcance, e a ideia dessa luta constante, levada a efeito independente de todas as concepções éticas, leva-o à glorificação do crime.

"Até agora o egoísta usou o crime para defender seus direitos e para desafiar o que é sagrado; a ruptura com o que é sagrado, ou melhor, do sagrado, poderá tornar-se geral. Uma revolução não volta nunca mais, mas não percebe como o crime, um crime poderoso, arrojado, declarado, sem consciência, orgulhoso de si mesmo, ressoa como uma trovoada ao longe e como o céu vai ficando silencioso e sombrio?"

Stirner pode não ter tido qualquer influência direta sobre os orgulhosos e arrojados criminosos cuja presença obscureceu o movimento anarquista nos países latinos durante as décadas de 1880 e 1890, mas, frequentemente, chegou a antecipá-los de forma extraordinária, assim como antecipou a ideia anarquista que iria surgir mais tarde, vendo a revolta espontânea do povo mais como uma reunião de indivíduos rebeldes do que como uma sublevação das massas.

Ao mesmo tempo, Stirner ataca os socialistas e os comunistas por acreditarem que a questão da propriedade poderia ser resolvida amigavelmente. Será preciso usar a força. Cada homem – declara Stirner – deve ter e tomar aquilo de que necessita e isso implica uma guerra de "cada um, contra todos", pois os pobres só se tornarão livres e proprietários quando se *revoltarem*.

Neste ponto, Stirner estabelece uma diferença – básica, segundo ele, entre revolução e rebelião. Como Albert Camus em nossa geração, Stirner nega a revolução e exalta a rebelião, e as razões que apresenta estão intimamente ligadas à sua concepção de singularidade.

"Revolução e rebelião não devem ser consideradas sinônimos. A primeira consiste na subversão das condições vigentes, da situação ou do *status* estabelecido, do Estado ou da sociedade, sendo portanto um ato político ou social."

A segunda tem, certamente, como consequência inevitável, uma transformação nas circunstâncias, porém não tem origem nelas e sim na insatisfação dos homens consigo mesmos; não é uma revolta armada, mas uma revolta de indivíduos, um levante que não leva em conta as consequências que poderá trazer. A revolução pretende chegar a novos arranjos; a rebelião nos leva a não permitir que sejamos arranjados por outros, mas a que nós mesmos nos arranjemos, sem depositar nenhuma esperança nas "instituições". Não é uma luta contra o já estabelecido, já que, caso for bem-sucedida, o estabelecido cairá por si mesmo. Porém, como o meu objetivo não é derrubar a ordem estabelecida, mas elevar-me acima dela, meus propósitos e meus atos não são nem políticos nem sociais, mas egocêntricos. A revolução ordena que façamos arranjos, a rebelião ordena que nos elevemos e exaltemos.

Entre Godwin, que acreditava nas imutáveis leis éticas e via na discussão racional a melhor maneira de mudar a condição do homem, e Stirner, que exaltava o indivíduo amoral e pregava a necessidade de uma rebelião egoísta e de auto-afirmação, o caminho pode parecer demasiado longo e, no entanto, para ambos, ele acaba numa sociedade de indivíduos altivos, seguros na sua integridade e cooperando com outros indivíduos apenas enquanto lhes convier. Trabalhando sozinhos, isolados da principal corrente histórica do anarquismo, um deles chegou à conclusão lógica sobre o pensamento anarquista, enquanto o outro chegava à conclusão apaixonada – mas é significativo o fato de que dois filósofos tão diferentes tenham concluído a caminhada encontrando-se no mesmo ponto de chegada.

É verdade que *O ego e o que a ele pertence* permanece sendo uma obra muito pessoal, um produto da insatisfação de Stirner, protestando em altos brados contra tudo aquilo que durante a sua vida se abatera sobre a sua vontade, acabando por destruí-la. Entretanto, quando consideramos todos esses aspectos e aprendemos a suportar a incrível prolixidade que transformou um ensaio brilhante num dos mais tediosos clássicos literários, ele continua sendo a expressão de um ponto de vista que pertence claramente a um dos extremos do variado espectro da teoria anarquista.

Da teoria – mas não do movimento anarquista, pois, tal como Godwin, Stirner só foi descoberto pelos escritores libertários depois que o anarquismo assumiu sua posição como uma doutrina do seu tempo. E mesmo então, sua influência só atingiu alguns pequenos grupos marginais de individualistas. É no papel que lhe cabe como solitário rapsodo da singularidade de todos os seres humanos que Stirner reivindica um lugar na história do anarquismo.

O homem dos paradoxos

"Minha consciência me pertence, minha justiça me pertence e minha liberdade é soberana", disse Pierre-Joseph Proudhon. Nenhum outro individualista – nem mesmo Stirner – foi mais solitário na defesa de ideias tão radicais do que esse filósofo autodidata, que se enfurecia ante a sugestão de que tivesse criado um sistema de ideias; que evitava com paixão o estímulo de qualquer partido ou seita criado para apoiar suas ideias, exibindo com orgulho as flutuações e contradições de seu pensamento como prova de sua vitalidade. "Tais homens – disse seu amigo Alexander Herzen – têm os pés demasiado presos ao chão para que possam deixar-se dominar por alguma coisa."

Mas Proudhon era um especialista em paradoxos, um *aficionado* do pensamento antimonial. E, entre todas as contradições que gostava de exibir, nenhuma é mais extraordinária do que aquela que fez com que esse arquiindividualista fosse, ao mesmo tempo, um mistagogo do povo. Proudhon não foi, é claro, o único francês que se isolou no seu orgulho ao mesmo tempo que afirmava falar em nome de seu povo e para a história. Basta lembrar as declarações de De Gaulle em nossa própria época para perceber a curiosa afinidade entre o general-presidente nacionalista e o tipógrafo do Jura que viria a tornar-se o primeiro anarquista. Onde De Gaulle se identifica com a França, Proudhon se identificava com a Revolução e o povo (um "coletivo, um ser divino e infalível", como dizia, quando não fazia pouco dele, chamando-o de "gentalha ignorante"). Em 1848 declararia, orgulhosamente: "Considero-me a mais completa expressão da Revolução". E durante o mesmo período confidenciou ao seu diário secreto: "O representante do povo – é o que eu sou. Pois só eu estou com a razão".

A dupla imagem de Proudhon que frequentemente nos chega através das contradições contidas na sua obra não deve, de modo algum, desmerecer a sua importância na história do pensamento político e social ou a natureza de sua contribuição a esse pensamento. Pois Proudhon, que valorizava a liberdade individual a ponto de desconfiar até da própria palavra "associação", viria a tornar-se o antepassado direto do movimento anarquista organizado, que deu às suas ideias expressão e força coletiva e o verdadeiro mestre de alguns dos homens que o criaram. Foram as ideias de Proudhon que influenciaram os operários franceses que ajudaram a criar a Internacional e muitos dos líderes da Comuna de 1871 e a maioria dos sindicalistas militantes da França entre 1890 e 1910. Como observou Elie Halevy, foi ele – e não Marx – o "verdadeiro inspirador do socialismo francês" – ou pelo menos do socialismo francês tal como existiu até a década de 1930. Proudhon não foi certamente o único filósofo social isolado a tornar-se um dos precursores dos movimentos de massa surgidos após a sua morte – Marx, é claro, foi o outro –, mas é quase certo ter sido ele o único individualista confesso a quem isso aconteceu.

Mas a verdadeira influência que Proudhon exerceu após a sua morte deve-se, na verdade, ao caráter sociológico do seu pensamento, que o distingue de Stirner. Se definimos Stirner como um individualista egocêntrico, devemos considerar Proudhon um individualista social. Para Stirner, o indivíduo é tudo e a sociedade, seu inimigo. Para Proudhon, o indivíduo é, ao mesmo tempo, ponto de partida e objetivo final de todos os nossos esforços, mas a sociedade é que proporciona a matriz – ou o número de ordem, como ele o chamaria –, e é dentro dela que cada homem deve encontrar sua função e realização. Num de seus primeiros trabalhos, *De la Création de l'Ordre dans l'Humanité* (1843), ele afirma que nenhum homem pode viver em total solidão e que não existe na natureza um ser que viva isolado. Todas as coisas e todos os homens existem dentro de relacionamentos particulares ou em grupos seriados e assim a sociedade e todos os órgãos que a compõem, incluindo a família, são parte de uma ordem natural e universal. A relação entre o homem e a sociedade é portanto um equilíbrio delicado. A sociedade não deve transformar-se num todo monolítico, no qual as diferenças individuais desapareçam, absorvidas pela uniformidade. Entretanto, ela também não deve ser apenas uma coleção de indivíduos. É dela que surgem a força e o caráter coletivo que são diferentes da força e do caráter individual de cada um de seus membros. Essa ideia de uma força ou consciência coletiva emergente situa Proudhon na principal corrente do anarquismo, considerado como uma doutrina que considera a liberdade individual algo profundamente enraizado nos processos naturais que deram origem à própria sociedade.

Proudhon era, obviamente, mais do que um simples teórico anarquista. Sua prosa vigorosa despertou a admiração de Baudelaire e Flaubert, arrancou elogios contrafeitos de Victor Hugo – que não gostava dele como pessoa – e levou o mais crítico dos seus biógrafos, Arthur Desjardins, a admitir finalmente que "esse plebeu esculpe suas frases com uma profunda arte, a arte dos grandes clássicos. Tanto quanto Molière, ele também merecia ter pertencido à Academie Française". A complexidade da personalidade e da visão de Proudhon despertou no grande crítico Saint--Beuve o desejo de escrever sua primeira biografia e tornou o pintor Gustave Courbet seu ardoroso e eterno discípulo. Seus argumentos provocadores sobre problemas sociais e filosóficos projetaram seu nome muito além dos círculos do pensamento anarquista ou das fronteiras da França: sua influência pode ser percebida em toda a tradição *narodkin* russa. Inspirou o líder federalista espanhol Py y Margall e o herói nacionalista italiano Carlo Pisacane. Levou Tolstoi a não apenas dar ao seu maior romance um título que pedira emprestado ao *La Guerre et la Paix,* de Proudhon, mas a incluir nele muitas das ideias de Proudhon sobre a natureza da guerra e da história. O alcance de suas ideias, o vigor do seu estilo, a profunda influência que conseguiu exercer, apesar do seu isolamento, combinam-se para torná-lo um dos maiores europeus do século XIX, cuja importância poucas vezes chegou a ser totalmente reconhecida nos países de língua inglesa. Entre os anarquistas, só Tolstoi consegue suplantá-lo em grandeza.

Talvez uma das razões que fizeram com que Proudhon tenha sido relativamente esquecido na Inglaterra e na América seja a natureza tipicamente francesa do seu gênio, que torna até mesmo sua obra literária difícil de traduzir, de tal modo que, uma vez traduzida, resta apenas uma sugestão de sua força e do seu estilo. Pois esse internacionalista convicto, esse homem que odiava estados e fronteiras era também um regionalista apaixonado, um verdadeiro patriota que amava seu país e suas tradições e que jamais conseguiu ser feliz no exílio, nem mesmo quando viveu entre pessoas que, tais como os belgas, falavam sua própria língua. Ele podia rejeitar o Estado francês como a qualquer outro estado por considerá-lo "um ente fictício, sem inteligência, sem paixão, sem moral", mas era capaz de louvar a própria França com a mesma sinceridade e nos termos mais arrebatados: "Oh, minha pátria, minha pátria francesa, terra daqueles que cantam a eterna Revolução! Pátria da liberdade, pois, apesar da tua sujeição, em nenhum outro lugar do mundo – seja na Europa ou na América – podem as ideias, que são o homem, ser tão livres quanto em teu solo! Terra que eu amo com todo aquele amor acumulado que o filho que cresce sente por sua mãe..."

Entretanto, ele também era capaz de dizer – e aqui sua sinceridade tenha talvez chegado ao ponto máximo: "Se fosse obrigado a escolher entre um e outra, seria bastante homem para sacrificar meu país pela justiça".

A justiça era na verdade a grande paixão de Proudhon, tema de sua obra mais importante *De la Justice dans la Révolution et dans l'Église;* nessa palavra expressava e continha tudo aquilo que ele desejava obter, todas as suas esperanças para o homem e a sociedade.

"A justiça é a estrela que governa a sociedade, o pólo em torno do qual o mundo político gira, o princípio regulador de todas as transações. Nada acontece entre os homens salvo em nome do direito, sem a invocação da justiça."

A ideia de uma justiça imanente é tão importante para o anarquismo de Proudhon quanto a ideia de um sistema imutável da razão o era para o anarquismo de Godwin. Mas, quando procuramos as origens dessa paixão que fez com que, além de buscar a razão, Proudhon fosse também essa coisa tão extraordinária – um homem justo –, devemos mais uma vez reportar-nos às suas origens francesas. Pois é tão impossível imaginar Proudhon fora da tradição revolucionária francesa quanto pensarem Godwin desvinculado da herança da dissidência inglesa, ou Stirner longe da atmosfera da filosofia romântica alemã. Mais uma vez, podemos ver como as preocupações comuns à época produziram resultados semelhantes a partir de diferentes origens.

Por nascimento, Proudhon era um homem do povo. Seu pai era um pequeno artesão – um tanoeiro que se tornaria mais tarde cervejeiro e dono de taberna – totalmente falido. A mãe era cozinheira, mas ambos provinham de famílias camponesas da região do Franche-Comté. Proudhon podia vangloriar-se do seu "sangue rústico" e no fim da vida relembraria com delícia idílica os tempos difíceis, quando sua família voltara a trabalhar na terra e ele, aos nove anos, corria entre os rochedos do Jura com seu rebanho de vacas. Quarenta anos mais tarde, já como um citadino, ele descreveria com comovente simplicidade os méritos frugais de uma vida camponesa e livre.

"Na casa de meu pai, nosso desjejum era uma papa de aveia; ao meio-dia, comíamos batatas; à noite, sopa de toucinho – e isso repetia-se durante todos os dias da semana. E, apesar dos economistas que louvam a dieta inglesa, nós, com nossa alimentação vegetariana, éramos gordos e fortes. E sabe por quê? Porque respirávamos o ar dos nossos campos e vivíamos daquilo que nós mesmos havíamos cultivado."

O ideal da liberdade da vida camponesa iria tornar-se um dos elementos formadores do pensamento político e social de Proudhon. Mas, embora demonstrasse grande disposição para o trabalho, o que poderia ter feito dele um bom fazendeiro, as circunstâncias prepararam-lhe um destino diferente. Proudhon nasceu em 1809 e na infância viveu os momentos difíceis que afligiram o leste da França no fim do período de guerras napoleônicas. Mais tarde frequentou o Collège de Besançon como bolsista e, apesar da humilhação de ser um pobre menino de tamancos entre os filhos dos comerciantes, desenvolveu o gosto pelo estudo. Foi obrigado a abandonar o colégio porque a paixão do pai pelos litígios judiciais acabou mergulhando a família na miséria.

O ofício que escolheu foi a tipografia e, assim, ingressou nas fileiras daqueles artesãos dentre os quais o anarquismo tradicionalmente retirou muitos dos seus recrutas mais dedicados. Convivendo com esses operários, ele encontraria mais companheirismo do que jamais havia conhecido na atmosfera um tanto esnobe do Collège e orgulhou-se de aprender bem o seu ofício. "Ainda lembro com alegria o grande dia em que a vara que usava para compor tornou-se para mim o símbolo e instrumento da minha liberdade", disse ele, muito depois de ter abandonado a tipografia.

Havia outras razões que tornavam a oficina de tipografia um local agradável para qualquer jovem com vontade de instruir-se. Besançon era um centro de teologia e, enquanto revisava as provas tipográficas das inflamadas apologéticas do clero local, Proudhon foi aos poucos se tornando ateu, graças à maneira pouco convincente com que o clero fazia a defesa do Cristianismo. Mas também absorveu muito da verdadeira erudição religiosa, ensinou-se o hebraico nas horas vagas e encontrou um dos homens que iriam mais tarde ajudá-lo a dar forma às suas próprias teorias sociais. Esse homem era o excêntrico socialista e companheiro bisontino, Charles Fourier. Proudhon supervisionou a impressão da obra-prima de Fourier, *Le Nouveau Monde Industrial et Sociétaire,* uma extraordinária mistura de raciocínio social lógico e fantasia e, como lembraria mais tarde, "durante seis semanas eu fui escravo daquele gênio estranho". Finalmente o período de aprendizado chegou ao fim e, depois de trabalhar durante algum tempo como tipógrafo itinerante, Proudhon foi suficientemente audacioso para estabelecer-se com uma oficina própria em Besançon. A oficina andou mal durante algum tempo e acabou falindo; desesperado, um dos sócios de Proudhon se suicidou e este herdou sozinho uma dívida que tentaria pagar, sem sucesso, nos trinta anos de vida que lhe restavam.

Mas, mesmo durante esse período, a vida de Proudhon não era feita apenas de trabalho árduo e pobreza. Enquanto lutava para manter sua oficina, ele escrevia o primeiro livro que seria publicado: era um *Essai de Grammaire Générale,* um tratado de filologia um tanto ou quanto ingênuo, que lhe deu certa reputação entre os intelectuais do Franche-Comté e lhe valeu o Prêmio Suard, conferido a cada três anos pela Academia de Besançon a um jovem intelectual promissor. Ao submeter seu trabalho, Proudhon fez uma dedicatória que ficaria famosa, uma promessa aos seus companheiros na pobreza que iria dar o tom para o resto da sua vida: "Nascido e criado na classe operária e a ela ainda ligado, hoje e sempre, pelo coração, pela natureza, por hábito, e acima de tudo pelos interesses e aspirações comuns, a maior alegria do candidato – caso vier a merecer os vossos votos – será ter conseguido atrair, na sua pessoa, o vosso justo interesse por essa importante parcela da sociedade e ter sido julgado merecedor de figurar como seu primeiro representante diante de vós e poder, de agora em diante, sem esmorecimento, através da filosofia e da ciência, como toda a energia de que for capaz a sua vontade e toda a força de suas ideias, lutar pela completa libertação de seus irmãos e companheiros".

Logo começaria a expressar esses mesmos sentimentos de forma bem mais explícita e perturbadora. Seu prêmio levou-o a Paris e lá, observando o descontentamento entre os operários parisienses enquanto circulava à margem dos grupos socialistas e revolucionários, começou a formular as ideias que começavam a surgir, ainda um tanto vagas, no seu cérebro. Elas apareceram pela primeira vez sob uma forma tão inesperada quanto o *Relato sobre o Seminário,* de Godwin. A Academia de Besançon ofereceu um prêmio por um ensaio sobre a Celebração do Domingo. Proudhon submeteu um trabalho, mas, como observaria Sainte-Beuve com justiça, o que ele apresentou foi uma tese na qual o tema solicitado tornou-se apenas "um pretexto para que introduzisse seu sistema de ideias, ainda um tanto obscuras e semi-ocultas".

Na *De la Célébration du Dimanche* Proudhon realmente expressa a sua aprovação pela instituição de um dia de descanso e dedica a maior parte do seu ensaio a uma descrição idílica da pacífica vida rural; é o sonho nostálgico de um homem que já se sente exilado desses prazeres inocentes. Mas o verdadeiro objetivo do ensaio só aparece quando ele discute Moisés, criador desse benéfico costume, não apenas como líder religioso, mas como pai da reforma social. Proudhon examina os ensinamentos do patriarca e, ao discordar da tradução dada ao oitavo mandamento que – segundo ele – não significaria "Não roubarás" mas "Não guardarás nada para ti", desfecha um claro ataque contra a instituição da propriedade e o reforça, afirmando categoricamente que "a igualdade de condições... é o objetivo da sociedade". Finalmente, declara que "a propriedade é o último dos falsos deuses". Ataca aqueles que acumulam propriedades e os "exploradores do proletariado" e acaba com uma nota de desafio, criando um diálogo imaginário durante o qual os pobres bradam um desafio: "Proprietários, defendei-vos!" Nesse momento, Proudhon já havia assumido a atitude que iria manter durante toda a sua vida e já esboçara de forma tosca aqueles que viriam a ser os elementos principais do seu pensamento: o igualitarismo, a teoria sobre os males da propriedade acumulada, a crença numa justiça natural e imanente.

Se usou uma forma de abordagem indireta em *De la Célébration du Dimanche,* Proudhon preferiria o ataque direto ao escrever, dois anos depois, a obra que o colocaria sob a luz súbita e implacável da notoriedade. Como primeira obra de um autoditada, *O que é a propriedade?* revela-se extraordinário sob todos os aspectos, cheio de ardor e de paradoxos. A obra continha tantas teorias originais que Karl Marx, que viria a tornar-se mais tarde um dos maiores inimigos de Proudhon, considerou-a "um livro penetrante" quando a discutiu na *Neue Rheinische Zeitung* e, posteriormente, em *A Sagrada Família,* descreveu-a como "o primeiro exame decidido, vigoroso e científico sobre a propriedade".

O que é a propriedade? começa com um parágrafo de desafio tipicamente proudhoniano, que levou muito leitor impaciente a fazer um julgamento errôneo sobre as intenções do autor: "Se me pedissem para responder à pergunta – 'O que é a escravidão?' e eu respondesse numa só palavra: 'Assassinato!', todos entenderiam imediatamente o significado da minha resposta. Não seria necessário utilizar nenhum outro argumento para demonstrar que o poder de roubar um homem de suas ideias, sua vontade e sua personalidade é um poder de vida ou morte, e que escravizar um homem é o mesmo que matá-lo. Por que, então, não posso responder da mesma forma a essa outra pergunta: 'O que é a propriedade?' com uma palavra só: 'Roubo!'?"

A propriedade é roubo! viria a ser um dos grandes lemas políticos do século XIX, pairando como um albatroz simbólico sobre a imagem popular de Proudhon.

Mas, como deixou bem claro desde o seu primeiro livro, Proudhon não quisera dizer literalmente o que disse. Sua maneira ousada de expressar-se pretendera apenas chocar o leitor e, na verdade, o que ele queria que se entendesse por *propriedade* era, como mais tarde explicou, "a soma de seus abusos". Ele denunciava a propriedade do homem que a utiliza para explorar o trabalho alheio sem qualquer esforço próprio. Quanto à possessão, o direito que cada homem tem de controlar efetivamente o lugar onde habita, a terra e os instrumentos de que necessita para viver e trabalhar, Proudhon nada tem contra ela, pelo contrário, ele a considera como um dos pilares necessários para a liberdade e a principal crítica que fazia aos comunistas era o fato de desejarem destruí-la.

Esses aspectos da sua teoria de propriedade vão se tornando mais claros em obras posteriores, mas mesmo em *O que é a propriedade?* fica evidente a distinção que estabelece entre vários tipos de propriedade. O homem que trabalha tem direitos absolutos sobre aquilo que produz, mas não sobre os meios de produção. "O direito de produzir é exclusivo – *jus in re* – o direito aos meios de produção é comum – *jus ad rem*."

E isso é assim não só porque as matérias-primas são fornecidas pela natureza, mas devido à herança de instalações e técnicas, que são a verdadeira origem da riqueza humana, e à colaboração, que torna a contribuição de cada indivíduo tão mais efetiva do que seria caso ele trabalhasse sozinho.

"Pois este fermento reprodutivo – esse eterno germe da vida, o preparo e a manufatura dos implementos para a produção – constitui a dívida do capitalista para com o produtor, uma dívida que ele jamais paga; e é essa recusa fraudulenta que causa a pobreza do operário, o luxo da indolência e a desigualdade de condições. E foi isso, mais do que qualquer outra coisa, que recebeu apropriadamente o nome de exploração do homem pelo homem."

Segue-se, portanto, que a propriedade é incompatível com a justiça, já que na prática ela impede a grande maioria dos produtores de gozarem dos mesmos direitos sobre o produto do seu trabalho.

Mas, se a propriedade dos meios de produção destrói a igualdade e ofende a justiça, devemos pensar em alternativas, não só para a propriedade mas para a própria organização social baseada na propriedade. Será o comunismo?, pergunta Proudhon, pensando nos sistemas utópicos criados por Cabet, Owen e outros filósofos semelhantes. Mas o comunismo não é capaz de entender que, embora seja um ser social que busca a igualdade, o homem também ama a independência. Na verdade, a propriedade teve origem no desejo que o homem tem de libertar-se da escravidão do comunismo, que é a forma primitiva de associação. Mas a propriedade, por sua vez, chega a extremos, violando a igualdade através dos direitos de exclusão e apoiando o fato de que uma minoria privilegiada detenha o poder. Em outras palavras, a propriedade leva a uma autoridade injusta, o que nos leva a pensar na questão da autoridade legítima, se é que isso existe.

Aqui, Proudhon faz sua histórica profissão de fé anarquista, que já citei no início deste livro. Ele a explica traçando a origem da autoridade na tendência de todos os animais gregários e do homem de buscar sempre um líder. À medida que o homem desenvolve sua capacidade de argumentar, ele se volta quase imediatamente contra a autoridade, e assim surgem o protesto, a desobediência e finalmente a revolta. A rebelião é canalizada pelo aparecimento da ciência política e pela compreensão de que as leis que fazem funcionar a sociedade não são matéria para a opinião dos governantes, mas que existem na natureza das coisas. Neste ponto surge a ideia da anarquia, o governo que não é governo.

O comunismo nega a independência, a propriedade destrói a igualdade, mas na "anarquia" ou "liberdade" Proudhon – na época influenciado por ideias hegelianas que lhe eram transmitidas de forma errônea por artigos publicados em revistas francesas – descobre uma síntese capaz de eliminar as deficiências de ambos, levando a uma sociedade onde igualdade, justiça, independência e o reconhecimento das qualidades individuais podem vicejar num mundo de produtos ligados por um sistema de contratos livres.

Ao rejeitar o governo e o proprietário improdutivo, ao defender a igualdade econômica e as relações contratuais livres entre operários independentes, *O que é a propriedade?* contém os elementos básicos que darão origem a doutrinas libertárias e descentralistas que surgiriam depois, embora não chegue a desenvolvê-los. No livro, Proudhon parece estar discutindo a propriedade numa sociedade de camponeses e pequenos artesãos, e não dá muita atenção às indústrias que não possam ser dirigidas por proprietários isolados. Na verdade, ele fala do mundo que conhecia – a cidade de Besançon, ainda não atingida pelas linhas férreas, um lugar onde havia oficinas de artesãos numa terra de agricultores montanheses. Ao mudar-se para Lyon, depois do colapso final de sua tipografia, Proudhon logo ampliaria consideravelmente sua visão sobre os problemas sociais e econômicos do século XVIII.

Antes de deixar Besançon, para onde havia voltado em 1841, quando expirou a pensão que recebia pelo Prêmio Suard, Proudhon escreveu dois outros trabalhos sobre propriedade, em resposta às críticas feitas ao primeiro. Ambos pouco acrescentam às suas declarações anteriores, embora no segundo deles, *Avertissement aux Propriétaires,* seja possível perceber um significativo tom de militância. Num estilo autenticamente anarquista, Proudhon declara que só os trabalhadores conseguirão renovar a sociedade: "Operários, trabalhadores, homens do povo, sejam vocês quem forem, é de vocês a iniciativa da reforma! Serão vocês que chegarão a essa síntese de composição social que será a obra-prima da criação e só vocês conseguirão obtê-la... E vocês, homens poderosos, magistrados coléricos, proprietários covardes, terão finalmente entendido o que eu digo?... Não provoquem a eclosão do nosso desespero, pois, mesmo que seus soldados e policiais consigam esmagar-nos, vocês não terão como resistir ao nosso último recurso. Não se trata de regicídio, assassinato, envenenamento, chantagem, recusa ao trabalho, emigração, revolta ou suicídio, mas algo muito mais terrível e mais eficaz do que tudo isso, algo que pode ser visto mas não pode ser falado".

Numa carta dirigida a Ackerman, o poeta alsaciano, Proudhon confessa o que ele queria dizer com essa ameaça final: era o renascimento de algo semelhante aos Fehmegericht alemães, os tribunais populares secretos que julgavam sumariamente os mesquinhos tiranos da Idade Média. Mas para os leitores a ameaça tornava-se ainda mais sensacional pelo seu tom impreciso. Tão sensacional, na verdade, que induziu o governo de Luís Felipe a agir rapidamente, e Proudhon foi indiciado por vários crimes contra a segurança pública. Ele teve sorte: um júri composto por seus conterrâneos decidiu que suas ideias eram difíceis demais para que pudessem entendê-las e, conscienciosamente, recusaram-se a condenar o escritor por ter escrito um livro que eles não conseguiam entender.

Em Lyon, Proudhon tornou-se gerente de uma firma transportadora de água dirigida por um antigo colega de escola, Antoine Gauthier, e parece ter sido bastante eficiente. Seu trabalho o mantinha em contato com a vida comercial dessa cidade que se transformava aos poucos no centro da Revolução Industrial francesa, e ele usava o tempo livre para ampliar ainda mais seus conhecimentos sobre as tendências rebeldes dos operários franceses durante o período de fermentação que precedeu a Revolução de 1848. Lyon era a cidade ideal para esse tipo de estudo: durante todo o século XIX seus operários mostraram-se extremamente receptivos às doutrinas revolucionárias. Quando Proudhon chegou, em 1843, os seguidores de Cabet, Fourier e Saint-Simon, estavam em atividade e os movimentos radicais ganhavam um certo colorido romântico graças à presença da feminista-socialista peruana Flora Tristan, que afirmava ser descendente de Montezuma e que na verdade viria a ser avó do pintor Gauguin. O maior grupo entre os operários da indústria têxtil pertencia a uma sociedade secreta dos mutualistas, liderada por rebeldes veteranos que haviam participado dos levantes de 1831 e 1834. Foi com esse grupo que Proudhon estabeleceu laços mais fortes: o fato de serem todos artífices, não havendo entre eles intelectuais da classe média, atraía o seu senso de identificação com as classes mais pobres e parece que ele viu, nas atividades que desempenhavam, a realização da sua ideia de que o movimento para reformar a sociedade só poderia ser iniciado pelo povo. Além disso, os mutualistas – cujo nome Proudhon adotou mais tarde para designar suas próprias doutrinas sobre a reorganização da sociedade através de associações livres de contrato – parecem ter compartilhado suas ideias sobre a primazia das mudanças econômicas, ao contrário dos jacobinos, que davam maior importância à Revolução política, uma ideia que viria a ser adotada posteriormente pelos socialistas autoritários.

O período em que se associou aos mutualistas de Lyon foi a única ocasião em que Proudhon chegou a fazer verdadeiramente parte de uma organização clandestina. Suas cartas e diários íntimos sugerem que ele estabeleceu estreitas ligações com grupos de trabalhadores não só em Lyon como também "em cidades e aldeias próximas, num raio de 50 milhas", e que se julgava um homem importante nessas associações e um mediador entre as várias facções socialistas.

Por essa época, em Lyon, todos falavam na ideia de formar uma grande associação de operários. Flora Tristan escreveu um livro sobre o assunto, que é mencionado várias vezes nos diários de Proudhon durante a década de 1840. Essas referências antecipam de forma significativa a atitude dos delegados franceses proudhonianos que compareceram à Primeira Internacional em 1860 e precedem também a visão anarcossindicalista que seria adotada mais tarde, sobre operar transformações sociais a partir de ações econômicas e industriais. "A revolução social – observa Proudhon – estará seriamente comprometida se for alcançada através de uma revolução política." E acrescenta: "o novo movimento socialista começará por... uma guerra entre oficinas". Diferente de Marx, ele esperava que essa guerra pudesse ser vencida sem violência "apenas pela força do princípio". Como Winstanley e Godwin, Proudhon confia também no poder da razão e do exemplo e chega a imaginar que os proprietários poderiam ceder suas propriedades por vontade própria e sem exigir indenização. Mostra-se vago ao falar sobre a verdadeira natureza das associações operárias, que também chama de "sociedades progressivas", mas, aparentemente, julga que serão em parte educativas, dando ao proletariado verdadeira consciência das realidades econômicas que determinam a situação social e, em parte, funcionais – autênticas células da nova ordem, organizadas numa base de "responsabilidade coletiva e limitada" com o objetivo de regular a troca mútua de produtos e serviços, formando uma rede que abrangeria todos os centros industriais.

As possibilidades dessa ideia enchem-no daquela espécie de otimismo irracional que ainda era possível na *terra incógnita* sociológica que os radicais do século XIX começavam a explorar. Com a exagerada confiança característica da época e do seu próprio temperamento, ele estimava que só na região de Lyon já contariam com 100 mil operários prontos a formar uma associação desse tipo. "Em 1860 – segundo acreditava –, o mundo estará repleto dessas associações."

Mas durante esse período, não era apenas em Lyon que Proudhon encontrava contatos estimulantes. Seu trabalho proporcionava-lhe muitas oportunidades de visitar Paris, onde conheceu alguns homens que viriam a desempenhar importante papel tanto na sua própria vida como no futuro do socialismo e do anarquismo europeus. Os russos Alexander Herzen e Michael Bakunin tornaram-se seus amigos íntimos em 1844 e continuariam a sê-lo até o fim da vida, sofrendo ambos a influência da personalidade e das ideias de Proudhon. Também encontrou muitos dos hegelianos que se haviam exilado em Paris, entre eles Arnold Ruge e Karl Grün – que o ajudaram a apresentar sua obra aos leitores alemães – e Karl Marx. O encontro de Marx e Proudhon foi importante do ponto de vista histórico porque mostrou os primeiros sinais do irreconciliável conflito entre socialismo autoritário e anarquismo que iria atingir seu ponto culminante cinco anos mais tarde, durante a Primeira Internacional.

Já falei aqui sobre as primeiras reações favoráveis de Marx ao conhecer a obra de Proudhon. Seus primeiros encontros parecem ter reforçado essa boa impressão, especialmente porque Proudhon foi o único entre os mais importantes nomes do socialismo francês que se mostrou disposto a dar atenção a Marx e a seus companheiros hegelianos de esquerda. Marx evidentemente considerava a possibilidade de convencê-lo a participar dos seus planos de criar uma organização revolucionária internacional; obviamente, não levou em consideração o fato de que Proudhon não estava nem um pouco interessado em criar associações destinadas à propaganda política, mas pensava, isso sim, em fundar um organismo cujo objetivo seria estimular a ação e a cooperação econômicas.

Não sabemos até que ponto ambos discutiram esses objetivos distintos durante o inverno de 1844-45 em Paris. Sabemos apenas que em 1845, depois de ter sido expulso da França, indo para a Bélgica, Marx ainda considerava Proudhon um possível colaborador e que no dia 5 de maio de 1846 escreveu-lhe uma carta solicitando sua ajuda no sentido de manter uma correspondência constante entre os socialistas de vários países, para discutir assuntos de interesse comum: "Desse modo, será possível discutir as diferentes opiniões; será possível obter um intercâmbio de ideias e uma crítica imparcial. Isso representará um passo adiante para o movimento socialista na sua expressão literária e um progresso no sentido de eliminar as limitações impostas pela nacionalidade. E, quando for chegado o momento de agir, é certamente de grande importância que cada um de nós esteja informado sobre a situação tanto no exterior quanto dentro do país".

Proudhon reagiu com cautela. Externou sua disposição em participar da correspondência sugerida por Marx, mas fez uma série de objeções que já revelam as grandes diferenças que iriam afastá-lo cada vez mais do socialismo autoritário.

"Em primeiro lugar, e embora neste momento minhas ideias sobre a questão da organização e da realização já estejam mais ou menos definidas – pelo menos em princípio –, creio ser meu dever, como de todos os socialistas, manter ainda durante algum tempo uma atitude crítica ou dubitativa: resumindo, em público eu me declaro a favor de um antidogmatismo econômico quase absoluto.

"Aplaudo de todo o coração a ideia de fazer vir à luz todas as opiniões; vamos dar ao mundo o exemplo de uma tolerância esclarecida e sagaz, mas não permitamos que o simples fato de encabeçar um movimento nos torne líderes de um novo tipo de intolerância; não nos façamos passar por apóstolos de uma nova religião, mesmo que seja a religião da lógica e da razão. Vamos reunir e estimular todos os tipos de protesto, estigmatizar a exclusividade e o misticismo. Não consideremos jamais que uma questão está esgotada e, quando tivermos utilizado o nosso último argumento, recomecemos outra vez – se necessário – com eloquência e ironia. Sob essas condições, ingressarei com prazer na sua associação. Do contrário – não!

"Tenho ainda algumas observações a fazer sobre uma das frases de sua carta, quando fala no 'momento de agir'. Talvez seja de opinião que, no presente momento, nenhuma mudança seria possível sem um *coup-de-main,* aquilo que antigamente se chamava de revolução e que na verdade não é mais do que um choque. Meus estudos mais recentes fizeram-me abandonar completamente essa posição que, no entanto, entendo, desculpo e estaria disposto a discutir – tendo compartilhado dela durante tanto tempo. Creio que não precisamos disso para vencer e que, consequentemente, não deveríamos apresentar a ação revolucionária como meio de obter as transformações sociais, porque esse pretenso meio seria apenas um apelo à força, à arbitrariedade – em resumo, uma contradição. Eu coloco o problema da seguinte maneira: devolver à sociedade, através de um acordo econômico, a felicidade que lhe foi tirada por outro acordo econômico."

Com essa carta, que opõe claramente o ideal anarquista de ação econômica à ênfase marxista na ação política, cessou todo contato direto entre Marx e Proudhon. Marx não respondeu e comenta-se que ele teria ficado desapontado com a atitude de Proudhon. Foi, entretanto, muito mais que simples desapontamento que demonstrou na próxima referência pública que fez a Proudhon, depois que este último publicou seu *Sistema de contradições econômicas* ou *A filosofia da miséria*, no outono de 1846. Marx escolheu essa ocasião para inverter todas as suas atitudes anteriores em relação a Proudhon, publicando *A miséria da filosofia*, uma pretensa crítica ao livro de Proudhon, que degenerou num emaranhado de informações falsas e insultuosas, demonstrando a sua total incapacidade para entender a originalidade e a flexibilidade do raciocínio que se ocultava sob a aparente desordem dos seus argumentos. O diálogo entre os dois autores demonstrou não apenas a total divergência de opiniões como também – e isso seja talvez o mais importante – personalidades totalmente irreconciliáveis.

Nas *Contradições econômicas*, Proudhon usava, na verdade, aquilo que havia chamado de "atitude crítica ou dubitativa" na carta que enviara a Marx. É verdade que a página de rosto trazia a epígrafe *Destruam et Aedificabo*, mas Proudhon sabia destruir muito mais do que edificar, e no final do livro chega a admitir que o aspecto construtivo de sua abordagem da sociedade seria discutido mais tarde. Ele se preocupava, basicamente, em esclarecer as formas pelas quais na sociedade, tal como hoje existe, todas as boas possibilidades acabam se transformando em maus resultados.

"A contradição básica de nossas ideias, concretizada no trabalho, e expressa na sociedade com uma força imensa, faz com que tudo aconteça ao contrário do que deveria acontecer, dando à sociedade o aspecto de uma tapeçaria vista de trás para diante, ou de uma pele de animal pelo avesso... Quem não produz deveria obedecer e, por amarga ironia, é ele que manda. De acordo com a etimologia da palavra e sua definição teórica, a função do crédito seria regular o trabalho; mas, na prática, ele o oprime e aniquila. No verdadeiro sentido de sua mais bela prerrogativa, a propriedade deveria tornar a terra mais acessível, mas, no exercício dessa prerrogativa, ela se torna a negação da terra."

Da mesma forma, o comunismo que fez da fraternidade o seu princípio básico acaba de destruí-lo, estabelecendo o monopólio. E na verdade todas as soluções até agora tentadas acabaram criando um monopólio desequilibrado.

Aqui é possível perceber que o que Proudhon está na verdade buscando é um tipo de equilíbrio no qual as contradições econômicas não serão eliminadas – já que isso é impossível –, mas transformadas numa igualdade dinâmica. Essa igualdade dinâmica ele a encontra no mutualismo, um conceito que inclui elementos tão familiares aos proudhonianos como a dissolução do governo, a distribuição da propriedade e a liberdade do crédito.

Proudhon externou toda a sua raiva ao escrever *Contradições econômicas,* chocando principalmente os veneráveis com uma declaração anti-religiosa que era, a seu modo, tão escandalosa quanto a frase "A propriedade é roubo!" Ele examinou a ideia da Providência e concluiu que, longe de confirmar a existência de uma divindade benevolente, o estado atual do mundo nos leva irresistivelmente à conclusão expressa pelo aforismo "Deus é mau". O homem, insiste Proudhon, torna-se o que é ao opor-se a todas as coisas não humanas que existem no Universo; mas esse todo não humano é – pelo menos segundo os teólogos – governado por Deus. Assim, se Deus existe, ele deve estar contra o homem e, já que o único bem que podemos conhecer é o bem feito pelo homem, Deus – de acordo com a lógica proudhoniana – deve ser mau.

"Eu afirmo que Deus – se existe um Deus – não tem nenhuma semelhança com as efígies que os filósofos e sacerdotes criaram dele; que ele não pensa nem age de acordo com a lei da análise, presciência e progresso, característica que distingue o homem; que em Deus a inteligência, a liberdade e a personalidade existem de forma diferente do que em nós; e que essa originalidade da natureza... faz com que Deus seja, basicamente, um ser anticivilizado, antiliberal e anti-humano."

Se isso for verdade, então a vitória sobre a tirania, a pobreza e a falsidade consiste em opor-se a Deus. "Nós chegamos ao conhecimento apesar dele. Cada passo adiante é uma vitória na qual superamos o Divino."

Neste ponto Proudhon expressa – de forma tão enfática quanto qualquer dos outros anarquistas que o sucederam – a sua revolta contra um Deus dominador, que é o inevitável corolário da luta contra o domínio mundano. Entretanto, o repúdio à ideia de uma divindade transcendental e o anticlericalismo que o acompanhava não impedem uma atitude até certo ponto religiosa. E, na verdade, Proudhon nunca chegou a ser um verdadeiro ateu. O dogmatismo absoluto do ateu o desagradava tanto quanto o do sacerdote e considerava que a ideia de Deus existia – mesmo que tivesse sido criada pelo próprio homem – e que deveria ser combatida. Na verdade, Deus e o homem representavam, para Proudhon, a suprema contradição, os pólos maniqueístas do seu Universo, em cuja luta reside o segredo da salvação da sociedade. No seu diário para o ano de 1846 aparecem duas anotações bastante significativas. A primeira diz: "Deus e o homem: nenhum vale mais do que o outro; ambos são realidades incompletas que não têm existência plena". A segunda acrescenta: "Deus é necessário para a razão, mas rejeitado por ela". Proudhon não negava a existência de Deus: opunha-se a ela. E aqui vale a pena ressaltar como a ideia desse conflito é uma constante no pensamento de Proudhon, que viveu muito mais para a luta do que para a vitória – e nisso a maioria dos anarquistas se parece com ele. Quando muito, Proudhon consegue admitir a possibilidade de uma trégua entre as forças contraditórias no Universo e na sociedade, mas a angústia e a tensão são inevitáveis e desejáveis. Seria portanto muito pouco sábio julgar um trabalho como *Contradições econômicas* esquecendo que Proudhon era um filósofo deliberadamente anti-sistemático, que não confiava em conclusões imutáveis ou respostas definitivas. A sociedade dinâmica sempre foi o seu ideal, a sociedade mantida em movimento pelas transformações e viva pela crítica incessante.

Um grande salto nesse processo de transformações incessantes aconteceu quando a monarquia orleanista foi derrubada pela Revolução de Fevereiro de 1848. Por essa época, Proudhon já havia deixado seu emprego em Lyon para viver como escritor independente em Paris. Sua reputação entre os operários extremistas era tão grande que em janeiro de 1848 Engels escreveu a Marx, queixando-se da "proudhonização" dos membros da Liga Comunista de Paris. Nos últimos meses de 1847, Proudhon negociava com um grupo de simpatizantes com o objetivo de assumir a direção de um jornal que pretendia continuar a tradição do *Le Peuple,* uma publicação que fora editada durante breve período por um jornalista chamado Ribeyrolles que, tal como Proudhon, circulara à margem dos círculos socialistas sem envolver-se intimamente com qualquer de suas facções.

Proudhon havia previsto a Revolução de Fevereiro; também havia entendido que ela seria dominada por liberais sentimentais e por jacobinos pouco preocupados em efetuar uma reconstrução radical da sociedade. Durante os dias da insurreição ele sentiu-se estimulado pelo exemplo dos rebeldes e tomou parte na invasão das Tulherias, onde não houve derramamento de sangue; ajudou a erguer barricadas e compôs cartazes para a junta revolucionária numa oficina tipográfica dos rebeldes. Mas, quando voltou ao seu quarto de hotel e começou a escrever suas impressões para os amigos que estavam fora da cidade, chegou à conclusão de que "eles haviam feito uma revolução sem ideias". "A vitória aconteceria mais pela fragilidade da monarquia do que pela força da Revolução." "É necessário imprimir uma direção ao movimento e eu já o vejo perdido, afogado sob as vagas da discussão."

Proudhon dedicou-se à tarefa de fornecer as ideias que estavam faltando e, ao fazê-lo, deu início ao processo graças ao qual durante as duas próximas décadas o anarquismo deixaria de ser uma simples tendência teórica, sem qualquer relação com os acontecimentos imediatos, voltando-se para a propaganda e a ação com o objetivo de obter mudanças sociais dentro de um futuro próximo. Suas atividades durante o ano revolucionário de 1848 e o ano reacionário de 1849 centralizaram-se principalmente em torno de três projetos: a série de periódicos, começando com o primeiro número do *Le Représentant du Peuple,* em 7 de fevereiro de 1848; a tentativa de criar um Banco do Povo e um sistema de câmbio mutualista; e a única e frustrante investida que faria na atividade parlamentar, quando uma eleição secundária, em junho de 1848, o conduziu para a Assembleia Constituinte.

"O que é o produtor? Nada... E o que deveria ser? Tudo!" Foi com esse lema impresso no seu cabeçalho que o *Le Représentant du Peuple* começou a sua carreira como primeiro periódico anarquista publicado regularmente*. Proudhon manteve e até alardeou a sua independência de partidos e facções e assumiu uma posição de crítica independente cujo objetivo era demonstrar os verdadeiros objetivos da Revolução e os erros dos revolucionários. Era apoiado por um pequeno grupo de companheiros dedicados, muitos dos quais tipógrafos como ele. Sob esse aspecto, o *Le Représentant du Peuple* abriu de certa forma um precedente, pois foi, na verdade, o mais duradouro entre todos os tipos de organização anarquista. Era constituído por um pequeno grupo funcional dedicado à tarefa específica de propaganda, frequentemente impressa.

Foi a independência do *Le Représentant du Peuple,* reforçada pelo estilo inflexível de Proudhon, que fez com que o jornal alcançasse um sucesso imediato.

"De todos os jornais (relata a Condessa d'Agoult em sua *História de 1848*), o único feito com um talento e uma originalidade realmente extraordinários era o *Le Représentant du Peuple.* Das profundezas de seu retiro ele (Proudhon) agitava a opinião pública com mais força e intensidade do que os homens que viviam misturados à multidão. Sua maneira inesperada e surpreendente de falar excitava a curiosidade pública ao mais alto grau."

Um dos temas mais constantes nos artigos que Proudhon escreveu durante o ano de 1848 era que "o proletariado deve emancipar-se sem a ajuda do governo". Ele acrescentava a isso uma denúncia do mito do sufrágio universal, considerado como um remédio para todos os males sociais, e afirmava que a democracia política sem mudanças econômicas poderia facilmente significar não um progresso, mas um retrocesso. Hoje sabemos o suficiente sobre a atração que movimentos direitistas do tipo fascista exercem sobre a massa para que essa afirmação

---

* O primeiro periódico anarquista de qualquer tipo talvez tenha sido um jornal chamado *El Porvenir,* que Ramon de la Sagra, um discípulo espanhol de Proudhon, publicou na Galícia, durante um breve período, em 1845.

não nos surpreenda, mas em abril de 1848, em plena maré alta do otimismo revolucionário, Proudhon foi quase o único a antecipar a situação que iria concretizar-se dentro de um ano, quando a democracia foi tragada pela eleição de Luís Napoleão como príncipe-presidente, exatamente através do sufrágio universal que a República havia criado em sua própria defesa.

Essa sua intenção torna ainda mais intrigante o fato de ter concordado em concorrer para a Assembleia Constituinte. Proudhon já havia apresentado sua candidatura em abril e não conseguira eleger-se por pequena margem; em junho foi eleito com 77 mil votos, com o apoio – entre outros – do poeta Charles Baudelaire, que na época editava um pequeno jornal chamado *La Tribune Nationale*. Foi sugerido que Proudhon procurou eleger--se na esperança de que, como legislador, pudesse ganhar algum tipo de apoio oficial para o seu Banco do Povo; ele já havia solicitado em vão a ajuda do ministro socialista Louis Le Blanc. Seja como for, sua experiência foi quase imediatamente frustrante: desempenhou conscienciosamente suas tarefas de legislador, permanecendo da manhã à noite nos vários comitês e *bureaux,* mesmo quando a Assembleia não estava em sessão. Mas logo descobriu que esse tipo de trabalho tinha o efeito de isolá-lo dos acontecimentos da vida cotidiana. ("Tão logo penetrei no Sinai parlamentar", lembraria ele um ano depois nas suas *Les Confessions d'un Révolutionaire,* "deixei de manter contato com as massas; por estar demasiado absorvido no meu trabalho legislativo, perdi inteiramente de vista a corrente dos acontecimentos.") Logo ficou claro aos meus olhos que, com suas teorias anarquistas, ele estava completamente deslocado na Assembleia. Não há dúvida de que essa experiência serviu para aumentar sua descrença nos métodos políticos, ajudando a criar o antiparlamentarismo que marcou seus últimos anos e foi herdado pelo movimento anarquista em geral.

Ao mesmo tempo, é preciso que se diga que Proudhon não permaneceu por muito tempo naquela ignorância que havia lamentado. Logo sua atuação na Assembleia assumiu o mesmo tom de furiosa independência que caracterizava a sua atividade como jornalista. Quando operários descontentes ergueram as barricadas, no fim de junho de 1848, Proudhon – como muitos de seus colegas – primeiro suspeitou que se tratava de obra de agitadores bonapartistas, desejosos de enfraquecer a República. Mas logo decidiu descobrir por si mesmo e, valendo-se da insígnia de representante do povo, visitou as áreas onde os revoltosos combatiam. Logo concluiu que a revolta era, basicamente, de natureza socialista, e que sua "causa primária e determinante era a questão social, a crise social, trabalho, ideias". Percebeu que um novo elemento surgia na história revolucionária com essa primeira revolta da classe operária, tão diferente dos revolucionários burgueses, e compreendeu agora que, de diferentes maneiras, ele e os homens que haviam combatido nas barricadas de junho tinham ido além do simples revolucionismo político dos jacobinos e buscavam soluções capazes de resolver as injustiças políticas evidentes na sociedade do seu tempo.

Tendo percebido isso, Proudhon não hesitou em defender os revoltosos. À medida que a repressão continuava e que os esquadrões de fuzilamento eram substituídos por tribunais com suas sentenças de deportação, ele sentiu necessidade de expressar solidariedade às vítimas, o que fez com a ênfase que lhe era peculiar no *Le Représentant du Peuple* do dia 6 de julho:

"Quatro meses de desemprego foram subitamente transformados num *casus belli,* numa revolta contra o governo da República, eis toda a verdade sobre esses dias funéreos... O trabalhador francês pede empregos, vocês lhe oferecem esmolas e ele se rebela, e ele atira contra vocês... Eu me vanglorio de pertencer a essa raça orgulhosa, inacessível à desonra!"

Paris estava agora sob uma ditadura de emergência, administrada por Cavaignac, o general que havia acabado com a revolta de junho, e uma declaração tão atrevida imediatamente chamou sua atenção. Dois dias depois, *Le Représentant du Peuple* foi suspenso por ter publicado um artigo no qual, pretendendo abrandar a crise econômica que se ia tornando cada vez mais grave, Proudhon sugeria que no próximo trimestre o governo deveria decretar uma redução de um terço em todos os pagamentos de dívidas vencidas. Para tornar as coisas ainda piores aos olhos de Cavaignac, ele quase chegou a instigar um motim ao dirigir-se diretamente à Guarda Nacional, sugerindo que ela pedisse "emprego, crédito e pão aos seus pretensos protetores".

Proudhon não era homem que permanecesse amordaçado enquanto houvesse alguma maneira de fazer ouvir sua voz. Com seu jornal silenciado, ele fez da Assembleia Constituinte a sua tribuna. Apresentou um projeto segundo o qual os credores deveriam entregar um terço do que lhes era devido nos últimos três anos, a metade para ser entregue aos inquilinos e devedores etc. para que eles pudessem recompor as suas finanças, e o resto, ao Estado, como um fundo para devolver o nível de vida ao que havia sido antes da Revolução. O projeto era, na verdade, embora não na forma, uma proposta para conjugar impostos e subsídios, algo que hoje nos parece bastante familiar, mas os membros da Comissão de Finanças aos quais foi apresentado foram contra, em parte porque mesmo na sua forma atual pareceu-lhes ser um ataque à propriedade e em parte porque suspeitavam que, no íntimo, a sugestão de Proudhon tinha implicações bem maiores do que aparentava à primeira vista.

Tais implicações tornaram-se evidentes quando Proudhon defendeu publicamente o seu projeto na Assembleia do dia 31 de julho. Embora tivesse um estilo eloquente quando escrevia, Proudhon não era bom orador, e seu discurso foi "irremediavelmente tedioso" e muito mal apresentado, como observou o embaixador inglês. Mesmo assim, continha material polêmico em quantidade suficiente para despertar a raiva daqueles colegas que haviam comparecido apenas para rir das suas extravagâncias. Ele definiu como seu objetivo a transformação da propriedade em possessão, o que seria conseguido através da extinção da receita, e foi adiante, afirmando que a "liquidação da velha sociedade" poderia ser "turbulenta ou amigável, de acordo com as paixões e a boa ou má-fé dos partidos". Apresentou essa proposta como um primeiro passo, observando que os proprietários deveriam ser chamados a "contribuir, por sua parte, com o trabalho revolucionário, ficando eles responsáveis pelas consequências caso se recusassem a fazê-lo".

Quando seus colegas exigiram, aos gritos, uma explicação, Proudhon fez outra de suas definições históricas: "Isso quer dizer que, caso recusem, nós mesmos devemos levar avante a liquidação, sem vocês". Quando os ouvintes gritaram outra vez: "E o que quer dizer com vocês?", respondeu: "Quando usei esses dois pronomes, vocês e nós, é evidente que eu me identificava com o proletariado e a vocês, com a burguesia". "É a guerra social!", bradaram os conservadores enfurecidos. E não se contentaram em rejeitar a proposta de Proudhon: apresentaram também uma resolução especial declarando ser ela "um odioso ataque contra os princípios da moral pública, violando a propriedade, encorajando o escândalo e apelando para as mais odiosas paixões". Houve 691 votos contra a resolução e 2 – incluindo o de Proudhon – a favor.

Proudhon estava agora virtualmente isolado entre os revolucionários de fevereiro. Ele tinha não só reconhecido a existência de uma luta de classes, mas pela primeira vez chegara a sugerir que nessa luta os anarquistas deveriam ficar ao lado dos trabalhadores como classe e não apenas como uma entidade nebulosa à qual se dava o nome de "povo". É significativo o fato de que, quando o *Le Représentant du Peuple* apareceu novamente, no dia 31 de agosto, a manchete da primeira página dizia: "O que é o capitalista? Tudo! E o que deveria ser? Nada!"

O discurso de Proudhon diante da Assembleia Nacional tornou seu nome odiado entre as classes mais altas, mas aumentou sua reputação entre os trabalhadores e a circulação do jornal aumentou para 40 mil exemplares, um número fantástico para a Paris de 1848, que era uma cidade relativamente pequena. Mas as autoridades não permitiram que ele explorasse este sucesso sem perturbá-lo: alguns dias depois de sua reaparição, *Le Représentant du Peuple* foi finalmente fechado. Proudhon e seus amigos haviam previsto essa possibilidade e começaram imediatamente a angariar fundos para um novo jornal. Na metade de novembro, *Le Peuple* começou a ser publicado.

Enquanto isso, Proudhon amadurecia seus planos de criação de um Banco do Povo, que deveria ser uma instituição destinada a estimular a troca de produtos entre os trabalhadores através de cheques de trabalho e a fornecer crédito com taxas de juros nominais para cobrir os custos de administração. Proudhon acreditava ser possível criar, por esses meios, uma rede de artesãos independentes, camponeses e associações de operários que desse modo sairiam do sistema capitalista e chegariam eventualmente – tal como Proudhon sempre havia desejado, apesar de expressar-se às vezes com violência – a uma transformação pacífica da sociedade.

Mas, embora tivesse sido fundado no dia 31 de janeiro de 1849, reunindo em pouco tempo 27 mil membros, o Banco nunca chegou a funcionar, devido aos imprevistos da carreira jornalística de Proudhon. Em janeiro, *Le Peuple* publicou dois artigos, um deles assinado pelo próprio Proudhon, em que acusava Luís Napoleão, que havia sido eleito presidente em dezembro, de ser um instrumento e a personificação da reação e de conspirar para escravizar o povo. Quando Proudhon foi acusado oficialmente por insurreição contra os poderes constituídos, a Assembleia entusiasticamente abriu mão das suas imunidades parlamentares por larga maioria e ele foi condenado a três anos de prisão e a uma multa no valor de 3 mil francos. Ele apelou da sentença e fugiu imediatamente, disfarçando-se com óculos azuis e uma grande manta. Na fronteira com a Bélgica, assumiu o nome falso de Dupuis e tentou fazer-se passar por um juiz em férias. Durante algumas semanas vagou desconsolado pelo país e acabou voltando secretamente para Paris, onde liquidou o Banco do Povo – temendo que ele acabasse caindo em mãos erradas. Continuou a editar o *Le Peuple* desde o seu esconderijo. Mas acabaria sendo visto por um informante da polícia e preso quando caminhava pela Praça Lafayette numa noite de junho.

Os três anos que passou na prisão de Sainte-Pélagie, na Conciergerie e na fortaleza de Doullens foram, por ironia, os melhores de sua vida. Naquela época feliz, os prisioneiros políticos franceses sofriam um confinamento bem pouco rigoroso. Proudhon vivia confortavelmente, alimentava-se bem, podia escrever, estudar e receber amigos. Durante a maior parte do tempo que passou na prisão, foi-lhe permitido até sair uma vez por semana para cuidar de seus negócios. Durante esse período escreveu três livros, dois deles entre os melhores que chegou a escrever. Continuou a editar uma série de jornais e chegou mesmo a casar, iniciando a propagação da espécie. As restrições que lhe foram impostas foram largamente compensadas pela falta de distrações e não há dúvida de que durante esses anos sua vida se tornou mais rica e mais produtiva. Na verdade, quando tudo acabou e ele estava prestes a partir de Sainte-Pélagie no verão de 1852, Proudhon escreveu com satisfação:

"O que foi que eu perdi? Se fizesse uma avaliação exata, diria que nada. Sei agora dez vezes mais do que sabia há três anos e dez vezes melhor. Não tenho dúvidas sobre o que ganhei e não sei, verdadeiramente, o que perdi".

O que ele havia perdido – e passaria o resto da vida a lamentá-lo – era a sua vocação de jornalista. O *Le Peuple* acabou durante o colapso da revolta contra Luís Napoleão, em 13 de junho de 1849. Proudhon não apoiou essa rebelião, por perceber que havia sido mal planejada, além de inoportuna, mas os amigos que havia deixado à testa do jornal foram levados pelo entusiasmo a participar ativamente e, em consequência, *Le Peuple* foi suspenso e suas instalações arrasadas pela Guarda Nacional.

Mas Proudhon não estava disposto a abandonar o jornalismo sem luta e, assim, em 30 de setembro, lançou seu terceiro jornal, *La Voix du Peuple,* generosamente financiado por seu amigo e admirador Alexander Herzen. *La Voix du Peuple* obteve um sucesso ainda maior que seus predecessores, pois a prisão servira apenas para dar novo brilho à reputação de Proudhon. Nos dias em que ele escrevia artigos especiais, o jornal vendia de 50 a 60 mil exemplares e tão depressa que, segundo Herzen, "era comum que, no dia seguinte, os números já lidos fossem vendidos por um franco em vez de apenas um *sou*".

A carreira do *La Voix du Peuple* foi tão turbulenta quanto a dos outros jornais de Proudhon. Sofria constantes suspensões e multas e o próprio Proudhon foi processado por ter escrito um artigo no qual previa, com um ano de antecedência, o *coup d'état* de Luís Napoleão. Proudhon só escaparia de uma pena de prisão muito maior do que a anterior por simples detalhes legais. *La Voix du Peuple* acabaria finalmente em maio de 1850. Por essa época, os recursos de Herzen estavam praticamente esgotados e não apareceu nenhum outro benfeitor disposto a ajudar. Mesmo assim, Proudhon começou logo a editar um quarto jornal, mais uma vez chamado *Le Peuple,* o qual, por falta de dinheiro, não aparecia regularmente. Proudhon tentou controlar seus ataques de indignação, o que não impediu que o primeiro número fosse apreendido ao sair das impressoras e finalmente o *Le Peuple* acabou, por força de um novo imposto que taxava toda literatura de cunho político, o que reduziu a circulação e deixou o jornal sem recursos para pagar uma última multa de seis mil francos, imposta em 14 de outubro de 1850, por suposto "incitamento à guerra civil". Assim, depois, de mais de dois anos, chegava ao fim a primeira experiência continuada de jornalismo anarquista.

Proudhon lamentou sua retirada forçada do jornalismo, mas não permitiu que ela o impedisse de apresentar suas ideias. O tempo que ganhou não se ocupando mais com os jornais foi usado para escrever livros. Dos três que escreveu enquanto esteve na prisão, dois pelo menos permanecem sendo importantes na história do anarquismo.

Les Confessions d'un Révolutionnaire, que apareceu em 1850, analisa os acontecimentos de 1848 de um ponto de vista anarquista, concluindo que a tradição revolucionária não poderá ser cumprida até que seja aceito o verdadeiro princípio da Revolução: "fim do governo do homem pelo homem, com base na acumulação do capital". *Les Confessions d'un Révolutionnaire* é, na verdade, mais interessante pela visão pouco ortodoxa sobre determinado acontecimento histórico, por sua aguda análise das várias tendências políticas da época, pelas passagens autobiográficas que, apesar do título, aparecem apenas para reforçar as ideias teóricas de Proudhon.

Ideia geral sobre a Revolução no século XIX, que publicou a seguir, em 1850, é consideravelmente menos brilhante quanto ao estilo, mas mais importante que *Les Confessions,* por representar uma nova etapa do desenvolvimento do pensamento anarquista, pois aqui, mais do que em qualquer outro de seus trabalhos, Proudhon apresenta o exame minucioso da sociedade que ele havia prometido cinco anos antes como um suplemento às *Contradições econômicas.*

Ideia geral sobre a Revolução começa com um estudo do processo revolucionário, que Proudhon apresenta como um fenômeno necessário, uma consequência que – tal como outros acontecimentos tão naturais quanto a morte, o nascimento e o crescimento – não pode ser evitada.

"A Revolução é uma força que nenhum poder consegue vencer, seja ele divino ou humano; sua tendência é crescer em função da própria resistência que encontra... Quanto mais a reprimires, mais aumentarás sua reação e mais irresistível tornarás sua ação, de tal modo que, para que uma ideia triunfe, não faz a menor diferença que tenha sido perseguida, atormentada e combatida desde o início ou que tenha surgido e se desenvolvido sem encontrar obstáculos. Tal como a Nêmesis dos antigos, que nem ameaças nem orações conseguiam sensibilizar, a Revolução avança com passadas sombrias e decididas, pisando sobre as flores lançadas por seus amigos, o sangue de seus defensores e os corpos de seus inimigos."

Essa ideia da Revolução serve à concepção anarquista que vê a sociedade como parte do mundo da natureza, governada por forças determinantes que representam o domínio do destino, dentro de cujas fronteiras o homem deve trabalhar e alcançar a sua liberdade. Mais tarde, adaptando fórmulas darwinianas, Kropotkin expressaria essa mesma ideia de maneira mais científica, apresentando as revoluções como saltos ou mutações inerentes ao processo evolutivo, mas a ideia geral não sofreu alterações.

Voltando a sua atenção para sua própria época, Proudhon argumenta que a revolução é necessária no século XIX porque a Revolução Francesa de 1789 só conseguiu realizar metade das tarefas que se havia proposto. Os homens que a executaram preocupavam-se apenas com as transformações políticas e não deram nenhuma atenção às mudanças econômicas exigidas pelo fim do feudalismo.

"A República deveria ter estabelecido uma Sociedade, mas pensou apenas em criar um Governo... Sendo assim, embora o problema proposto em 1789 parecesse oficialmente resolvido, na verdade houve apenas uma mudança na metafísica governamental, aquilo que Napoleão chamava de *ideologia*... É preciso construir o novo edifício das instituições industriais, para substituir o domínio governamental, feudal e militar copiado dos antigos reis."

Esse edifício pode ser construído através da associação, afirma Proudhon, tendo o cuidado de avisar que, quando fala em associação, não está se referindo a um tipo de organização rígida ou utópica. Quando considerada como um fim em si mesma, a Associação representa um perigo para a liberdade, mas, quando encarada apenas como um meio para atingir um fim maior, a libertação do indivíduo, ela pode ser benéfica. É possível perceber uma antecipação da atitude sindicalista na afirmação de Proudhon de que as associações devem ser valorizadas apenas por sua tendência a estabelecer uma "república social".

A importância do seu trabalho não está nos mesquinhos interesses sindicalistas, mas na sua negativa em aceitar o domínio dos capitalistas, dos usurários e dos governos que a primeira Revolução não chegou a perturbar. Depois, quando já tivessem derrotado a mentira política... os grupos de trabalhadores deveriam assumir o comando dos grandes setores da indústria que são a sua herança natural.

A grande tarefa das associações será a de opor, à ideia de governo, a ideia de contrato: "A ideia de contrato exclui a ideia de governo... Entre as partes contratantes haverá sempre, necessariamente, um interesse pessoal mútuo; um homem barganha para assegurar, ao mesmo tempo, a sua liberdade e o seu lucro. Mas entre o governante e o governado, seja qual for o sistema de representação ou delegação das funções governamentais adotado, há necessariamente uma alienação de parte da liberdade e dos recursos do cidadão".

Proudhon imagina que a generalização do princípio do contrato transformará a sociedade numa rede de entendimentos voluntários entre cidadãos livres, fazendo surgir um novo tipo de organização econômica, distinta da organização política. Quando isso acontecer, já não haverá necessidade de governo e, retornando à sua velha teoria serialista, Proudhon conclui que o fim da série que começou com a autoridade será a anarquia.

Em vez de abordar o problema em termos gerais, Proudhon apresenta a visão mais aproximada de que dispomos sobre como seria essa utopia proudhoniana. É um esboço dos ajustes que a sociedade teria de fazer quando a ideia do contrato triunfasse. Nele já estão presentes os elementos de descentralização, federalismo e controle direto exercido pelos trabalhadores que iriam caracterizar as teorias dos anarquistas e sindicalistas mais modernos. É visível o progresso entre a utopia godwiniana, concebida 50 anos antes, quando seu autor vivia numa sociedade predominantemente agrária, e a utopia imaginada por Proudhon para um mundo que se tornava cada vez mais industrializado. Este é o esboço de uma sociedade livre, tal como foi descrito por Proudhon: "Em lugar das leis, colocaremos contratos: não haverá mais leis votadas pela maioria ou mesmo por unanimidade. Cada cidadão, cada cidade, cada sindicato fará suas próprias leis. Em lugar do poder político, colocaremos forças econômicas... Em lugar de exércitos armados, associações de trabalhadores. Em lugar da polícia, identidade de interesses. Em lugar da centralização política, a centralização econômica.

"Os tribunais serão substituídos pelo arbitramento; as burocracias nacionais, pela administração direta e descentralizada; as grandes empresas industriais ou de transporte serão controladas por associações de trabalhadores; a educação será supervisionada por pais e professores e o ensino acadêmico substituído por uma educação integrada, onde a instrução não poderá ser separada do aprendizado e a educação científica, do ensino profissional. Desse modo, afirma Godwin, será possível obter a unidade social comparada à qual a pretensa ordem das sociedades regidas por governos será desmascarada, surgindo como nada mais do que o caos, servindo de base à eterna tirania."

Ideia geral sobre a Revolução pode ser considerada a obra mais importante da carreira de Proudhon. Aqui, as sugestões construtivas incluídas em seus primeiros trabalhos foram reunidas, formando algo semelhante a um sistema. Aqui também foram esboçadas as principais ideias que iria desenvolver em trabalhos posteriores. Como todas as obras de Proudhon – e da maioria dos anarquistas –, seu ponto forte é o ataque. Em contraste com o agudo senso crítico que demonstra ao denunciar os erros das doutrinas revolucionárias autoritárias, Proudhon mostra-se de um otimismo um tanto vago quando fala na sua crença ou poder da razão e na capacidade dos homens para descobrir e escolher o que é melhor para eles. É verdade que seu principal argumento – que a cura para os males da sociedade não pode ser encontrada a nível político e deve ser buscada nas bases econômicas da sociedade – foi reforçado historicamente pela incapacidade que as sociedades governadas politicamente demonstraram para estabelecer a justiça social e econômica. Mas até mesmo os seus descendentes anarquistas logo abandonaram a ideia de que a solução seria simplesmente uma questão de arranjos contratuais, como Proudhon sugeria em seus arroubos mais esperançosos.

A saída da prisão, que para a maioria dos homens significa uma ampliação de horizontes, trouxe Proudhon para um mundo cheio de frustrações inesperadas. Dentro dos muros de Sainte-Pélagie, na seleta companhia de rebeldes, ele não percebera como a atmosfera da França havia mudado desde a criação do Império. Saiu da prisão para descobrir que era um homem marcado pelo radicalismo das ideias que defendia. Teve dificuldades até para ganhar a vida: seu nome afugentava os editores, patrões e até possíveis senhorios. E quando um editor belga chegou a editar um panfleto inócuo, *Philosophie du Progrés,* no qual Proudhon desenvolvia sua teoria sobre um Universo em incessante transformação, a polícia proibiu que circulasse na França.

Mas os anos difíceis pareciam ter chegado ao fim em 1858, quando Proudhon conseguiu persuadir um editor parisiense a publicar seu mais vasto e mais importante trabalho, *De la Justice dans la Révolution et dans l'Église. De la*

Justice começara pretendendo ser uma resposta a um escandaloso ataque pessoal feito por um defensor do catolicismo, personagem um tanto dúbio que escrevia sob o pseudônimo de Eugéne de Mirecourt, mas acabou se transformando num enorme tratado em que Proudhon comparava a justiça transcendental, a justiça da Igreja, com a justiça imanente, a verdadeira justiça que habita a consciência humana e é a autêntica força propulsora da Revolução.

De la Justice é um livro extraordinário, escrito numa prosa magnífica e cheio de uma curiosa erudição, de indagações originais e de lembranças da infância de um fascinante frescor. Se *Ideia geral da Revolução* nos oferece o melhor resumo das propostas sociais de Proudhon, *De la Justice* é o melhor compêndio sobre a sua individualidade, um livro rico de conhecimentos, argumentos e, sobretudo, de idiossincrasias, repleto de contradições aparentes, mas que projeta, no final, uma imagem da personalidade de Proudhon que nenhum de seus biógrafos consegue suplantar. Entretanto, no que se refere à história do pensamento anarquista, permanece como um livro de importância secundária, pois limita-se a repetir as ideias sociais que Proudhon já havia discutido e dando-lhes apenas um novo arranjo, dentro de uma estrutura filosófica mais ampla. Pois a justiça imanente, transposta em termos de ação humana, não é nada mais do que igualdade, e igualdade – como já afirmara Proudhon – só pode ser alcançada através da associação mutualista e da reorganização econômica da sociedade.

De la Justice, o primeiro trabalho importante a aparecer com a assinatura de Proudhon desde 1852, despertou vivo interesse. Seis mil exemplares foram vendidos quase imediatamente, mas, menos de uma semana após a publicação, todas as cópias ainda não vendidas foram apreendidas e Proudhon foi levado a julgamento, acusado de uma formidável coleção de ofensas contra a moral pública, a religião e o Estado. Pela segunda vez, não teria sorte com os juízes encarregados do seu caso, recebendo uma sentença de três anos de prisão e uma multa de três mil francos. Voltou a apelar da sentença e, proclamando orgulhosamente sua relutância em fugir, partiu sem demora para a Bélgica.

Desta vez, adotou o nome Dufort, fingindo ser um professor de matemática. Um encontro tranquilizador com a polícia de Bruxelas levou-o a voltar a usar seu próprio nome e a instalar sua família na cidade. Dedicou-se a escrever *La Guerre et la Paix,* um controvertido trabalho sobre a sublimação dos impulsos bélicos do homem em anseios sociais. Não tardou também a perceber um renovado interesse por suas ideias entre os intelectuais russos e entre os operários franceses. Tolstoi foi visitá-lo e um oficial veio transmitir-lhe as saudações de Tomsk, onde Bakunin se achava exilado. De Rouen e Paris chegavam delegações de trabalhadores pedindo conselhos sobre suas atividades. Seus amigos começaram até a falar na criação de um partido proudhoniano. Cautelosamente, Proudhon negou-se a admitir tal ideia e, numa carta que escreveu a Alfred Darimon, parece curiosamente repetir Godwin, ressaltando a importância da discussão e da investigação filosófica, em oposição à atividade partidária. O raciocínio anarquista, mesmo quando não encontramos vínculos históricos mais evidentes, é surpreendentemente repetitivo em suas manifestações.

"Quanto a concluir, a partir desse fato isolado, sobre a existência de um *partido proudhoniano* – já que usa esse termo –, creio que estaríamos incorrendo em grave erro, protestou Proudhon. O povo pode pertencer ao partido blanquista, mazzinista, garibaldino, isto é, a um partido onde seja permitido acreditar, conspirar, lutar, mas jamais pertencerá a um partido onde apenas lhe permitam raciocinar e refletir. Tenho motivos para acreditar, sem dúvida, que desde o *coup d'état,* o número de pessoas que de tempos em tempos demonstra sua boa vontade para comigo vem aumentando. Quase não se passa uma semana em que não tenho provas disso. Mas essa elite de leitores não constitui um partido: são pessoas que me pedem livros, ideias, discussões, argumentos, investigações filosóficas e que, na sua maioria, me abandonaria amanhã mesmo, cheia de raiva, se eu propusesse criar um partido e fazer com que formassem, por minha iniciativa, uma sociedade secreta."

Na verdade Proudhon exagerou a sua posição desinteressada naquele momento. Longe de ser apenas um homem de teorias, durante o último período de sua vida ele se envolveu cada vez mais em questões sociais e nos últimos quatro anos escreveu sobre problemas tão locais quanto os direitos do autor; o realismo na arte, tal como aparece na pintura de Courbet; o federalismo; a abstenção ao voto e, sobretudo, a capacidade da classe operária para dirigir seus próprios assuntos.

Havia uma certa reciprocidade na situação, pois se Proudhon demonstrou naquele momento, mais do que em qualquer outro desde 1848, o desejo de participar dos acontecimentos, foi principalmente porque o mundo demonstrou também mais interesse por ele. Nos primeiros anos da década de 1860 a atmosfera política começou a mudar rapidamente: pela primeira vez desde 1848, os operários mostravam seu descontentamento, enquanto Napoleão III, sentindo a crescente fragilidade do seu regime, tentava ganhar apoio popular fazendo concessões ao povo. As reuniões voltaram a ser permitidas e os artesãos se aproveitaram do relaxamento dos controles para estabelecer sindicatos e cooperativas de produtores. Eles lembravam como, entre todas as figuras mais importantes do socialismo, Proudhon fora um dos únicos a partir em defesa dos revoltosos de junho de 1848. O próprio isolamento em que vivia desde o começo do Império aumentara o seu prestígio e assim, querendo ou não, Proudhon viu surgir um movimento baseado em suas ideias sobre associação e crédito mútuo. Mas, embora houvesse proudhonianos em número suficiente para dominar o movimento operário francês na década de 1860, nunca chegou a haver um partido proudhoniano. Até o aparecimento do marxismo, em 1860, mais de vinte anos depois, o socialismo francês continuaria sendo apartidário no legítimo sentido da palavra, e neste ponto a influência de Proudhon foi decisiva.

Entretanto, embora durante o período de exílio na Bélgica Proudhon já tivesse começado a perceber sua crescente popularidade entre os operários franceses, só depois que voltou à França, no outono de 1862, é que os problemas de ação da classe operária passaram a dominar seu pensamento. Durante os últimos meses do exílio, mostrava-se mais preocupado com a questão do nacionalismo, que havia ganho atualidade graças ao rápido progresso da Itália em direção à Unificação.

O nacionalismo foi talvez a herança mais dinâmica da Revolução Francesa e, nesse sentido, 1848 continuou a tradição de 1789: os objetivos nacionais eram equacionados com as aspirações democráticas e, aos olhos da maioria dos revolucionários, fossem eles jacobinos ou socialistas, a libertação dos países era tão importante quanto a libertação de indivíduos ou classes. Entre 1848 e a Comuna, Garibaldi e Mazzini tornaram-se os grandes heróis da democracia europeia; mesmo Bakunin, antes de sua fase anarquista final, era uma espécie de nacionalista eslavo.

Mas, apesar do amor que sentia pela terra francesa, Proudhon jamais chegou a ser um verdadeiro nacionalista. Sua maior e mais profunda lealdade emocional era com o seu Franche-Comté nativo, que – como observou mais de uma vez – talvez tivesse feito melhor unindo-se à Confederação Suíça. Para ele, a união dos franceses não tinha natureza política. Em *Ideia Geral da Revolução* ele expressa abertamente seu desejo de acabar com as fronteiras nacionais, com todas as divisões que elas implicam. Foi um dos poucos homens de 1848 a perceber os aspectos reacionários do nacionalismo e dez anos depois mostrar-se-ia ainda mais desconfiado diante do apoio irrestrito que seus companheiros radicais davam aos movimentos nacionalistas, especialmente na Polônia e na Itália. Em *La Guerre et la Paix,* cujo tema central é "a missão do século XIX é obter o fim do militarismo", ele já abordava a questão do nacionalismo e, tão logo concluiu o livro, deu início a uma campanha epistolar contra os nacionalistas, que acabaria por afastá-lo de seu velho amigo Herzen, a quem censurava por ter se prestado a participar de "todas essas intrigas nacionalistas que não representam nem a liberdade política, nem o direito econômico, nem a reforma social".

Foi a situação na Itália que levou Proudhon a examinar mais detidamente os problemas do nacionalismo. Mazzini, Garibaldi e a maior parte dos revolucionários italianos queriam fundar um Estado centralizado após a libertação, que parecia iminente. Quase todos os membros da esquerda os apoiavam. Com visão profética, Proudhon percebeu que um Estado italiano forte poderia levar tanto à ditadura interna quanto a perturbações na política internacional. Por outro lado, tal como se encontrava, dividida em várias pequenas unidades, a Itália parecia-lhe o país ideal para que nela fosse aplicada a solução que ele mesmo havia criado – uma união federal entre regiões autônomas sem governo centralizado que impedisse o progresso social, nem ambições nacionalistas que pudessem ameaçar a paz e a unidade da Europa.

Os artigos que escreveu sobre a questão despertaram a hostilidade dos patriotas belgas, que promoveram uma ruidosa manifestação diante de sua casa – fazendo com que, finalmente, aproveitasse a anistia política bonapartista e voltasse à França. Em Paris, dedicou-se a escrever um livro, no qual sintetizaria não apenas as suas ideias sobre o nacionalismo como apresentaria a alternativa federalista. *Du Principe Féderatif,* publicado em 1863, foi uma de suas obras mais confusas. Escrito apressadamente, num período em que sua saúde já se encontrava debilitada, trata quase todo ele de suas disputas momentâneas com os críticos nacionalistas, mas, basicamente, sua intenção era transportar sua visão de anarquia do campo restrito da economia e das relações industriais para a sociedade em geral. Na verdade, Proudhon considerava a federação como uma etapa no caminho que levaria à anarquia final – a qual, naquele momento admitia, só seria alcançada daqui a alguns séculos. Considerava que ambas têm como base comum "a ordem pública, assentada diretamente na liberdade e na consciência dos cidadãos". Na sua visão, o princípio federativo deveria operar a partir dos níveis mais simples da sociedade.

A organização da administração deveria começar a nível local e ser, tanto quanto possível, controlada pelo povo. Os indivíduos deveriam dar início ao processo, reunindo-se em comunas e associações. Acima do nível primário, a organização confederada tornar-se-ia menos um órgão administrativo do que de coordenação entre as unidades locais. Assim, a nação seria substituída por uma confederação geográfica de regiões e a Europa se transformaria numa confederação de confederações, na qual os interesses da menor das províncias seriam tão importantes quanto os da maior, e todas as questões seriam decididas através de acordos mútuos, contratos e arbitramento. Mas, em termos da evolução das ideias anarquistas, *Du Principe Féderatif* é um dos livros mais importantes de Proudhon, pois apresenta a primeira exposição minuciosa da ideia de organização federal como alternativa prática para o nacionalismo político.

O resto da vida de Proudhon foi dominado pela percepção do crescente descontentamento entre os operários franceses e pelo desejo de expressar esse descontentamento de uma forma articulada. Quando o governo bonapartista marcou eleições para maio de 1863, Proudhon tornou-se o centro ativo de um movimento que defendia o abstencionismo e, se não chegou desta vez ao extremismo anarquista de rejeitar totalmente o parlamentarismo e o voto, declarou que o sufrágio universal era "nada", a menos que fosse o "corolário do princípio federativo".

Nem todos os operários que concordaram com as ideias de Proudhon sobre o federalismo e o mutualismo concordaram com seus conselhos sobre abstenção da ação parlamentar. Três operários mutualistas concorreram às eleições de 1863, sem conseguir eleger-se, e as razões que os levaram a assumir tal atitude surgiram mais tarde, em 1864, quando o grupo que os havia patrocinado assinou o famoso *Manifesto dos sessenta,* um dos documentos básicos do socialismo francês. Exceto por um professor, todos os signatários eram artesãos e dois deles, Henri Tolain e Charles Lemousin, iriam tornar-se líderes da facção proudhoniana da Primeira Internacional.

O *Manifesto dos sessenta* declarava que, apesar da igualdade teórica de todos os franceses existir desde 1789, as condições do mundo capitalista colocavam-se constantemente contra os operários. Esta situação era perpetuada pelo sistema parlamentarista vigente, no qual, em vez de falar por todos os seus constituintes, os deputados representam apenas os interesses nos quais eles próprios estão envolvidos. É necessário, portanto, que os trabalhadores sejam representados por homens que pertençam a sua própria classe, capazes de formular com "moderação, mas com firmeza, nossas esperanças, desejos e direitos".

Embora não concordasse com o *Manifesto dos sessenta,* Proudhon reconheceu sua importância: ele o discutiu longamente com alguns dos signatários e também com os trabalhadores desejosos de saber a sua opinião a respeito. Em Rouen, declarou a um grupo que era preciso encontrar algum meio de fazer com que os trabalhadores tivessem seus próprios representantes, mas afirmou que isso não poderia acontecer no tipo de sociedade em que viviam. Os partidos e instituições políticas existentes na época eram organizados para servir às classes mais favorecidas e os trabalhadores deviam reconhecer essa situação. A contra-gosto, Proudhon admitiu a impossibilidade de evitar o terrível conflito social que iria dominar a França alguns anos após a sua morte.

"Eu declaro com toda a energia e tristeza do meu coração: separem-se daqueles que se isolaram de vocês. É a separação que os fará vencer: nem representantes, nem candidatos."

Em outras palavras, a salvação dos operários está nos próprios operários. Os anarquistas que sucederam Proudhon mantiveram essa mesma teoria.

Essas discussões a respeito do *Manifesto dos sessenta* serviram de pretexto para o último livro de Proudhon, *De la Capacité Politique des Classes Ouvriéres,* no qual trabalhou com grande persistência durante sua última enfermidade. "Apesar dos deuses, apesar de tudo" – bradou –, "eu terei a última palavra!" Ele considerava esse livro tão importante que ditou as últimas páginas para Gustave Chaudey, já no seu leito de morte. E tinha razão, pois, mais do que qualquer outro livro seu, *De la Capacité* influenciaria o desenvolvimento do movimento trabalhista na França e, indiretamente através do sindicalismo, o desenvolvimento do anarquismo em toda a Europa e nas Américas. Seria, além disso, o toque final na visão anarquista que ele havia formulado durante toda a sua vida.

No livro, Proudhon desenvolve a afirmação que ele mesmo havia feito em 1848, de que "o proletariado deve emancipar-se sozinho", ao defender a entrada dos operários no campo da política, como uma força independente. "Possuir capacidade política – declara ele – é ter consciência de si mesmo como membro da coletividade, afirmar a ideia que resulta dessa consciência e lutar por sua realização. Quem quer que consiga reunir essas três condições, é capaz." Proudhon afirma que, apesar de seus erros, o *Manifesto dos sessenta* demonstra que o proletariado francês começa a satisfazer essas condições. Ele tem consciência de que sua vida e suas necessidades fazem dele um grupo isolado, com seu próprio lugar na sociedade e sua própria missão na evolução social. A ideia que emerge dessa consciência é a mutualidade, a qual, pretendendo organizar a sociedade em bases igualitárias, dá à classe operária um caráter progressista. A realização dessa ideia virá com o federalismo. O federalismo garantirá a verdadeira soberania do povo, já que o poder virá das camadas mais baixas e ficará nas mãos de "grupos naturais", reunidos em organismos coordenadores cujo objetivo será executar a vontade da maioria. A sensibilidade desse sistema será assegurada pela imediata revogabilidade de qualquer delegação. Os "grupos naturais" serão iguais às unidades operárias da sociedade e, desse modo, o Estado político desaparecerá, substituído por uma rede de administração social e econômica. Chegaremos à anarquia, no sentido positivo da palavra.

Proudhon morreu antes de publicar esse último testamento, em janeiro de 1865; ele havia vivido o suficiente para ouvir, com grande alegria, a notícia da fundação da Primeira Internacional, em grande parte devida à iniciativa de seus próprios discípulos. Um grande cortejo acompanhou o seu enterro no cemitério de Passy, onde os veteranos de 1848 misturavam-se aos milhares de operários anônimos – aqueles mesmos homens que, dentro de alguns anos, estariam lutando em defesa da Comuna. Foi o encontro simbólico de duas gerações de revolucionários e salientou a importância de Proudhon como figura representativa de um período de transição. Com sua vida e suas ideias, Proudhon demonstrou as mudanças por que passou a atitude libertária, desde a posição idealista e desinteressada que Godwin representava, ao total envolvimento na luta social que se manifestaria com maior intensidade em Bakunin e seus sucessores. Enquanto o próprio Proudhon passaria, de teórico de um mundo agrário, a intérprete de uma sociedade industrial. As experiências vividas pelos operários dos países latinos faziam com que se tornassem extremamente receptivos a uma doutrina que parecia oferecer-lhes uma saída para o frustrante impasse criado por uma democracia política governada pelos proprietários. Foi desse *rapprochement* entre as ideias dos revolucionários e os desejos incipientes de uma ampla parcela da classe operária que finalmente surgiria o anarquismo como movimento, no fim da década de 1860. Proudhon não criou o movimento anarquista – embora divida com Godwin a honra de ter criado o anarquismo – e poderia ter repudiado muitas de suas manifestações posteriores, mas sem o seu trabalho preliminar este dificilmente poderia ter se manifestado sob o comando do mais espetacular e herético de seus discípulos, Michael Bakunin.

A ânsia de destruir

Bakunin foi, entre todos os anarquistas, o que desempenhou o seu papel de forma mais coerente. Com Godwin e Proudhon, havia sempre uma divisão entre os excessos lógicos ou arrebatados do pensamento e a realidade da vida cotidiana. Quando saíam de seus gabinetes, esses homens do terror – como apareciam aos olhos de seus contemporâneos – transformavam-se num ex-clérigo pedante, no espezinhado mestre de jovens senhoritas, no artesão orgulhoso de suas habilidades como tipógrafo e que acabaria por se revelar um pai de família exemplar. Isso não significa que qualquer um deles tenha sido basicamente inconsequente: tanto Godwin como Proudhon demonstraram coragem exemplar ao desafiar a autoridade, quando suas consciências os impeliram a fazê-lo, mas sua ânsia pela rebelião parecia quase totalmente esgotada pela atividade literária e, quando agiam, seu anticonvencionalismo raramente excedia os níveis mais inofensivos da excentricidade.

Bakunin, por outro lado, era monumentalmente excêntrico, um rebelde que em quase todos os seus atos parecia expressar os aspectos mais vigorosos da anarquia. Ele foi o primeiro de uma longa série de aristocratas que abraçaram a causa anarquista e jamais perdeu as maneiras refinadas que recebera por herança, e que ele combinava à expansiva *bonhomie* russa e a um instintivo desafio a todas as convenções burguesas. Fisicamente era um gigante e sua aparência desalinhada impressionava as pessoas antes mesmo que ele começasse a conquistá-las com seus dotes de orador persuasivo. Todos os seus apetites – com exceção do sexual – eram enormes: era capaz de falar a noite inteira, lia omnivoramente, bebia conhaque como se fosse vinho, chegou a fumar 1.600 charutos durante o mês em que esteve preso na Saxônia e comia com tal voracidade que o amável comandante da prisão austríaca decidiu conceder-lhe rações em dobro. Não possuía virtualmente nenhum sentido de propriedade ou de segurança material. Durante uma geração inteira, viveu dos presentes e empréstimos que recebia de amigos e admiradores. Deu tão generosamente quanto recebeu, sem jamais pensar no dia de amanhã. Era inteligente e culto, mas ingênuo; espontâneo e bondoso, mas ardiloso; leal até o último grau, mas tão imprudente que frequentemente levava os amigos a perigos desnecessários. Era capaz de infundir nos homens os seus ideais, tanto nas barricadas quanto na sala de conferências, e fazer com que agissem voluntariamente.

Havia momentos, entretanto, em que toda essa enorme e incansável atividade parecia mais uma grande brincadeira de uma infância que tivesse se prolongado além da conta e outros em que os arroubos de Bakunin ao falar ou agir provocavam episódios ridículos, de pura comédia, que o tornavam mais uma caricatura do que um exemplo de anarquista. Podemos vislumbrá-lo desfilando pelas ruas de uma cidade suíça disfarçado – da forma menos convincente que se possa imaginar – como um clérigo anglicano, ou ingenuamente colocando no correio um envelope que continha, ao mesmo tempo, uma carta cifrada e o código que a decifraria, ou ainda blefando alegremente para seus conhecidos sobre os enormes exércitos secretos – e totalmente imaginários – que teria sob seu comando. É difícil às vezes negar a justiça do perfil que E. H. Carr traçou dele com tanta ironia na única biografia inglesa já escrita sobre Bakunin.

Mas ele continua sendo uma figura demasiado importante para que possamos deixá-lo de lado como um simples excêntrico. Se era realmente um tolo, então era um desses tolos como os que Blake descreveu, capazes de atingir a sabedoria por persistir na própria loucura. Havia nele grandeza suficiente – bem como adequação à época em que viveu – para fazer dele um dos homens mais importantes não só na tradição revolucionária quanto na história do anarquismo. E ele conseguiu isso tanto pelos seus fracassos, que não foram poucos, quanto pelos seus triunfos.

Para começar, fracassou onde a maioria dos grandes anarquistas foi bem-sucedida – como escritor. Embora rabiscasse copiosamente, não deixou um único livro em que transmitisse suas ideias à posteridade. Certa vez chegou a confessar a Herzen que não tinha o menor senso de composição literária e nenhum poder de concentração, de modo que tudo que começava a escrever logo perdia o rumo original e era geralmente abandonado a meio. Seus melhores ensaios foram trabalhos curtos, produzidos para determinadas ocasiões, especiais, e têm todos os defeitos da literatura tópica. Nem sequer as ideias que podemos selecionar em seus escritos são muito originais: de resto, dizem muito pouca coisa que não tenha sido inspirada de alguma forma em Hegel, Marx, Compte ou Proudhon. Admitindo a fragilidade de seus dotes como teórico ou literato, seus admiradores geralmente contra-atacavam com a alegação de que Bakunin era realmente importante como homem de ação. Mas mesmo seus atos, embora dramáticos, geralmente nos parecem estranhamente inúteis. Envolveu-se em mais conspirações sem sentido e em mais esperanças que acabaram frustradas do que a maioria dos revolucionários, numa época especialmente dada a tais aventuras. Chegou tarde demais para participar da fase ativa da mais bem-sucedida revolta que aconteceu durante a sua vida, a Revolução de Fevereiro de 1848, em Paris. As cinco outras revoltas de que participou e nas quais desempenhou importante papel foram todas ou desastres históricos, ou fracassos cômicos. As sociedades secretas que tanto gostava de inventar, ou nasciam mortas ou expiravam muito cedo devido às dissensões internas. E, no fim de tudo, morreu solitário, distante da luta à qual dedicara toda a sua vida e abandonado pelos seus próprios discípulos.

Para compensá-lo de seus defeitos, Bakunin possuía as virtudes da dedicação e da intuição, responsáveis por suas mais importantes realizações. No início da década de 1860 ele percebeu, com clareza ainda maior do que a do próprio Proudhon, que havia chegado o momento de utilizar as teorias anarquistas para catalisar o descontentamento dos operários e camponeses nos países latinos. Essa compreensão levou-o à Primeira Internacional e lá ele percebeu as implicações autoritárias do socialismo marxista. Foi durante o conflito entre Bakunin e Marx dentro da Internacional que surgiram pela primeira vez as irreconciliáveis diferenças entre as concepções libertária e autoritária do socialismo. Durante essa luta, a facção liderada por Bakunin transformou-se gradualmente no núcleo do movimento anarquista histórico. Bakunin deve sua duradoura importância a esses anos de vinculação com a Internacional; sem eles, teria sido apenas o mais excêntrico entre uma plêiade de revolucionários excêntricos que enchiam as cidades, que eram os centros de exilados na Suíça e na Inglaterra do século XIX.

Como tantos outros anarquistas, Bakunin era, por nascimento e educação, um senhor rural. Nascera em 1814 na propriedade rural de Premukhino na província russa de Tver, onde seu pai, Alexander Bakunin, era um liberal cauteloso da escola do século XVIII, um homem culto, um poeta amador. Estudara em Paris durante a Revolução Francesa, e obtivera o grau de Doutor em Filosofia em Pádua. Sua mulher, Varvara, pertencia à importante família Muraviev. Três de seus primos, que Bakunin conheceu quando menino, haviam participado de uma das primeiras revoluções russas, o motim de dezembro dos constitucionalistas, em 1825. Era uma família numerosa e os dez filhos formavam um grupo unido e afetuoso. Nos anos de exílio, Bakunin muitas vezes lembraria a sua infância feliz com aquela nostalgia romântica que frequentemente encontramos nas memórias dos aristocratas russos nascidos nos primeiros anos do século XIX.

A vida em Premukhino era de uma simplicidade espartana, mas, como discípulo de Rousseau, Alexander

Bakunin não descuidava da educação de seus filhos. Ainda criança, Bakunin aprenderia as línguas – francês, alemão, inglês e italiano – que mais tarde viriam a ser tão úteis para a sua carreira de revolucionário internacional. Naquela época, era quase obrigatório que todo o cavalheiro russo dedicasse parte de sua vida ou ao exército, ou ao serviço público, e Michael, como filho mais velho, foi mandado para a Escola de Artilharia de São Petersburgo. Foi um estudante nada aplicado, mas finalmente recebeu a sua comissão, servindo na guarnição de uma remota região da Lituânia. Tédio, ressentimento contra a disciplina e um amor aos livros que surgira repentinamente o tornaram cada vez mais descontente com a vida militar, e assim, no ano seguinte, ele foi para casa e fingiu uma doença de forma tão convincente que conseguiu obter baixa do exército. Alguns meses depois estava em Moscou, onde conheceu Nicholas Stankevisch, o primeiro dos homens que o ajudariam na sua trajetória revolucionária.

Era a época em que os jovens intelectuais russos começavam a sofrer as influências vindas da Europa Ocidental que se filtravam através das barreiras impostas pela censura. Romantismo literário, metafísica alemã, o pensamento social francês – todas essas tendências acharam seguidores nos círculos literários de Moscou e São Petersburgo. Em torno de Stankevisch reuniram-se os discípulos de Hegel; em torno de Herzen, aqueles que haviam ficado fascinados com as doutrinas socialistas de Fourier, Saint-Simon e Proudhon. Bakunin seguiu Stankevisch e quando este deixou a Rússia ele se tornou, apenas pela força da sua personalidade, o líder dos hegelianos de Moscou. Na Rússia, seu hegelianismo permaneceu ortodoxo e autoritário e, apesar de suas frequentes revoltas contra a autoridade familiar, manteve-se surpreendentemente leal ao regime tzarista. Sua amizade com Herzen já lhe permitia solicitar pequenos empréstimos, mas não há nenhuma evidência de que tenha sofrido nessa época qualquer influência das ideias socialistas do futuro editor de *O Sino*.

É essa indiferença pelas ideias radicais durante o tempo em que viveu em Moscou que dá à mudança de atitude de Bakunin, depois que deixou a Rússia em 1840, as características de uma conversão emocionante. Ele já havia experimentado o intenso "mal-estar" romântico, a sensação de claustrofobia espiritual que afligiu muitos russos do seu tempo. Em 1839, passou a sentir que a própria existência como ser pensante dependia de obter acesso às fontes do conhecimento, o que lhe era negado pelas circunstâncias da sociedade tzarista. "Não posso ficar aqui nem mais um minuto", bradou para as irmãs num momento de frustração e, na sua imaginação, Berlim passou a ser a Meca filosófica. Na primeira de uma série de cartas que escreveu a Herzen, pediu um empréstimo substancial para custear sua fuga. "Dessa viagem, espero um renascimento e um batismo espiritual", disse a Herzen. "Sinto que há tantas e tão profundas possibilidades dentro de mim e até agora realizei tão pouco!" Herzen concedeu-lhe o empréstimo e acompanhou-o até o cais de Neva, de onde ele partiu.

Durante quase dois anos, Bakunin viveu na Alemanha como um estudante cheio de entusiasmo, explorando os círculos intelectuais e a sociedade boêmia de Berlim. Seu melhor amigo era Ivan Turguenev, que mais tarde o imortalizaria na literatura, usando-o como modelo para Rudin, o herói de seu primeiro romance. Bakunin ainda mantinha suas ambições acadêmicas planejando ser um futuro professor de filosofia na Universidade de Moscou.

Mas dentro dele já se processavam as mudanças que anunciavam seu esperado renascimento. Ele perambulava nervosamente, de filósofo em filósofo. Pensava com crescente desagrado em trocar a liberdade mental da Europa pela treva intelectual da Rússia. Começou mesmo a achar Berlim enfadonha e, no fim de 1841, fez uma viagem a Dresden que se transformaria, inesperadamente, num dos momentos decisivos da sua vida. Foi lá que ele conheceu o improvável personagem que iniciaria a sua conversão.

Arnold Ruge já apareceu como um ator secundário e um tanto pretensioso nas vidas de Proudhon e Stirner. Era um dos líderes dos jovens hegelianos que haviam feito as teorias de Hegel voltarem-se contra o Mestre ao afirmar que o método dialético poderia ser utilizado para provar que tudo está em contínua alteração e que a Revolução é, portanto, mais real do que a reação. Bakunin mergulhou imediatamente na leitura das obras desses filósofos pouco ortodoxos e completou sua conversão ao ideal revolucionário social lendo *Socialismo e comunismo na França contemporânea,* de Lorenz von Stein, publicado em 1841. As doutrinas de Fourier e Proudhon, que Bakunin havia ignorado quando Herzen as difundia em Moscou, pareciam oferecer agora, como recordaria anos mais tarde, "um novo mundo no qual mergulhei com todo o ardor de uma sede delirante".

Ele festejaria sua conversão escrevendo e publicando na *Deutsche Jahrbücher* de Ruge, sob o pseudônimo de Jules Elysard, um de seus primeiros e mais importantes ensaios, *Reação na Alemanha.* O ensaio é, em sua maior parte, a típica tentativa de um jovem hegeliano de apresentar a doutrina de Hegel como sendo basicamente uma doutrina de Revolução, mas há um tom genuinamente bakuniano no estilo apocalíptico e na importância que atribui à destruição, como prelúdio necessário à criação. Atualmente, a Revolução é vista como algo negativo – afirma Bakunin –, mas quando triunfar, passará automaticamente a ser positiva. Bakunin assume um tom de exaltação religiosa quando descreve esse fim desejado para todo o processo revolucionário. "Haverá uma transformação qualitativa, uma nova maneira de viver, uma revelação que será como dádiva de vida, um novo paraíso e uma nova Terra, um mundo jovem e poderoso no qual todas as nossas atuais dissonâncias serão resolvidas, transformando-se num todo harmonioso."

E finaliza com uma peroração que se transformaria na mais conhecida das citações de Bakunin: "Confiemos no eterno espírito que destrói e aniquila apenas porque é a inexplorada e eternamente criativa origem de toda a vida. A ânsia de destruir é também uma ânsia criativa".

Bakunin ainda não aparece como anarquista, pois não desenvolveu uma visão social que sirva de apoio à sua revolta instintiva contra tudo que é estabelecido e pareça permanente. Entretanto, em *Reação na Alemanha,* ele faz sua primeira declaração de revolta perpétua e ressalta o elemento destrutivo que existe em todo o processo revolucionário e que irá marcar todas as suas ideias mutantes, até transformar-se num dos elementos mais importantes da sua visão pessoal do anarquismo.

Esse foi um período em que Bakunin sofreu sucessivas influências. Um ano mais tarde, ele conheceria em Zurique um comunista alemão, Wilhelm Weitling. Como Proudhon, Weitling era um trabalhador autodidata, um alfaiate que se envolvera numa das revoltas parisienses chefiadas por Blanqui durante a década de 1830 e que agora se ocupava em organizar sociedades secretas reunindo os operários suíços, aos quais falava de uma revolução conduzida com impiedosa violência e que levaria, paradoxalmente, a um mundo idílico e utópico. Weitling foi o primeiro revolucionário militante que Bakunin encontrou e foi graças ao seu exemplo que o jovem russo passou, de rebelde teórico, à condição de rebelde prático.

Mais do que isso: Weitling tinha uma frase que parecia resolver o problema social de uma forma tão simples que se alojou na mente de Bakunin como uma poderosa semente – "A sociedade perfeita não tem governo, apenas uma administração; não tem leis, apenas obrigações; não tem castigos, mas meios para corrigir os erros". Weitling era, a seu modo, um anarquista primitivo que misturava de forma incoerente as ideias de Proudhon com um certo gosto para as organizações conspiratórias que havia adquirido com

Blanqui. Era uma combinação que o próprio Bakunin iria repetir numa escala bem mais dramática do que Weitling jamais conseguira atingir.

Bakunin parece ter se envolvido até certo ponto nas atividades secretas de Weitling e essa iniciação à prática revolucionária transformou-se também numa iniciação ao exílio. Quando Weitling foi preso e expulso da Suíça, o nome de Bakunin apareceu de forma comprometedora nos papéis que ele trazia consigo. Esse nome foi citado publicamente num relatório sobre atividades comunistas veiculado pelas autoridades cantonais de Zurique. A Embaixada Russa notificou São Petersburgo e Bakunin foi chamado de volta à Rússia para explicar sua conduta. Ele recusou-se a ir e foi condenado *in absentia* ao exílio por tempo indeterminado e a trabalhos forçados na Sibéria.

Seu caminho o levava agora, quase inevitavelmente, a Paris que ainda era – apesar do regime dos Orleans – a Roma dos revolucionários idealistas. Lá ele conheceria vários rebeldes célebres: Marx e Lelewel, George Sand e Pierre Leroux, Cabet e Lamennais e, o mais importante e mais simpático de todos, Proudhon. Bakunin passava as noites conversando com Proudhon, que diferia dos outros socialistas franceses por sua franqueza, uma característica dos habitantes do Jura. Ambos decifravam as complexidades hegelianas diante de incontáveis chávenas de chá e nessas discussões, que entravam madrugada adentro, o revolucionarismo ainda informe de Bakunin ganharia seus primeiros contornos. "Proudhon é o mestre de todos nós", declararia muito tempo depois, quando o manto do mais importante dos anarquistas já havia recaído sobre os seus próprios ombros. Embora discordasse de Proudhon em alguns pontos vitais de ação revolucionária e rejeitasse tanto a defesa que ele fazia da posse individual quanto suas ideias sobre operações bancárias mútuas, jamais deixou de considerá-lo um autêntico revolucionário e o melhor de todos os filósofos socialistas.

Entretanto, nos anos que se seguiram, não seria nem a doutrina proudhoniana nem mesmo o socialismo em geral que iriam dominar as atividades de Bakunin, mas uma preocupação pela sorte de seus compatriotas eslavos, ainda submetidos aos autocratas da Rússia, Áustria e Turquia. Sua atenção voltou-se em primeiro lugar para os poloneses, que na metade do século XIX simbolizavam para os democratas da Europa Ocidental a condição de nacionalidade submetida – e isso a despeito do fato de que a adesão dos nacionalistas poloneses aos princípios democratas era, para dizer pouco, pelo menos suspeita. Em 1846, houve pequenas revoltas em regiões da Polônia ocupadas pela Rússia e Áustria. A repressão a essas revoltas provocou uma onda de solidariedade liderada por Bakunin. Em novembro de 1847, ele faria seu primeiro discurso público num banquete realizado em Paris, ao qual compareceram 1.500 refugiados poloneses. Escolheu como tema a aliança da Polônia e da "verdadeira Rússia", diferente da Rússia oficial, e pela primeira vez enunciou o tema que iria dominar a metade da sua vida: a união das populações eslavas numa rebelião e a consequente renovação da Europa.

"A reconciliação da Rússia e da Polônia é uma grande causa – declarou. – Ela significa a libertação de sessenta milhões de almas, a libertação de todos os povos eslavos que gemem ao peso do jugo estrangeiro. Significa, numa palavra, o fim, o fim inevitável do despotismo na Europa."

Alguns dias depois, por solicitação do embaixador russo, Bakunin seria deportado para a Bélgica, de onde voltaria cerca de dois meses mais tarde, quando o cidadão-rei, fugindo da Revolução de Fevereiro, tomou o rumo oposto. Bakunin atravessou a pé a fronteira e chegou a Paris tão logo o permitiu o sistema ferroviário interrompido. Hospedou-se com os integrantes da Guarda Nacional, saídos da classe operária, que ocupavam barracas erguidas na Rue Tournon. Ali ele passava os dias e grande parte das noites numa febre de atividade e excitação.

"Eu respirava com todos os meus sentidos e por todos os meus poros a intoxicante atmosfera revolucionária" – lembraria ele mais tarde, na tranquilidade forçada de uma cela de prisão. – "Era um feriado sem começo nem fim. Eu via todo mundo e não via ninguém, pois cada indivíduo perdia-se na imensa e irrequieta multidão. Falava com todos sem lembrar nem as minhas palavras, nem o que me haviam respondido, pois minha atenção era absorvida a cada passo por novos acontecimentos, novos objetivos e notícias inesperadas."

Mas a exaltação de Bakunin era do tipo que se alimenta de atos – e não acontecia nada. Em Paris a maré revolucionária já começava a baixar. Entretanto, o resto da Europa ainda mantinha a esperança. Um reino havia caído; os outros estavam ameaçados. Só o Império Russo ainda reinava sem problemas e era natural que Bakunin pensasse em levar o fogo sagrado ao seu próprio país. O ponto fraco da Rússia era a Polônia e foi por lá que Bakunin decidiu iniciar suas atividades. Tomou dois mil francos por empréstimo ao Governo Provisório Francês e partiu, dando início ao que viria a transformar-se numa sensacional odisseia.

Seu destino era o Grão-Ducado de Possen, em território polonês dominado pela Rússia. A polícia prussiana interceptou-o em Paris, sugerindo, num tom mordaz, que faria melhor seguindo até Breslau, onde se concentravam os refugiados poloneses, na esperança de provocar levantes na Polônia austríaca e russa. Mas Breslau foi uma decepção: os poloneses estavam desorganizados e divididos. O único sentimento que parecia uni-los era a desconfiança em relação a Bakunin que, segundo boatos espalhados pelos agentes do tzar, seria um espião a serviço do próprio tzar. Bakunin soube então que o Comitê Nacional Tcheco estava organizando um Congresso Eslavo. Partiu para Praga com renovadas esperanças numa união revolucionária dos povos eslavos, que logo desapareceram diante das intrigas do Congresso. Os eslavos sulistas acreditavam que a Rússia tzarista os havia salvo dos turcos; muitos dos tchecos e croatas alimentavam a esperança de substituir os alemães como raça superior no Império dos Habsburgos. Só um minúsculo grupo de delegados demonstrou alguma simpatia pelo revolucionismo pan-eslavo de Bakunin e, imitando Weitling, ele tentou formar com eles uma sociedade secreta.

Mas se Bakunin encontrou poucos companheiros no Congresso, encontraria muitos no levante que irrompeu durante o último dia do encontro, quando alguns estudantes e operários de Praga ergueram barricadas em nome da liberdade tcheca. A lenda de Bakunin atribui-lhe – sem dúvida apocrifamente – a honra de ter começado o levante, atirando contra as tropas austríacas da janela do Hotel Estrela Azul. Não há dúvida de que ele se sentiu em seu elemento quando a luta começou, prestando assessoria militar aos revoltosos e lutando nas fileiras, atrás das barricadas. Os rebeldes resistiram durante cinco dias. No final, Bakunin esgueirou-se por entre as tropas austríacas e chegou ao Ducado de Anhalt, uma ilha de liberalismo numa Alemanha que cada vez mais se refugiava na reação, depois dos primeiros entusiasmos de 1848.

Em Anhalt, Bakunin escreveu *Apelo aos eslavos*, o mais importante documento de sua fase nacionalista. Nele, Bakunin prega a destruição do Império Austríaco e a criação de uma grande Federação, reunindo todos os eslavos. Ele profetizou o papel messiânico do povo russo e viu sua pátria como a chave para a destruição da opressão em todo o mundo. Agora vemos, na verdade, uma amarga ironia na previsão parcialmente realizada de que "a estrela da Revolução se erguerá de um mar de sangue e fogo, brilhando bem alto e independente sobre Moscou, e se transformará na estrela-guia que conduzirá a humanidade liberada".

Bakunin já acreditava que as revoluções nacionalistas tinham implicações internacionais, e prosseguiu no caminho que o levaria ao anarquismo ao declarar que tais movimentos só poderiam ser bem-sucedidos se incorporassem a revolução social. No trecho mais importante do *Apelo,* percebemos uma forte influência de Proudhon, mas é um proudhonismo imbuído da mística de destruição característica de Bakunin.

Duas grandes questões foram propostas desde os primeiros dias da primavera (de 1848): a questão social e a questão da independência de todas as nações, a emancipação imediata dos povos tanto a nível interno quanto externo. Não foram alguns indivíduos isolados ou um partido que levantaram esses problemas, considerando-os mais importantes que todos os outros, e exigindo uma solução rápida, mas o admirável instinto das massas. O mundo inteiro entendeu que a liberdade não passa de uma mentira, quando a grande maioria da população está condenada a viver na pobreza e quando, privada de educação, lazer e pão, seu destino é servir de degrau para os ricos e poderosos. Assim, a revolução social surge como uma consequência natural e necessária da revolução política. Ao mesmo tempo, julgava-se que, enquanto houvesse uma única nação perseguida na Europa, seria impossível a vitória total e decisiva da democracia em qualquer lugar do mundo... É preciso, antes de mais nada, purificar nossa atmosfera e transformar radicalmente o ambiente em que vivemos, pois ambos corrompem nossos instintos e a nossa vontade, oprimem nossos corações e nossas inteligências. A questão social portanto é, antes de mais nada, uma questão de destruir a sociedade.

Essas ideias sobre a primazia da revolução social, a indivisibilidade da liberdade (que implica a rejeição do individualismo de Stirner), a necessidade de um colapso total da sociedade para que fosse possível começar do nada seriam mais tarde incorporadas à doutrina que Bakunin elaboraria em 1860, bem como outros aspectos do *Apelo,* tais como a ênfase dada ao papel revolucionário dos camponeses e a não aceitação da democracia parlamentar. Aqui, entretanto, pisamos em solo pouco firme, já que em

1848 Bakunin ainda não havia desenvolvido os conceitos de organização libertária que apresentaria mais tarde. Nessa época, seu repúdio ao Estado burguês não era incompatível com a visão de uma ditadura revolucionária, tão frequente durante toda a sua fase pan-eslávica. Como confessaria depois, em 1848, ele pensava em criar uma organização secreta de conspiradores que continuaria a existir depois da Revolução, constituindo a "hierarquia revolucionária". E em 1860, ainda continuava discutindo com Herzen a possibilidade de uma "ditadura férrea, cujo objetivo seria a emancipação dos eslavos".

Entretanto, não foi a libertação dos eslavos que ocasionou o momento mais importante da juventude de Bakunin, mas, por ironia, a defesa dos alemães – que ele considerava como os defensores do espírito da reação. Em março de 1849, a população de Dresden ergueu-se a favor da constituição de Frankfurt, que previa uma Alemanha federativa e democrática e que fora recusada pelo rei da Saxônia. Bakunin por acaso estava na cidade, envolvido numa tentativa de promover agitações na Boêmia. Não tinha qualquer simpatia pelos objetivos democráticos burgueses dos revoltosos, estes não eram eslavos, nem social-revolucionários. Mas seus inimigos, os reis da Prússia e da Saxônia, eram também inimigos de Bakunin e assim, quando Richard Wagner convenceu-o a visitar o quartel-general dos rebeldes, ele não pôde resistir ao impulso de participar da luta, apenas porque era uma luta. Combateu e organizou com entusiasmo desinteressado e foi capturado depois da derrota quando fugia para Chemnitz, onde esperava poder continuar a rebelião, com outros poucos sobreviventes da revolta.

Começava agora uma longa peregrinação de agonia. Os saxões o mantiveram na prisão durante um ano e o condenaram à morte. Depois de conseguir a muito custo a suspensão da pena, foi entregue aos austríacos, que o mantiveram preso por mais onze meses, a maior parte dos quais permaneceu acorrentado a uma parede da sua cela, na fortaleza de Olmütz; foi outra vez condenado à morte, perdoado e entregue aos russos. No seu próprio país não houve nem ao menos um arremedo de julgamento: ele já havia sido condenado anos atrás e desapareceu sem maiores formalidades na fortaleza de Pedro-e-Paulo.

Durante seis anos, Bakunin permaneceria na prisão. Seus dentes caíram, devido ao escorbuto, e ficou inchado e com uma aparência desleixada. Seu único contato com o mundo exterior acontecia nas raras vezes em que os membros de sua família recebiam permissão para visitá-lo. A solidão e a inatividade causaram grandes danos ao espírito desse homem ativo e gregário, mas não conseguiram destruir sua inteligência nem dobrar a sua vontade.

"A prisão me fez bem (disse ele num bilhete que escreveu secretamente à sua irmã Tatiana). Ela me deu tempo livre e criou em mim o hábito de reflexão e serviu, por assim dizer, para fortalecer o meu espírito. Mas não mudou nenhum dos meus antigos sentimentos; pelo contrário, tornou-os mais ardentes e absolutos do que nunca e, daqui por diante, tudo que conta para mim na vida pode ser resumido numa só palavra: liberdade."

É o sentimento contido nessa carta secreta, partindo obviamente do coração de Bakunin, que devemos lembrar ao considerar a única coisa que lhe permitiram escrever durante sua prisão: a famosa *Confissão* que escreveu a pedido do tzar e que foi encontrada nos arquivos da polícia política depois da Revolução Russa. Era uma confissão de Bakunin, dirigida ao tzar, na qual suplicava humildemente perdão pelos seus erros contra a autocracia. Ela faria as delícias dos inimigos de Bakunin e despertaria consternação entre seus admiradores.

Um simples exame das circunstâncias em que foi escrita e das próprias confissões nos ajuda a perdoar Bakunin. Devemos lembrar que, diferente dos revolucionários russos de gerações posteriores que realizavam atos de resistência heróica dentro das prisões e fortalezas da Rússia, Bakunin não tinha nenhuma ideia de pertencer a um movimento que não deveria trair. Tanto quanto sabia, era um ser solitário, o único revolucionário que existia em toda a Rússia e, além do mais, ninguém sabia de sua existência, a não ser os carcereiros e seus chefes. Quanto às *Confissões,* elas não são – de modo algum – o documento abjeto que o tzar sem dúvida esperava e que talvez o próprio Bakunin pretendesse escrever como um astuto ardil que asseguraria a sua desejada transferência para a Sibéria. A maior parte delas é uma vívida descrição de suas atividades, impressões e planos durante os anos revolucionários de 1848 e 1849. Ele pede para ser perdoado pelo que fez nesse período, mas anula esse pedido de desculpas em passagens nas quais volta a afirmar que a Rússia é o país mais tiranizado da Europa e recusando-se, numa atitude de desafio, a delatar os nomes de seus companheiros de atividade revolucionária. Nicholas leu as *Confissões* com grande interesse e enviou-as ao Tzarevitch com a observação de que valia a pena lê-las e que eram "muito curiosas e instrutivas". Mas ele percebeu, com clareza maior do que aqueles que, julgando-se cheios de virtudes, condenaram Bakunin, as passagens escritas num tom de desafio que revelavam que o pecador não estava verdadeiramente arrependido. Decidiu deixar que Bakunin apodrecesse em sua cela de prisão e foi só em 1857, depois de extraordinários esforços por parte dos familiares do prisioneiro, que ocupavam posições importantes, que Alexandre II concordaria finalmente em oferecer-lhe a alternativa do exílio.

    Os quatro anos que passou na Sibéria foram quase felizes, comparados ao tempo que viveu na prisão. Bakunin foi logo aceito pelas sociedades de Tomsk e de Irkutsk, onde os exilados políticos constituíam uma aristocracia intelectual não oficializada. Casou-se com uma jovem polonesa, bonitinha e sem nada na cabeça. Tentou persuadir o governador, que era o seu primo Muraviev-Amurski, a tornar-se ditador da Rússia revolucionária e nunca deixou passar um dia sem pensar na ideia de fugir dali. Com esse objetivo, conseguiu emprego como agente de um comerciante, o que lhe permitia viajar, até que finalmente, em 1861, quando descobriu que o governador que havia substituído Muraviev era também ligado a ele por laços de parentesco, conseguiu permissão para viajar até Amur. Uma série de felizes coincidências e hábeis simulações colocou-o a bordo de um navio americano que zarpava do porto de Nikolayevsk. A partir daí estava livre e voltou a Londres, via Japão, São Francisco e Nova York, irrompendo na casa de Herzen, em Paddington, cheio de entusiasmo pela causa revolucionária. E, embora seu corpo tivesse envelhecido espantosamente, a prisão e o exílio tinham conservado o seu espírito, assim como o gelo da Sibéria conserva a carne do mamute. Ele vivera em estado de vida latente, imune às desilusões que os homens livres tinham sofrido durante todos aqueles anos.

"Para Bakunin, a reação europeia não existia – diz Herzen. – Assim como também não existiam os anos amargos de 1848 a 1858. Tinha deles um conhecimento vago, distante e resumido... Os acontecimentos de 1848, ao contrário, estavam muito próximos do seu coração e das suas lembranças... ainda soavam aos seus ouvidos e pairavam diante dos seus olhos..."

Suas teorias também haviam permanecido inalteradas durante aqueles doze anos de desligamento e Bakunin voltou defendendo a causa polonesa, a federação de todos os eslavos e a revolução social – que seria a condição e o coroamento de ambas – com o mesmo fervor com que as defendera no dia de sua prisão. No início, pareceu apenas natural que assumisse o seu lugar ao lado de Herzen, dirigindo a propaganda a favor de uma Rússia liberada, feita pelo jornal *O Sino*. Mas não tardou que diferenças de personalidade e opinião viessem separá-los. A seu modo, Herzen estava bem próximo do anarquismo que começava a atrair Bakunin. Detestava o Estado, desprezava as democracias ocidentais e via a salvação da Europa no camponês russo e no seu estilo de vida comunitária. Mas não compartilhava do ardente entusiasmo de Bakunin pela violência e destruição e era demasiado pessimista, por temperamento, para esperar da Rússia algo mais revolucionário do que um governo constitucional. Também não confiava nos poloneses e seu tipo especial de nacionalismo expansionista. Consequentemente, a parceria durou apenas alguns meses, ao fim dos quais Bakunin retirou-se para dedicar-se aos seus grandiosos planos.

"Ocupo-me apenas da causa polonesa, russa e pan-eslava", diria ele a um de seus correspondentes. Percebera que, diferente do que ocorria na década de 1840, em 1860 já havia revolucionários dentro da própria Rússia. Os mais ativos tinham criado uma sociedade secreta semelhante à Terra e Liberdade e Bakunin estabeleceu contatos informais com seus representantes. Mas seus esforços para unir todos os elementos da rebelião eslava num único movimento pan-eslávico não tiveram sucesso e foram interrompidos pela revolta polonesa em 1863.

Como velho herói das barricadas, Bakunin julgou que não poderia ficar ausente da ação e não há dúvida de que pensava na bem-sucedida invasão da Sicília chefiada por Garibaldi, quando decidiu juntar-se à expedição de duzentos poloneses que haviam fretado um navio britânico que, partindo da Suécia, iria levá-los até a Lituânia, onde esperavam amotinar o povo e formar uma força rebelde para atacar o exército russo em seu flanco. O plano em si já era suficientemente quixotesco, mas, dadas a personalidade e as monstruosas indiscrições de Bakunin e de seus companheiros poloneses, transformou-se num fracasso ridículo que acabou quando o capitão inglês, temeroso dos cruzadores russos, desembarcou a legião – que a essa altura trocava acusações mútuas – de volta na Suécia. Isso decretou o fim das ilusões que Bakunin ainda mantinha sobre os nacionalistas poloneses e o rápido arrefecimento do seu entusiasmo pela causa pan-eslava. No fim de 1863, deixou Londres, partindo para a Itália e para a última fase da sua carreira.

Na Itália, Bakunin encontraria o seu segundo lar. Sentiu-se atraído pelo temperamento afável e vivo dos italianos e começou a circular numa sociedade em que as lealdades regionais e o amor pela conspiração floresciam congenialmente. As águas em que se preparava para pescar eram agitadas por um descontentamento crescente, não só contra a monarquia de Savoia como contra o movimento nacionalista republicano que se centrava em torno de Mazzini. O descontentamento era mais efusivo entre os intelectuais, mas refletia o inabalável e inarticulado ressentimento dos pobres italianos, para os quais a liberalização política trouxera muito pouco alívio. Era aquele o momento em que um apelo revolucionário social poderia despertar uma ampla resposta de quase todas as classes da Itália e durante os anos restantes da década de 1860; Bakunin exploraria essas oportunidades, fundando na Itália as primeiras organizações que dariam origem ao movimento anarquista.

Estabeleceu-se primeiro em Florença, onde cartas de recomendação de Garibaldi abriram-lhe as portas dos círculos republicanos. Sua casa tornou-se rapidamente o ponto de reunião dos revolucionários de todos os países, entre os quais fundou sua primeira confraria secreta que permanece até hoje nebulosa, do ponto de vista histórico. Aparentemente, Bakunin a imaginara como uma ordem de militantes disciplinados e dedicados a propagar a revolução social. De acordo com estimativas feitas por um professor italiano chamado Gubernatis – que pertenceu à confraria durante um breve período – ela teria trinta membros. Mesmo nessa época, Bakunin parece ter tido a pretensão de criar um movimento internacional, pois o grande geógrafo francês Elisée Reclus participou de uma das reuniões dos florentinos e afirmou mais tarde que já no outono de 1864 ele e Bakunin faziam planos para criar uma Confraria Internacional.

Não sabemos exatamente o que aconteceu com a Confraria Florentina, embora Gubernatis tenha afirmado que ela foi dissolvida antes que Bakunin deixasse a cidade rumo a Nápoles, no começo do verão de 1865. No sul, Bakunin encontraria um ambiente mais propício, e vários italianos que conheceu na época – Giuseppe Fanelli, Saverio Friscia e Alberto Tucci – viriam a tornar-se dedicados propagandistas de suas ideias. Aqui fundou sua Confraria Internacional que em 1866 já conseguira reunir alguns seguidores e adquirira uma organização complexa, pelo menos no papel. Seus vários documentos, especialmente o *Catecismo revolucionário* que Bakunin escreveu para os membros, sugere que ele e seus discípulos davam os últimos passos no caminho que os levaria ao anarquismo. A confraria opunha-se à autoridade, ao Estado, à religião; defendia o federalismo e a autonomia comunitária; aceitava o socialismo, sob a alegação de que "o trabalho deve ser a única base para o direito humano e para a organização econômica do Estado". Afirmava também que a revolução social não seria obtida por meios pacíficos.

Em sua organização, entretanto, a Confraria Internacional planejara adotar uma estrutura hierárquica e colocava uma ênfase bem pouco liberal na disciplina interna. No topo dessa hierarquia ficava a Família Internacional, uma aristocracia integrada por militantes experientes, vindos de todos os países, e que seriam os autores dos planos para a Revolução. As fileiras e o primeiro escalão da confraria ficariam com as Famílias Nacionais, cujos membros deveriam obediência incondicional às juntas nacionais.

Para avaliar o verdadeiro campo de ação da confraria é necessário estabelecer um equilíbrio entre o otimismo de Bakunin e seu gosto pela mistificação com as evidências externas. Escrevendo para Herzen em 1866, ele diria:

"No momento, temos partidários na Suécia, Noruega, Dinamarca, Inglaterra, Bélgica, França, Espanha, Itália. Temos também alguns amigos poloneses e há até alguns russos entre os nossos. A maioria das organizações mazzinistas do sul da Itália, e da Falange Sacra, passaram para o nosso lado. No sul da Itália, principalmente, as classes mais baixas estão vindo para o nosso lado *en masse* e o que nos faz falta agora não é tanto esse material grosseiro, mas homens educados e inteligentes, que possam agir com honestidade e que sejam capazes de moldá-lo."

Na verdade, grande parte das adesões que Bakunin afirmava ter parecem ter sido imaginárias: não há a menor prova de que tivessem ocorrido deserções em massa nas hostes de Mazzini e as duas únicas sessões da Confraria Internacional que podem ser identificadas são dois pequenos grupos sicilianos, além do Comitê Central de Bakunin e seus amigos, em Nápoles. Quanto aos membros não italianos, Elysée Reclus continua sendo o único que é possível reconhecer como tal em 1866 – embora Emil Vogt e Cesar de Paepe tenham sido recrutados em 1867.

Mais adiante, pretendo discutir como esse começo tão pouco promissor da Confraria Internacional resultou no vigoroso movimento anarquista italiano dos anos 1870. Por agora, minha preocupação é a carreira do próprio Bakunin e, sob esse aspecto, a Confraria Internacional foi importante porque – ao levá-lo a escrever trabalhos como o *Catecismo revolucionário* – fez com que refletisse sobre as etapas finais de sua caminhada rumo ao verdadeiro anarquismo, dando-lhe também a experiência prática sobre como estruturar uma organização e fazendo com que entrasse em contato com alguns dos homens que iriam ser seus companheiros na grande luta que ocorreria na Internacional.

Não foi, entretanto, a Internacional que atrairia a atenção de Bakunin a seguir, mas um Congresso realizado em Genebra durante setembro de 1867, sob os auspícios de um comitê internacional de liberais, para discutir "a manutenção da liberdade, da justiça e da paz numa Europa ameaçada pelo conflito entre a Prússia e a França Imperial". O caráter não revolucionário do acontecimento é sugerido pelo próprio nome dos seus patrocinadores, entre os quais se incluíam John Bright e John Stuart Mill, mas pareceu a Bakunin que ele lhe oferecia uma excelente oportunidade de fazer com que sua campanha saísse das trevas da clandestinidade dos pequenos grupos de conspiradores para a arena aberta da discussão livre.

Os feitos de Bakunin em 1848, sua prisão e fuga da Sibéria, haviam feito dele uma figura lendária na Europa ocidental e sua presença no Congresso de Paz e Liberdade – a primeira aparição pública desde o Congresso de Praga, dezoito anos antes – despertou grande interesse. Ele foi eleito para o comitê executivo e, quando caminhou para ocupar seu lugar na plataforma – um homem alquebrado e prematuramente envelhecido, vestindo roupas em desalinho e não muito limpas –, Garibaldi avançou para abraçá-lo. Fila após fila, os seis mil delegados ergueram-se espontaneamente, gritando o seu nome e aplaudindo o velho herói da luta pela paz.

O calor da recepção logo desapareceria, pois as ideias de Bakunin sobre quase todos os temas propostos eram demasiado radicais para a maioria liberal presente ao Congresso. Ele havia desenvolvido a teoria federalista de uma forma quase ortodoxamente proudhoniana, mas encontrou grande oposição, pois não pôde resistir ao hábito de adotar um tom apocalíptico: "A paz universal será impossível – declarou – enquanto continuem a existir os atuais governos centralizados. Devemos desejar a sua destruição para que, sobre as ruínas dessas uniões forçadas organizadas de cima pelo direito de autoridade e conquista possam surgir uniões livres, organizadas de baixo para cima através da aliança livre de comunas em províncias, de províncias em nações e de nações nos Estados Unidos da Europa".

Entretanto, na mente dos delegados ainda restava um pouco do encantamento do primeiro dia, o suficiente para que elegessem Bakunin membro da Comissão Central da Liga que havia sido fundada durante o Congresso, e ele dominou esse organismo menor enquanto seus membros preparavam seus relatórios para o segundo Congresso, que aconteceria em 1868. Em benefício dos colegas, Bakunin escreveu uma vasta tese, mais tarde publicada sob o título *Federalismo, socialismo e antiteologismo*. A seção que tratava do federalismo era mais uma vez baseada nas ideias de Proudhon e era também Proudhon que dominava parcialmente a seção dedicada ao socialismo, que ressaltava a importância da estrutura de classes da sociedade contemporânea e a irreconciliabilidade de interesses entre capitalistas e trabalhadores.

Bakunin definiu sua atitude socialista nos seguintes termos: "O que exigimos é que seja mais uma vez proclamado o grande princípio da Revolução Francesa – o de que todo homem deve dispor de meios materiais e morais para desenvolver sua humanidade –, um princípio que, segundo acreditamos, deve ser traduzido no seguinte problema: organizar a sociedade de tal modo que, ao nascer, cada indivíduo, homem ou mulher, disporá de meios materiais tanto quanto possível idênticos, para o desenvolvimento das suas diferentes faculdades e para sua utilização no seu trabalho; organizar uma sociedade que, tornando impossível a qualquer indivíduo, seja ele quem for, a exploração de outros indivíduos, permita que cada um deles participe na riqueza social – *que, na realidade, jamais é produzida senão pelo trabalho – apenas na medida em que tiver contribuído com seu próprio trabalho para produzi-la*".

A última cláusula que grifei indica que neste ponto também Bakunin coloca-se ao lado de Proudhon. Diferente dos anarco-comunistas dos anos 1880, ele não acreditava na máxima "De cada um, de acordo com seus meios; para cada um, de acordo com suas necessidades", mas numa forma radicalmente diferente: "De cada um, de acordo com seus meios; para cada um, de acordo com suas ações".

A antiga praga de Adão: "Comerás teu pão com o suor do teu rosto" ainda era válida no mundo em que Bakunin vivia. Foi preciso o santo otimismo dos Kropotkins e dos Malatestas para acabar com ela.

Porém, embora Bakunin não fosse um comunista em termos kropotkinianos, ele diferia de Proudhon ao tomar a ideia de associação – que Proudhon aceitara com relutância como um meio de lidar com a indústria em larga escala – e fazer dela o princípio central da organização econômica. O grupo de operários, a coletividade, toma o lugar do operário isolado como unidade básica da organização social. Com Bakunin, a principal corrente do anarquismo afasta-se do individualismo – mesmo na sua forma proudhoniana, mais branda; mais tarde, durante as sessões da Internacional, os discípulos coletivistas de Bakunin iriam se opor aos discípulos mutualistas de Proudhon – os outros herdeiros da anarquia – quanto à questão da propriedade e da possessão.

Bakunin não conseguiu fazer que o Comitê Central aceitasse todo o seu programa, mas conseguiu persuadir seus membros a aceitarem a recomendação extraordinariamente radical que fizera ao Congresso de Berna, em setembro de 1868, na qual exigia igualdade econômica e, implicitamente, atacava a autoridade, tanto da Igreja quanto do Estado. Mas o Congresso rejeitou essa recomendação por uma maioria que deixou bem claro que Bakunin conseguiria muito pouco, através da Liga, no sentido de promover a revolução social. No fim do Congresso ele e dezessete companheiros retiraram-se formalmente da organização: entre esses dezessete estavam não só seus discípulos italianos Fanelli, Tucci e Friscia, como vários outros homens que iriam desempenhar importantes papéis na história anarquista, especialmente Elisée Reclus, o russo Zhukovsky e o tecelão Albert Richard, de Lyon. Eles constituíam uma parte substancial dos cem delegados que representavam a já moribunda Liga, e entre eles Bakunin escolheu o núcleo da sua próxima organização.

Esta foi a famosa Aliança Internacional da Democracia Social. A Aliança não superou imediatamente a

Confraria Internacional, que sobreviveu como uma espécie de organização fantasma integrada pelos mais chegados a Bakunin até sua dissolução em 1869, mas assumiu, a nível internacional, as funções de uma organização dedicada à propaganda declarada que haviam sido inicialmente atribuídas às Famílias Nacionais, nos planos originais da Confraria. No aspecto de organização, tornou-se evidente um relaxamento do princípio hierárquico. Tal como as federações anarquistas que surgiriam mais tarde, a Aliança seria formada por grupos mais ou menos autônomos, reunidos em cada país em torno de um Bureau Internacional. O programa da Aliança também era mais explicitamente anarquista do que o da Confraria Internacional e, em alguns aspectos, deixava ver a influência da Associação Internacional dos Trabalhadores, da qual Bakunin se havia tornado membro individual dois meses antes de deixar a Liga pela Paz e a Liberdade.

A importância do federalismo foi ressaltada com vigor ainda maior – o programa determinava a necessidade da completa extinção dos governos nacionais e sua substituição por uma "união mundial de associações livres, agrícolas e industriais" – os objetivos econômicos e sociais da Aliança são sintetizados no parágrafo seguinte: "Ela (a Aliança) deseja, acima de tudo, a extinção total e definitiva das classes sociais e a igualdade política, econômica e social dos dois sexos, e, para que seja atingido esse objetivo, exige, em primeiro lugar, a abolição do direito de herança para que, no futuro, o proveito de cada homem seja igual à sua produção, de modo que, em conformidade com a decisão tomada pelo mais recente congresso de trabalhadores em Bruxelas, a terra e os instrumentos do trabalho, como qualquer outro capital, possam ser utilizados apenas pelos operários agrícolas e industriais".

Até o aparecimento dos anarquistas comunistas este permaneceria sendo, em termos gerais, o programa do movimento anarquista.

É difícil determinar agora até que ponto Bakunin pensou que a Aliança Social Democrática pudesse ter uma vida independente e até que ponto ele a idealizou para ser um cavalo de Troia, que lhe permitiria introduzir um exército de anarquistas no coração da Internacional. Entretanto, tendo em vista os esforços feitos para estabelecer organismos da Aliança em vários países e o sucesso que alcançou, quando comparada a organizações anteriores também criadas por Bakunin, parece bastante improvável que este a tenha considerado apenas como uma organização temporária, de fachada. Fanelli partiu para a Espanha em novembro de 1868 e fundou seções em Barcelona e Madri. Outras seções foram criadas em Lyon, Marselha, Nápoles e Sicília. A mais importante delas, entretanto, ficava em Genebra, onde também funcionava a Comissão Central, sob a liderança pessoal de Bakunin. Assim, a Aliança espalhou-se precariamente pelos países latinos, mas, diferente das confrarias, tinha uma vida independente além do círculo restrito de amigos pessoais de Bakunin. Todas as evidências sugerem que ela era levada a sério por Bakunin e seus principais colaboradores e que estes esperavam que ela continuasse a existir como organismo anarquista, com um certo grau de autonomia, dentro da Primeira Internacional, atuando como uma espécie de grupo radical ativo, uma dedicada legião de "propagandistas, apóstolos e, finalmente, organizadores", como os chamava Bakunin.

Foi pensando nisso que a Aliança solicitou formalmente sua admissão como organismo na Internacional. John Becker, um socialista alemão que havia sido coronel do exército de Garibaldi, foi o escolhido para transmitir o pedido, talvez porque Marx, que a esta altura controlava o Conselho Geral da Internacional, em Londres, sabidamente o tinha em alta conta. Na esperança um tanto ingênua de que um contato pessoal pudesse facilitar as coisas, Bakunin – que já em 1864 havia discutido com Marx, em Londres, sobre o futuro da Internacional – enviou-lhe uma carta curiosa, na qual a óbvia dedicação à causa da classe operária misturava-se a elogios um tanto contrafeitos: "Desde que dei o meu solene e público adeus aos burgueses, no Congresso de Berna, não conheci outros companheiros, nem vivi em outro mundo senão o mundo dos trabalhadores. Meu país agora é a Internacional, da qual sois um dos principais fundadores. Pode entender então, caro amigo, que eu sou um de seus discípulos – e me orgulho disso".

Marx não ficou impressionado nem convencido após a leitura dessa carta. Como antigo pan-eslavista, como admirador de Proudhon e proponente da teoria da revolução espontânea, baseada principalmente nos camponeses e nos elementos *declassés* da sociedade urbana, Bakunin era-lhe triplamente suspeito, embora os principais conflitos entre bakuninistas e marxistas, a respeito da ação política e do Estado, ainda não tivessem começado. Um homem menos preocupado do que Marx com o poder pessoal poderia ter ficado assustado com o tipo de palatinato organizacional que a Aliança exigia. As seções locais da Aliança deveriam transformar-se em filiais da Internacional, mas continuariam mantendo vínculos com o Bureau Central de Bakunin, em Genebra. Os delegados da Aliança na Internacional deveriam promover suas próprias reuniões, ao mesmo tempo e no mesmo local que a organização principal.

Diante de tais perspectivas, os marxistas alemães, os blanquistas franceses e os sindicalistas ingleses que integravam o Conselho Geral cerraram fileiras, e o pedido da Aliança foi negado, sob a alegação de que a criação de um segundo organismo internacional, quer dentro ou fora da Associação Internacional de Trabalhadores, só serviria para estimular as intrigas e o facciosismo. A decisão foi bastante razoável: a ironia é que tivesse sido inspirada pelo único homem dentro do movimento socialista internacional que conseguira superar Bakunin na arte de fomentar o facciosismo e a intriga.

Bakunin curvou-se ante a decisão do Conselho Geral. A Aliança foi dissolvida publicamente (embora não se saiba ainda durante quanto tempo tenha continuado a existir em segredo) e a absorção de suas filiais, transformadas em seções da Internacional, ocorreu na primavera de 1869. Só a seção de Genebra conservou o nome de Aliança Social Democrática, que mudaria mais tarde para Seção de Propaganda. Entrou na Internacional com 104 membros e permaneceu independente da seção da Internacional já existente em Genebra.

A dissolução da Aliança não alterou muito a influência que Bakunin continuava a exercer, depois de ter penetrado na organização maior. As seções espanhola e italiana mantiveram a mesma atitude, a despeito da mudança de nome. Mesmo integrados à Internacional, permaneceram fiéis a Bakunin e seu anarquismo antipolítico e coletivista. A influência de Bakunin também era grande no sul da França e na Bélgica e, em 1869, ele ganhou um considerável número de adesões na Fédération Romande, o grupo de trinta seções que fez da Suíça Francesa uma das regiões mais produtivas da Internacional.

Na Fédération Romande, seus mais ardorosos partidários eram os relojoeiros das aldeias do Jura, que combinavam o trabalho artesanal com atividades agrícolas e provinham da mesma região montanhosa e da mesma estirpe camponesa de Proudhon. Eles se inspiravam, principalmente, num jovem professor – James Guillaume – que Bakunin havia conhecido no Primeiro Congresso da Liga para a Paz e a Liberdade, em 1867. Logo surgiria uma ruptura dentro da Fédération, separando os operários de Genebra, que haviam passado para a esfera dos marxistas levados por um refugiado russo, Nicholas Outin, e pelos homens do Jura. Eventualmente, os montanheses partidários de Bakunin viriam a separar-se, formando uma Federação Jurasiana que se transformaria no centro do pensamento libertário durante a década de 1870, constituindo o verdadeiro núcleo do movimento anarquista em seus primeiros anos.

Antes mesmo de que fosse criada a Federação Jurasiana, Bakunin e os marxistas já haviam travado a sua primeira batalha, durante o Congresso Internacional de Basel, realizado em setembro de 1869.

Esse Congresso marcaria a mudança no equilíbrio de forças dentro da Internacional: durante os quatro primeiros anos da organização, o principal conflito era entre os mutualistas proudhonianos de um lado, e o conjunto heterogêneo formado por seus opositores – comunistas, blanquistas, sindicalistas ingleses –, sobre os quais Marx havia consolidado sua influência através do Conselho Geral. Os mutualistas eram uma espécie de anarquistas que se opunham ao revolucionismo político, combinando o desejo de manter todos os elementos burgueses fora da Internacional, com uma insistente propaganda a favor da adoção de operações bancárias mútuas e da criação de sociedades cooperativas, que seriam a base para a reorganização da sociedade. Era um proudhonismo sem Proudhon, pois nenhum dos líderes mutualistas – Tolain, Fribourg, Limousin – tinha herdado a visão revolucionária ou o dinamismo pessoal do mestre. Os mutualistas já haviam sido derrotados no Congresso de Bruxelas, em 1868, quando se colocaram contra o coletivismo e estavam em evidente minoria no Congresso de Basel, pois até mesmo alguns delegados franceses se opunham agora à ideia da "possessão" individual. A luta de Marx contra os mutualistas já tinha praticamente acabado em 1869, mas ele ainda festejou a derrota, antes de enfrentar a mais temível das formas proudhonianas de anarquismo.

Os bakuninistas convictos formavam um grupo relativamente pequeno entre os 75 delegados que compareceram ao Congresso de Basel. O próprio Bakunin representava Nápoles, sendo apoiado por sete suecos, dois lioneses, dois espanhóis, um italiano. O encadernador de livros parisiense Eugène Varlin, o belga de Paepe e alguns outros delegados, embora demonstrassem simpatia pelas ideias de Bakunin, não chegavam a ser verdadeiramente seus discípulos. Foi pela força de sua personalidade e por seus dotes de orador, mais do que pelo número de seus partidários, que Bakunin dominou a conferência, conseguindo derrotar os planos dos marxistas. Como tantas vezes acontece, a questão que provocou a derrota tinha muito pouco a ver com as diferenças básicas que separavam os socialistas libertários e os socialistas autoritários. Era a questão da extinção do direito de herança, que Bakunin exigia como primeiro passo para obtenção da igualdade social e econômica. A atitude de Marx, que não estava presente à conferência, parecia mais revolucionária, mas era, na verdade, mais reformista do que a de Bakunin. Ele desejava nada menos do que a total socialização dos meios de produção – mas mostrava-se disposto a aceitar o aumento dos impostos de transmissão como medida de transição. Bakunin teve uma vitória aparente, já que sua proposta venceu por 32 votos contra 23, enquanto a de Marx teve 16 contra 37, mas, na prática, houve na verdade um empate, pois as abstenções eram contadas como votos negativos, e assim a proposta de Bakunin, que teve treze abstenções, não conseguiu a maioria absoluta necessária para que fosse incluída no programa da Internacional.

A partir daí, a luta entre Bakunin e Marx tornou-se cada vez mais acirrada. Era, em parte, uma luta pelo controle da organização, na qual Bakunin comandava os internacionalistas dos países latinos, contra Marx e o Conselho Geral, procurando eliminar o seu poder – mas era também um conflito de personalidades e ideias.

Sob alguns aspectos, Marx e Bakunin eram parecidos: ambos tinham bebido da mesma fonte inebriante do hegelismo e a embriaguez iria durar a vida inteira. Ambos eram autocráticos por natureza e amavam a intriga. Apesar dos seus defeitos, ambos eram sinceramente dedicados à libertação dos pobres e oprimidos. Mas, sob outros aspectos, eram totalmente diferentes. Bakunin possuía um espírito generoso e aberto, que não existia em Marx, homem vaidoso, vingativo e terrivelmente pedante. Na vida cotidiana, Bakunin era um misto de boêmio e aristocrata, cujas maneiras cordiais permitiam-lhe ultrapassar as barreiras de classe, enquanto Marx continuava sendo um incorrigível burguês, incapaz de estabelecer contato com exemplos vivos do proletariado que desejava converter. Não há dúvida que, como ser humano, Bakunin era mais digno de admiração: sua personalidade envolvente e seu poder de intuição frequentemente lhe davam vantagem sobre Marx, embora em termos de erudição e capacidade intelectual este lhe fosse superior.

As diferenças entre as duas personalidades se expressavam no terreno das ideias. Marx era autoritário; Bakunin, liberal. Marx era centralista; Bakunin, federalista. Marx defendia a participação política dos operários e planejava conquistar o Estado; Bakunin se opunha à ação política e buscava destruir o Estado. Marx defendia o que agora chamamos de nacionalização dos meios de produção; Bakunin, o controle exercido pelo operariado. Na verdade, o conflito se concentrava – como tem ocorrido desde então entre anarquistas e marxistas – na questão do período de transição entre a ordem social vigente e futura. Os marxistas prestavam uma homenagem ao ideal anarquista ao concordarem que o objetivo principal do socialismo e do comunismo deve ser a extinção do Estado, mas afirmavam que durante o período de transição o Estado deveria ser mantido sob a forma de uma ditadura do proletariado. Bakunin, que tinha abandonado as ideias de uma ditadura revolucionária, exigia a extinção do Estado tão logo isso fosse possível, mesmo correndo o risco de um caos temporário, que considerava menos perigoso do que os males dos quais nenhuma forma de governo conseguiria evitar.

Onde tais diferenças de objetivos e ideias se conjugam a diferenças de personalidade, os conflitos tornam-se inevitáveis. Não tardou muito e a rivalidade dentro da Internacional se transformou numa guerra sem quartel. Mas, antes de falar nas batalhas finais, é preciso considerar dois importantes episódios da vida de Bakunin, ocorridos pouco depois de sua vitória moral no Congresso de Basel. Cada um deles foi, a seu modo, uma derrota moral.

O primeiro começou com a chegada a Genebra, no começo da primavera de 1869, de Sergei Nechayev, um estudante da Universidade de Moscou que havia formado um círculo revolucionário onde falava em fogo e sangue, fugindo quando ouvia dizer que a polícia andava atrás dele. Mais tarde, Nechayev entraria para o universo literário, servindo de modelo para o personagem Peter Verkhovensky no romance *Os possuídos* e, embora o retrato que Dostoievsky traçou dele fosse uma caricatura que não chega a fazer justiça à coragem que Nechayev inegavelmente possuía, consegue reproduzir de forma bastante exata as características mais óbvias do jovem revolucionário – seu fanatismo niilista, a total ausência de calor humano e compaixão, o amoralismo calculista, a tendência para considerar todos os homens e mulheres como instrumentos a serem usados em benefício da causa da revolução que identificava, de forma mágica, a si mesmo – é claro. Nechayev não era um anarquista, mas um homem que acreditava na ditadura revolucionária e que levaria o niilismo àquele extremismo repulsivo no qual os fins justificam qualquer meio, o indivíduo é desprezado, assim como tudo mais que existe na sociedade, e a vontade autoritária dos terroristas passa a ser a única justificativa para os seus atos. E esse não era um posicionamento meramente teórico: Nechayev usava realmente suas teorias para justificar o assassinato, o roubo e a chantagem que ele mesmo praticava. Ele só aparece na história do anarquismo pela influência maléfica que exerceu sobre Bakunin.

A fascinação que Bakunin sentia por Nechayev nos faz lembrar outros relacionamentos desastrosos entre homens de idades muito diferentes: Rimbaud e Verlaine; Lord Alfred Douglas e Oscar Wilde. Parece ter havido, certamente, um toque de homossexualismo latente – na verdade, é difícil encontrar qualquer outra explicação para a temporária submissão do geralmente autocrático Bakunin a esse jovem sinistro. Mas, pelo menos aparentemente, tratava-se da amizade entre dois dedicados revolucionários, cada um tentando aumentar sua própria importância através de mentiras extravagantes. Nechayev contou a Bakunin – e parece ter logrado convencer esse veterano das prisões russas – que tinha fugido da fortaleza de Pedro-e-Paulo e era um dos delegados de um comitê revolucionário que controlava uma rede de conspiradores espalhados por toda a Rússia. Bakunin, por sua vez, aceitou Nechayev como agente, com o nº 2.771, da seção russa da Aliança Revolucionária Mundial (uma organização fantasma sobre a qual não temos nenhuma outra referência). Tendo criado uma aliança tácita entre dois enormes – ainda que falsos – *apparats,* Bakunin e Nechayev associaram-se, colaborando no preparo de material de propaganda impressa que deveria ser distribuído em toda a Rússia. Nechayev era, provavelmente, o mais ativo dos dois, mas pelo menos um dos sete panfletos publicados trazia a assinatura de Bakunin. Chamava-se *Algumas palavras aos nossos jovens irmãos da Rússia.* Os mais interessantes, *Como se apresenta a questão revolucionária* e *Princípios da revolução* nem sequer eram assinados: ambos pregavam a destruição indiscriminada em nome da revolução e a justificação dos meios pelos fins. "Não reconhecemos outra atividade que não seja a destruição – declara *Princípios da revolução* –, mas admitimos que essa atividade pode assumir formas extremamente variadas: veneno, faca, corda, etc."

Mais radical ainda é um manuscrito em linguagem cifrada, intitulado *Catecismo revolucionário,* descoberto em poder de Nechayev quando este foi finalmente preso pelas autoridades suíças em 1870. O *Catecismo* determinava os deveres do revolucionário ideal, que deveria perder sua individualidade, tornando-se uma espécie de monge do extermínio justificado, um descendente dos Hashishim vivendo no século XIX.

"O revolucionário é um homem sob juramento – diz o *Catecismo* –, ele deve ocupar-se exclusivamente com um único interesse, um único pensamento, uma única paixão: a revolução... Ele tem um único objetivo, uma única arte: a destruição... Há entre ele e a sociedade uma guerra de morte, incessante, irreconciliável... Ele deve fazer uma lista daqueles que foram condenados à morte e executar as sentenças, pela ordem de suas relativas iniquidades."

O *Catecismo revolucionário* e uma série de panfletos a ele relacionados ocupam uma posição tão controvertida na velhice de Bakunin quanto as *Confissões* no início da sua idade adulta. Os marxistas fizeram o possível para atribuir-lhe a autoria de todos esses documentos sanguinários; os anarquistas não pouparam esforços para empurrar a culpa sobre Nechayev. É provável que Bakunin tenha pelo menos ajudado a escrever alguns panfletos não assinados que continham elogios a bandidos, tais como Stenka Razin, num estilo extraordinariamente semelhante ao de seus primeiros trabalhos. Por outro lado, as referências a "veneno, faca e corda", encontradas em *Princípios da revolução*, sugerem uma mente bem mais mesquinha do que a de Bakunin, que se comprazia em imaginar formas mais catastróficas de destruição. O *Catecismo revolucionário* se insere numa categoria bem diferente, pois jamais chegou a ser publicado e é bem possível que tenha sido escrito por Nechayev quando voltou à Rússia, em agosto de 1869, para instalar uma nova organização revolucionária, a Justiça do Povo. O título é igual ao do documento que Bakunin escrevera para a Confraria Internacional, em 1856, mas não há provas de que tenha sido ele o autor.

Entretanto, Bakunin permitiu que os *Princípios da revolução* fossem publicados sem protestos, o que sugere pelo menos um acordo tácito. Já tivemos oportunidade de observar sua predileção pelos aspectos mais góticos da conspiração. E, embora o que saibamos de sua vida sugira que ele agia como o mais bondoso dos homens, sua imaginação – moldada pelo romantismo dos anos da década de 1840 na Rússia – parecia sempre pronta a sofrer a influência de sonhos melodramáticos de sangue e fogo e ele era sempre tentado – como quase todos os revolucionários profissionais – a encarar sua missão como uma guerra sagrada em que o mal deveria ser destruído para purificar o mundo e preparar o caminho para o reino celestial. Que não estava totalmente convertido às táticas de Nechayev fica demonstrado pela repugnância que demonstrou quando este começou a colocá-las em prática. Bakunin poderia ser tão desprovido da ética da classe média quanto Alfred Doolittle, mas havia mantido a preocupação aristocrática com as boas maneiras – costumava repreender os jovens das aldeias do Jura por usarem palavras de baixo calão diante das mulheres e parece não haver dúvida de que, embora talvez tivesse achado as propostas de Nechayev deliciosamente horripilantes em teoria, na prática elas lhe pareceram apenas grosseiras.

Nechayev, porém, tinha a dedicação obsessiva de todo o fanático. Para ele não havia qualquer diferença entre a ideia e suas consequências. Tendo voltado à Rússia para fundar sua sociedade secreta, não hesitou em assassinar a sangue-frio um estudante chamado Ivanov, que suspeitava tê-lo delatado à polícia e, com a mesma insensibilidade, abandonou seus companheiros, deixando que enfrentassem sozinhos as consequências do crime. De volta à Suíça, comprometeu ainda mais Bakunin ao praticar uma chantagem estúpida. Para minorar sua pobreza, Bakunin tomara uma de suas raras decisões de ganhar dinheiro com um trabalho legítimo, mas escolheu uma tarefa especialmente antipática, a tradução de *Das Kapital* para um editor russo. Recebeu um adiantamento de três mil rublos, mas descobriu que o estilo de Marx era ainda mais empolado do que esperava e, irrefletidamente, concordou que Nechayev deveria tentar libertá-lo desse contrato. Nechayev – aparentemente sem o conhecimento de Bakunin – escreveu uma carta a Lyubavin, o agente do editor na Suíça, ameaçando-o com vingança da justiça do povo se voltasse a perturbar Bakunin. A carta chegou às mãos de Marx, que posteriormente a utilizaria para seus próprios fins. Enquanto isso, Nechayev fugia para Londres com uma valise cheia de documentos confidenciais roubados a Bakunin, depois de tirar dos russos exilados na Suíça todos os francos que conseguiu extrair deles. Finalmente, desiludido, Bakunin repudiou-o e passou dias escrevendo cartas de advertência aos seus amigos.

Em toda a carreira de Bakunin está presente a ideia de ação – especialmente de ação revolucionária – como uma força purificadora e reformadora. Ela é assim para a sociedade e para o indivíduo; Bakunin repete, de várias maneiras, o brado de Proudhon: *"Morbleu,* vamos revolucionar! É a única coisa boa, a única realidade da vida"*. As revoluções das quais participou inspiraram nele uma exaltação quase mística, como fica evidenciado nas *Confissões,* quando descreve o seu estado de ânimo em 1848; os interlúdios de ação que pontilharam sua velhice parecem ter sido buscados não só como meios para atingir determinados fins, mas como experiências por si mesmas capazes de erguê-lo acima da rotina da vida cotidiana que "corrompe nosso instinto e nossa vontade e oprime nosso coração e nossa inteligência". A ação revolucionária, em outras palavras, era para ele uma liberação pessoal, uma espécie de catarse, uma reabilitação moral. E é sob essa luz que devemos examinar os últimos atos revolucionários da vida de Bakunin. Suas declarações na época em que participou do levante de Bolonha, em 1837, não deixam dúvidas de que considerava isso um meio de compensar os erros que havia cometido e – embora não tenhamos provas concretas – parece provável que tenha saudado o levante de Lyon, ocorrido em setembro de 1870, como um meio de libertar-se da sensação de ter sido humilhado, que lhe ficara depois do seu encontro com Nechayev. Ele havia cometido um erro; iria agora redimi-lo através da ação.

A Guerra Franco-Prussiana já abalara profundamente os seus sentimentos. A alegria que sentiu ante as derrotas sofridas por Napoleão III era contrabalançada pelo seu temor de uma Alemanha Imperial, mas vislumbrava uma outra possibilidade – a de que a guerra nacional pudesse ser transformada numa guerra revolucionária em que o povo francês lutaria, ao mesmo tempo, contra os invasores prussianos e contra seu próprio governo caído em descrédito. Para aclarar as ideias, escreveu uma carta de trinta mil palavras a um francês desconhecido (que diziam ser Gaspard Blanc, um de seus discípulos de Lyon); James Guillaume editou-a sob o título *Cartas a um francês* depois de dividi--la em seis partes e editorá-la com tanta eficiência que ela se transformou no mais claro e mais coerente de todos os trabalhos de Bakunin.

"Como Estado, a França está acabada – declarou Bakunin. – Ela já não pode salvar-se através de medidas administrativas regulares. Agora a França natural, a França do povo, deve entrar no palco da história, deve salvar sua própria liberdade e a liberdade de toda a Europa através de um levante imenso, espontâneo e totalmente popular, fora de qualquer organização oficial, de todo o centralismo governamental. Ao varrer de seus próprios territórios os exércitos do rei da Prússia, a França estará ao mesmo tempo libertando todos os povos da Europa e realizando a revolução social."

Mas Bakunin não se contentava em conclamar o povo francês em geral para desencadear o que ele chamava de "um levante elementar, poderoso, apaixonadamente enérgico, anarquista, destrutivo e ilimitado". Ele decidiu fazer tudo que estivesse ao seu alcance para fomentá-lo nas cidades do vale do Rhone, uma região ainda não ameaçada pelos exércitos prussianos, e escreveu para os seus partidários em Lyon, conclamando-os a agir para salvar o socialismo europeu. Quando estes o chamaram convidando-o a unir-se a eles, aceitou imediatamente. "Decidi arrastar meus velhos ossos até aí para jogar o que será, provavelmente, a minha última cartada", disse ele a um amigo a quem pedira um empréstimo para a viagem.

Em Lyon, a República havia sido proclamada imediatamente após a derrota de Sedan. Foi organizado um Comitê de Segurança Pública e um certo número de fábricas foram transformadas em oficinas nacionais, uma imitação do desastroso precedente de 1848. Era uma paródia, uma recriação da história revolucionária francesa feita com tão pouca convicção que, quando Bakunin chegou em 15 de setembro, o Comitê de Segurança Pública já havia passado o poder para um conselho municipal eleito.

Bakunin e seus seguidores lançaram-se à tarefa de imprimir um tom genuinamente revolucionário à situação: começaram criando um Comitê para a Salvação da França. Além de Bakunin, Ozerof e Lankiewicz, que o tinham acompanhado, ele incluía um forte contingente anarquista (Richard, Blanc e Pallix, de Lyon, e Bastelica, de Marselha), mas a maior parte de seus membros eram moderados que recuaram quando Bakunin começou a falar em rebelião violenta.

Os bakuninistas receberam, entretanto, uma ajuda inesperada graças à falta de visão dos conselheiros municipais, que decidiram reduzir de três para dois francos e meio por dia os salários dos operários das oficinas nacionais. Num grande encontro realizado em clima de indignação no dia 24 de setembro, presidido por um estucador chamado Eugéne Saignes, foram passadas resoluções exigindo que fosse feita uma cobrança compulsória dos ricos e que o exército fosse democratizado, através da eleição de seus oficiais. Bakunin e seus colegas imediatamente cobiçaram o poder e, após o encontro, leram um manifesto que proclamava a extinção do Estado e sua substituição por uma federação de comunas, a criação de uma "justiça do povo" em lugar dos tribunais existentes e a suspensão dos impostos e hipotecas.

Ela concluía conclamando outras cidades francesas a enviar seus delegados a Lyon para que se realizasse imediatamente uma Convenção Revolucionária para salvar a França.

O fato de uma proclamação tão obviamente sediciosa não ter merecido qualquer resposta das autoridades nos dá uma ideia do apoio que Bakunin desfrutava em Lyon. A violência finalmente eclodiu porque os conselheiros, superestimando a própria estabilidade, colocaram em prática o plano de redução de salários. Os operários fizeram uma demonstração no dia 28 de setembro e os membros do Comitê para a Salvação da França, que Bakunin tentara em vão convencer a pegar em armas, tomaram parte na manifestação. O Conselho Municipal ausentara-se, discretamente, e o Comitê invadiu a Prefeitura auxiliado pela multidão, e constituiu uma administração provisória. Finalmente Lyon parecia estar em poder de Bakunin e seus seguidores, que logo começaram a decidir, um tanto embaraçados, o que deveriam fazer com ela.

Antes que tivessem chegado a alguma decisão, a Guarda Nacional, saindo dos bairros burgueses, convergiu para a prefeitura, afastou a multidão reunida em torno dela e recapturou o prédio. O Comitê fugiu, exceto Bakunin, que foi aprisionado nos porões da Prefeitura e posteriormente resgatado pelos anarquistas locais. Fugiu então para Marselha, onde passou três semanas escondido junto com Bastelica, até que o amável comandante de um navio italiano concordou em levá-lo clandestinamente para Gênova.

A aventura, que havia começado tão cheia de esperanças, terminou para Bakunin em desgosto e desespero. No dia 19 de setembro ele tinha escrito de Lyon para dizer que esperava uma "vitória rápida" da revolução. Quando tudo acabou e enquanto permaneceu escondido em Marselha, decidiu que a França estava perdida e que a aliança entre a Rússia e a Prússia dominaria a Europa durante muitas décadas. "Adeus a todos os nossos sonhos de liberdade próxima!"

Mas duas outras lutas ainda esperavam Bakunin antes que finalmente depusesse as armas na exaustão de uma velhice prematura. A primeira foi a polêmica com Mazzini, que desempenhou importante papel no súbito desenvolvimento do movimento anarquista italiano depois de 1870. A outra foi a última luta dentro da Internacional, que se tornara inevitável em consequência da sua vitória moral no Congresso de Basel.

O Congresso Anual da Internacional não havia sido realizado em 1870 devido à sublevação da Comuna de Paris, e em 1871 o Conselho Geral convocou apenas uma conferência especial, que deveria acontecer em Londres. Da Espanha veio apenas um delegado, e da Itália, nenhum. Utilizando uma desculpa técnica – a de que se haviam separado da Fédération Romande –, os partidários de Bakunin na Suíça não foram convidados. Assim, apenas uma diminuta minoria de anarquistas estava presente e as resoluções do Conselho Geral foram aprovadas por unanimidade quase absoluta. A maior parte delas era obviamente dirigida contra Bakunin e seu grupo. A necessidade de que os trabalhadores formassem partidos políticos foi afirmada de forma provocadora. Uma resolução ameaçadora prevenia as várias seções ou filiais contra "designarem a si próprias por nomes separatistas... ou formar organismos separatistas". E, como um golpe indireto contra Bakunin, a conferência desautorizou publicamente as atividades de Nechayev.

As intenções dos marxistas eram tão claras, que os bakuninistas suíços organizaram imediatamente uma conferência na cidadezinha de Sonvilliers, no Jura. Os únicos delegados presentes que não pertenciam à Federação do Jura eram dois refugiados estrangeiros vindos de Genebra, o russo Nicholas Zhukovsky e o francês Jules Guesde, que seria mais tarde um dos líderes do socialismo francês, mas que na época era um fervoroso anarquista. Bakunin não compareceu. A principal consequência dessa conferência foi a famosa Circular de Sonvilliers, exigindo o fim do centralismo dentro da Internacional e sua reconstituição como "federação livre, formada por grupos autônomos". Assim, o conflito principal entre autoritários e libertários dentro da Internacional foi claramente definido em nível de organização e a Circular obteve apoio não só na Itália e na Espanha como na Bélgica, entre os socialistas libertários discípulos de Cesar de Paepe.

Uma das reivindicações do encontro de Sonvilliers foi a realização de um congresso plenário da Internacional sem mais demora. O Conselho Geral não teve como negar esse pedido, mas, ao escolher uma outra cidade nortista, Haia, como local do encontro, criou mais uma vez dificuldades para os representantes latinos e impediu Bakunin de comparecer, pois ele não se atrevia a atravessar território francês ou alemão.

O Congresso de Haia aconteceu em setembro de 1872. Marx não apenas compareceu em pessoa, como fez o possível para lotar o plenário com seus partidários. Segundo observou G. D. H. Cole, pelo menos cinco dos delegados que formavam a maioria marxista representavam movimentos inexistentes, ou quase. Mesmo assim, ele teve de enfrentar uma formidável oposição, não só dos bakuninistas espanhóis e suíços e dos libertários socialistas holandeses e belgas, como dos sindicalistas britânicos que, muito embora não apoiassem Bakunin em nenhuma outra questão, mostravam-se descontentes ante a tendência a uma excessiva centralização dentro da Internacional, concordando que os poderes do Conselho Geral deveriam ser diminuídos. Na verdade, a vitória marxista teria sido bastante duvidosa se as seções italianas da Internacional não tivessem decidido boicotar o Congresso, rompendo imediatamente com o Conselho Geral, durante uma reunião prévia realizada em Rimini. Isso deixou Marx com cerca de quarenta partidários, que incluíam os refugiados blanquistas franceses contra trinta oponentes de várias tendências.

O Congresso começou com um voto a favor da ação política praticada pelos operários, que já se tornara rotina nessas ocasiões. Logo após, foi derrotada uma proposta de Bakunin para que o Conselho Geral fosse transformado num *bureau* de correspondência. Após, foi designada uma comissão para investigar as alegações de Marx, segundo as quais a Aliança bakuninista ainda estava em atividade, funcionando clandestinamente. Foi nesse momento que Marx surpreendeu até seus discípulos ao apresentar uma proposta sensacional, para que o Conselho Geral trocasse Londres por Nova York, onde estaria a salvo dos bakuninistas e dos blanquistas, aos quais considerava, na melhor das hipóteses, como aliados perigosos. A moção foi aprovada, basicamente porque os bakuninistas, que já não estavam mais interessados no Conselho Geral, se abstiveram de votar. Como se veria depois, para evitar que caísse em outras mãos, Marx tinha acabado com a Internacional, pois em Nova York o Conselho Geral definhou e morreu rapidamente por absoluta inatividade.

Os atos mais escandalosos do Congresso de Haia foram deixados para o fim: Marx havia submetido à Comissão de Investigação não só as provas colhidas por seu genro Paul Lafargue, demonstrando que a Aliança continuava a funcionar na Espanha, seguindo instruções de Bakunin, como a carta que Nechayev escrevera a Lyubavin sobre a tradução de *Das Kapital*. A Comissão apresentou um relatório pouco esclarecedor sobre a questão da Aliança, não conseguindo provar que esta ainda continuava ativa, mas descobriu que "Bakunin utilizara meios fraudulentos com o objetivo de apropriar-se de todos ou de parte dos bens de outro homem – o que constitui fraude –, e mais ainda que, para fugir dos compromissos assumidos, lançara mão de ameaças, feitas por ele mesmo ou por seus agentes. Finalmente, recomendava a expulsão não apenas de Bakunin, mas de seus discípulos suíços James Guillaume e Adhemar Schwitzguébel, os dois últimos sob a alegação de que ainda pertenciam à Aliança, cuja existência há pouco declarava não ter conseguido provar. As confusões contidas no relatório não preocuparam a maioria marxista, que votou pela expulsão de Bakunin e Guillaume; Schwitzguébel escapou por pequena margem. O Congresso chegou ao fim nessa nota indigna: a Internacional jamais voltaria a reunir-se.

É tão difícil para nós estabelecer agora por quanto tempo a Aliança realmente continuara a existir, quanto havia sido na época para a Comissão de Investigação do Congresso de Haia. Sabemos que, entre 1869 e 1870, parece ter sido criada uma Aliança Social Democrática Espanhola e que, ainda em 1877, realizou-se no Jura uma reunião dos membros da Aliança, à qual compareceram Kropotkin, Malatesta e Paul Brousse. E, como não é provável que a organização pudesse ter sido extinta para reorganizar-se tão pouco tempo depois, parece possível que Bakunin tivesse realmente mantido uma organização secreta integrada por seus discípulos mais fiéis depois que a Aliança foi dissolvida. Entretanto, a existência dessa organização não foi provada durante o Congresso de Haia e a expulsão de Bakunin baseou-se apenas em conjeturas. Quanto à questão do *Das Kapital,* a decisão do Congresso representa uma extraordinária intrusão de moralismo burguês numa organização que se opunha claramente à propriedade, sob todas as suas formas. Além do mais, uma vez que a Comissão nem sequer tentou estabelecer se Bakunin sabia da existência da carta de Nechayev, eles na verdade o condenaram por um erro muito comum entre escritores – aceitar adiantamentos sobre trabalhos que não chegam a concluir.

Na época do Congresso de Haia, Bakunin estava em Zurique tentando ganhar o apoio dos refugiados russos rivais do líder populista Peter Lavrov. Os delegados espanhóis ao Congresso de Haia e um grupo de italianos de Rimini juntaram-se a ele e, depois de alguns dias de discussão, foram todos para Saint-Imier, no Jura, onde, junto com delegados suíços e franceses, realizaram um congresso reunindo os remanescentes do grupo anarquista da Internacional.

As decisões tomadas durante o Congresso de Haia foram rejeitadas, e proclamaram uma união livre das federações da Internacional.

Bakunin não tinha qualquer ligação direta com a Internacional antiautoritária que se originou dessa reunião. Na verdade, a partir de 1872 suas atividades diminuíram pelo rápido declínio de sua saúde. Ele manteve algum interesse pelas atividades dos revolucionários russos no exílio e, depois de instalar-se em Ticiano, em 1873, restabeleceu suas ligações com o movimento italiano, principalmente com Carlo Cafiero, um jovem e rico aristocrata que há pouco tinha abandonado seus bens pela causa da revolução. Havia momentos em que o velho entusiasmo de Bakunin voltava, em explosões de ressentimento ou de entusiasmo, mas de maneira geral suas perspectivas sobre a própria vida e sobre o mundo eram pessimistas. Ele previa que os movimentos revolucionários enfrentariam imensas dificuldades no futuro, como resultado da derrota da Comuna e do engrandecimento da Prússia e sentia-se demasiado velho e doente para enfrentá-las. Além disso, as calúnias de Marx haviam deixado profundas marcas. Não há como duvidar da sinceridade com que escreveu ao *Journal de Genève* em 26 de setembro de 1873, protestando contra as "falsificações marxistas" e anunciando seu afastamento da vida revolucionária.

"Que outros homens, e mais jovens, continuem o trabalho. Quanto a mim, não tenho mais forças e talvez nem a confiança necessária para fazer rolar a pedra de Sísifo contra as forças triunfantes da reação... De agora em diante, não perturbarei o repouso de nenhum homem e peço, por minha vez, para ser deixado em paz."

Mas, assim como na lenda Sísifo não consegue abandonar sua pedra, na vida Bakunin também não conseguiria abandonar o seu passado. A causa revolucionária ainda se aferrava a ele, mas sem glória – na verdade, causando-lhe mais vergonhas e amarguras. Enquanto o movimento anarquista jovem começava a crescer longe da sua tutela, ele próprio via-se envolvido em acirradas disputas financeiras sobre a maneira irresponsável com que administrara a fortuna que Carlo Cafiero lhe havia confiado para que a usasse em prol da causa revolucionária. A disputa pela *villa* em Ticiano, que ele havia comprado com esse dinheiro para servir-lhe de abrigo na velhice e como um centro de reunião para os conspiradores italianos, provocou uma ruptura quase total entre Bakunin e seus discípulos suíços e italianos. Também levou-o a unir-se à revolta anarquista na Bolonha em agosto de 1874, na esperança de apaziguar sua consciência. A caminho da Itália, escreveu uma carta de despedida aos amigos que o censuravam, explicando seus atos e condenando a si mesmo por suas fraquezas: "E agora, meus amigos, só me resta morrer".

Mas até a glória de morrer quixotescamente lhe seria negada: a revolta da Bolonha não fracassou; na verdade, nem chegou a começar. Os complicados planos para atacar os portões e erguer barricadas nas ruas não deram certo; os poucos rebeldes que conseguiram chegar aos pontos de encontro fora da cidade dispersaram-se com medo da polícia, que já fora alertada. Dentro da cidade Bakunin esperou em vão para tomar parte no assalto ao arsenal. Seus amigos dissuadiram-no da ideia de suicídio e, depois de rasparem sua longa barba, disfarçaram-no como um velho padre e mandaram-no para Verona com uma cesta de ovos pendurada no braço. De Verona ele chegaria finalmente à Suíça.

Foi a última e a mais inútil das aventuras desse veterano das barricadas. Depois de mais dois anos de decadência física vendo os amigos se afastarem dele, Bakunin morreu no hospital de Berna, no dia 1º de julho de 1876. Os homens que se reuniram ao redor do seu túmulo – Reclus e Guillaume, Schwitzguébel e Zhukovsky – já começavam a transformar o movimento anarquista – sua última criação e a única que fora bem-sucedida – numa rede que dentro de mais uma década teria se espalhado pelo mundo, levando o terror aos governantes, um terror que teria deliciado a mente generosa e gótica de Michael Bakunin, o mais dramático e talvez o maior entre todos os auroques que integravam aquela raça extinta do passado político, os revolucionários românticos.

O explorador

Na primavera de 1872, enquanto Bakunin estava em Locarno recuperando-se da humilhante derrota em Lyon, outro aristocrata russo descontente viajava pela Suíça. Era um jovem mas renomado geógrafo de inclinações vagamente liberais; era também um príncipe hereditário e chamava-se Peter Kropotkin. Durante a viagem, Kropotkin passou grande parte do seu tempo entre os refugiados russos que viviam em Zurique e Genebra, ouvindo os argumentos das várias facções revolucionárias. Depois, passou alguns dias na região do Jura, onde conheceu James Guillaume e juntou-se à Internacional – ainda não dividida – como um dos que apoiavam a facção de Bakunin. Entretanto, embora não estivesse muito longe de Locarno, Kropotkin não chegou a conhecer Bakunin. Não são conhecidas as razões dessa omissão, mas a culpa parece ter sido de Bakunin. Talvez ele tivesse medo de repetir com esse russo desconhecido as mesmas experiências que vivera recentemente com Nechayev. No verão daquele mesmo ano Kropotkin voltou para a Rússia. Retornaria à Suíça em 1877, já como experimentado propagandista revolucionário, que havia cumprido pena na fortaleza de Pedro-e-Paulo e fora herói de uma fuga sensacional. A essa altura Bakunin já estava morto e Kropotkin tomou rapidamente o seu lugar como principal expoente do anarquismo.

Não deixa de ser apropriado o fato de Bakunin e Kropotkin não terem jamais se encontrado, pois, apesar das óbvias semelhanças em sua formação e em suas crenças, eram muito diferentes quanto ao caráter e às realizações. Kropotkin acreditou durante toda a sua vida que a revolução era algo desejável e inevitável, mas jamais foi um revolucionário atuante, como fora Bakunin. Jamais chegou a lutar numa barricada e preferiu o debate aberto à obscuridade romântica da conspiração. Embora pudesse admitir a necessidade da violência, opunha-se, por temperamento, ao seu emprego. As visões destruidoras de fogo e sangue que tão lugubremente iluminavam os pensamentos de Bakunin não o atraíam. O que o atraía era o aspecto positivo e construtivo do anarquismo, a visão cristalina de um paraíso terrestre reconquistado e contribuiu para sua elaboração através de seu treinamento científico e do seu invencível otimismo.

Em contraste com a energia boêmia de Bakunin, Kropotkin demonstrava ter uma natureza e pontos de vista extraordinariamente conciliadores. Ninguém jamais pensou em descrever Bakunin como um santo, mas aqueles que conheceram Kropotkin frequentemente se referiam a ele em termos de santidade que em nossa época têm sido reservados para homens como Ghandi e Schweitzer. "Pessoalmente, Kropotkin era amável a ponto de ser quase um santo", escreveu certa vez G. B. Shaw, "e, com sua abundante barba vermelha e sua expressão bondosa, bem poderia ter sido o pastor das Deleitáveis Montanhas." Escritores tão diferentes quanto Oscar Wilde, Ford Maddox Ford e Herbert Read descreveram-no em termos semelhantes.

A essa santidade leiga ele juntava uma originalidade de pensamento que o tornou respeitado em todo o mundo ocidental como cientista e filósofo social. Embora tivesse vivido as melhores décadas de sua vida no exílio, tal como Bakunin, o seu foi um banimento honroso e não hostil. Para os ingleses, seus anfitriões solícitos durante mais de trinta anos, ele representava tudo que havia de bom na luta russa pela libertação da autocracia tzarista e, na medida em que o anarquismo passou a ser considerado uma teoria séria e idealista de transformação social e não mais uma doutrina de violência de classes e de destruição indiscriminada, Kropotkin foi o principal responsável por essa mudança.

Entretanto, embora Bakunin e Kropotkin fossem tão diferentes quanto ao caráter e representassem aspectos tão distintos do anarquismo, as diferenças entre eles não eram fundamentais. A destruição de um mundo injusto de desigualdade e governo estava implícita na atitude de ambos, assim como a visão de um mundo novo, pacífico e fraternal, erguendo-se, qual fênix, das cinzas do velho mundo. As diferenças eram de intensidade, ditadas tanto pelas circunstâncias históricas quanto por suas personalidades distintas. Bakunin era um homem da primeira metade do século XIX, um conspirador romântico influenciado pelas tradições carbonárias e pela filosofia idealista alemã. Por mais que se declarasse materialista e que tentasse adaptar suas ideias ao progressivismo científico da era darwiniana, elas continuavam a ser visões semimísticas de salvação pela destruição, derivadas das teorias hegelianas da década de 1840, responsáveis pela sua transformação de revolucionário nacionalista em anarquista internacionalista. Kropotkin, por outro lado, nascera na metade do século XIX e absorvera o revolucionismo multifacetado do seu tempo na própria estrutura do seu pensamento de tal forma que, para ele, a ideia de revolução como sendo um processo natural era inevitavelmente mais simpática do que a concepção bakuniana de revolução como apocalipse.

As visões dos dois homens, que devemos portanto considerar muito mais complementares do que contraditórias, refletem as transformações ocorridas nas circunstâncias históricas, desde a última fase de Bakunin – quando o movimento anarquista começava a surgir, a partir do crepúsculo das sociedades secretas e das insurreições insignificantes – à época de Kropotkin, quando o anarquismo se espalhou por quase todos os países do Velho e do Novo Mundo, tornando-se o mais influente movimento da classe operária no mundo de língua latina. Kropotkin desempenhou um papel importantíssimo nessa expansão, mas foi um papel bem diferente do que tivera Bakunin. Diferente de Bakunin, Kropotkin não gostava de criar organizações, e outros anarquistas do seu tempo, como Errico Malatesta e Fernand Pelloutier, foram bem mais ativos na tarefa de organizar as massas de seguidores e criar uma elite anarquista de militantes e propagandistas dedicados. Kropotkin foi mais importante, até mesmo para a causa libertária, como personalidade e como escritor. Tudo que era nobre, tudo que era "doçura e luz" no anarquismo parecia projetar-se na manifesta bondade da sua natureza ao mesmo tempo que, ao escrever, conseguia definir o ideal anarquista, relacionando-o com o conhecimento científico de sua época com uma clareza que nem Godwin conseguiria igualar. Tanta nobreza e tanta simplicidade tinham, senão suas falhas, pelo menos suas limitações quando Kropotkin via o mundo real através das lentes da sua universal benevolência. As intuições de Bakunin, mesmo quando não baseadas num sólido raciocínio científico, eram muitas vezes mais realistas do que as racionalizações otimistas de Kropotkin.

Kropotkin nasceu na década de 1840, quando os homens da geração precedente – Herzen, Turguenev e Bakunin – já experimentavam a embriaguez das ideias ocidentais que iriam finalmente afastá-los da pátria. Na grande mansão de Moscou e na vasta casa de campo de Kaluga, onde passou a infância, chegaram apenas insignificantes rumores daquela grande inquietação mental. Sua família era rica, poderosa e antiga. Seus antepassados tinham sido príncipes de Smolensko e afirmavam descender da antiga casa real de Rurik, que governara Moscou antes dos Romanov. O pai era um general da reserva, oficial severo e rigoroso, bem ao gosto do tzar reinante, Nicolau I.

Tendo em vista o caráter de Alexander Kropotkin, talvez tenha sido uma sorte o fato de ele não ter dado muita importância aos filhos, que deixava a maior parte do tempo entregues às atenções dos servos domésticos e, mais tarde, a uma série de tutores. Foi graças a esse contato mantido na infância com os servos, companheiros de sofrimento da caprichosa tirania imposta pelos pais, que Kropotkin – como Turguenev, antes dele – percebeu pela primeira vez a humanidade comum a ricos e pobres e aprendeu – como ele mesmo observaria mais tarde – "que tesouros de bondade podem ser descobertos no coração dos camponeses russos". Um tutor francês que havia servido ao Grande Exército de Napoleão apresentou-o pela primeira vez ao conceito gaulês de igualdade e um tutor russo – um daqueles estudantes itinerantes tão frequentes nos romances russos do século XIX – forneceu-lhe os livros que alimentariam sua mente receptiva. As histórias de Gogol, os poemas de Pushkin e Nekrasov, o jornalismo radical de Chernyshevsky. Foi por influência desse tutor, N. P. Smirnov, que Kropotkin começou a escrever, editando aos doze anos uma revista literária manuscrita na qual ele e o irmão Alexander eram os únicos colaboradores.

Enquanto isso, como filho de um oficial de alta patente, esperava-se que Kropotkin fizesse carreira a serviço do imperador. Por acaso, quando criança, havia atraído a atenção de Nicolau I durante uma recepção que a nobreza de Moscou oferecera ao tzar visitante. Nicolau ordenara que o menino fosse matriculado no Corpo de Pajens, a mais exclusiva das escolas militares da Rússia tzarista, entre cujos estudantes eram escolhidos os assistentes pessoais da família imperial. Kropotkin tornou-se o aluno mais brilhante da escola e, eventualmente, o sargento da Corporação, o que significava que durante um ano ele foi o pagem pessoal do novo tzar Alexandre II. Com tal posição, seu futuro parecia assegurado: ele podia esperar ser um jovem general e mais tarde, ao chegar à idade madura, governador de alguma província. Mas quando deixou o Corpo, em 1862, as ideias de Kropotkin haviam sofrido uma série de transformações que tornavam impossível aceitar a carreira militar que seus mestres e seus pais desejavam para ele. Sua atitude, tanto em relação à Corte quanto ao próprio tzar, sempre havia sido ambivalente. Superficialmente, mostrava-se fascinado pela elegância e pelo refinamento dos cenários onde circulava como pajem. "Ser ator nas cerimônias da corte – comentaria ele muito tempo depois –, a serviço dos principais personagens, oferecia algo mais do que o simples interesse da curiosidade para um menino da minha idade." Por outro lado, havia um traço de puritanismo inato ao caráter de Kropotkin, que o fazia recuar diante dos desregramentos da vida na corte, ao mesmo tempo que se sentia enojado pelas intrigas para garantir o poder e a posição que era obrigado a testemunhar graças à sua posição tão próxima ao imperador. Com relação ao tzar, sua atitude era igualmente ambígua: considerava Alexandre um herói por ter libertado os servos em 1861 e admirava também nele a devoção pelos deveres do seu cargo; mas, ao mesmo tempo, sentia-se desiludido ao observar a tendência retrógrada que se tornaria evidente na sua orientação política logo depois da emancipação dos camponeses e que acabaria na brutal repressão à revolta polonesa, em 1863.

Além disso, duas fortes influências positivas afastaram Kropotkin da ideia de seguir a carreira militar. Seus instintos liberais tinham amadurecido, graças em parte à leitura da primeira revista de Herzen, *A estrela polar*, e em parte como forma de resistir às mesquinhas tiranias dos oficiais do Corpo de Pajens. Ao mesmo tempo, seu interesse pela ciência transformava-se em verdadeira paixão.

Um dos privilégios dos membros do Corpo de Pajens era escolher o regimento em que gostariam de servir. As comissões seriam encontradas, não importando o fato de haver ou não vagas. A maioria dos rapazes escolhia o Corpo de Guardas, mas Kropotkin decidiu que desejava três coisas mais do que honras e prestígio: escapar à atmosfera fétida de São Petersburgo, continuar os estudos científicos e desempenhar um papel nas grandes reformas que, ainda esperava, ocorreriam logo após a emancipação dos servos. Ele chegou à conclusão de que o único lugar que poderia garantir-lhe tudo isso era a Sibéria. As regiões orientais que haviam sido anexadas por Muraviev-Amuski, o primo de Bakunin, ainda estavam em grande parte inexploradas e ofereciam muitas oportunidades para um cientista aprendiz.

"Além disso, pensei, há na Sibéria um imenso campo onde aplicar as grandes reformas já feitas, ou por fazer; deve haver poucos trabalhadores e lá encontrarei um campo de ação bem a meu gosto."

Pensando assim, solicitou uma comissão no novo e desprezado regimento dos Cossacos Montados de Amur. As autoridades ficaram surpresas e sua família, indignada. Mas a sorte de ter atraído a atenção do Grão-Duque Michael, quando auxiliou a apagar um incêndio que ameaçava o Corpo de Pagens, fez com que esse homem poderoso ficasse do seu lado e permitiu-lhe vencer a oposição à sua escolha. "Vá – disse-lhe Alexandre II. É possível ser útil em qualquer lugar." Foi a última vez que Kropotkin viu esse monarca trágico que já começara a trilhar o caminho fatal que o levaria à reação e à morte, nas mãos do movimento Vontade do Povo, em 1881.

Na Sibéria, Kropotkin encontrou uma atmosfera muito mais cheia de esperanças do que em São Petersburgo. Ali, a reforma ainda era levada a sério. O governador geral Korsakov, que fingira não perceber os preparativos de fuga de Bakunin, acolheu Kropotkin observando que apreciava ver-se cercado por homens com ideias liberais. Nomeou-o ajudante-de-campo do Governador de Transbaikalia, general Kukel, e este, por sua vez, deu-lhe a tarefa de investigar o sistema penal da Sibéria. Kropotkin dedicou-se à missão com energia e entusiasmo. Observou a procissão de prisioneiros acorrentados perambulando pelas estepes; examinou os cárceres semi-apodrecidos em que dormiam durante as grandes marchas pela Rússia europeia; visitou os campos de trabalhos forçados, que correspondiam literalmente às conhecidas descrições que Dostoyevsky fizera deles no seu *Enterrado vivo* e as minas de ouro, onde os prisioneiros trabalhavam mergulhados em água gelada até o peito, e, mais terríveis do que todas as outras, as minas de sal onde os rebeldes poloneses morriam de tuberculose e escorbuto.

Mais do que qualquer outra coisa que tivesse experimentado antes, essas vistorias despertaram em Kropotkin o horror aos efeitos provocados por um governo autocrático, mas ele ainda mantinha a esperança de que a maré de reformas tivesse realmente começado e continuou trabalhando no relatório sobre as prisões e em outros projetos semelhantes. Mas não tardaria a ficar decepcionado quando percebeu, passado pouco tempo, como a indiferença de São Petersburgo e a corrupção na Sibéria conspiravam para frustrar seus esforços.

Entretanto, mostrou-se ao mesmo tempo impressionado pelo que viu do sucesso da colonização em bases cooperativas realizada pelos Doukhobors e por outros grupos de camponeses exilados na Sibéria:

"Comecei – diz ele – a apreciar a diferença que existe entre a ação baseada no princípio do comando e da disciplina e a ação baseada no princípio do entendimento mútuo... E, embora não tivesse formulado naquele momento minhas observações em termos de lutas partidárias, posso dizer agora que perdi na Sibéria qualquer crença que pudesse ter tido na disciplina do Estado, que eu tanto havia respeitado. Eu estava preparado para tornar-me um anarquista".

Mas muitos anos passariam antes que o anarquismo latente de Kropotkin se tornasse evidente. À medida que ia ficando cada vez mais desanimado com a possibilidade de que viessem a ocorrer reformas, voltou-se em primeiro lugar para a ciência, acolhendo com entusiasmo a oportunidade de fazer uma série de viagens exploratórias pela Sibéria oriental e pelas regiões próximas à fronteira com a Manchúria. Ali, na companhia dos soldados cossacos e de caçadores nativos, ele encontraria um tipo de vida simples, ainda não corrompido, cujo encanto iria sem dúvida contribuir para o culto ao primitivo que impregna os trabalhos que escreveu na velhice. Viajava em geral desarmado, confiando na índole pacífica do povo simples, e jamais correu qualquer perigo provocado pela hostilidade humana; também não costumava levar equipamentos complicados, aprendendo rapidamente quão pouca coisa é necessária para quem vive "fora do círculo encantado da civilização convencional".

Sua reputação como geógrafo baseia-se principalmente nas 50 mil milhas que viajou pelo Oriente durante o período em que serviu na Sibéria. O professor Avakumovic e eu já descrevemos essas viagens*. Aqui, seria suficiente dizer que, além de explorar amplas áreas das regiões montanhosas da Sibéria até então não percorridas por viajantes civilizados, Kropotkin elaborou – com base nessas observações – uma teoria sobre a estrutura das cadeias de montanhas e platôs da Ásia Oriental que revolucionou os conceitos existentes sobre a orografia eurasiana. Também deu importante contribuição ao nosso conhecimento sobre a Era Glacial e sobre a grande seca que levou o povo da Ásia Oriental a deixar as estepes, fugindo para o Ocidente, o que provocou, por uma reação em cadeia, as invasões bárbaras da Europa e dos velhos reinos do Oriente. Kropotkin ainda hoje é lembrado pelos geógrafos como um cientista que muito contribuiu para o conhecimento da estrutura e da história da Terra.

Mas, como quase tudo que lhe aconteceu durante esse período, as viagens de Kropotkin, ao proporcionarem-lhe longos momentos de reflexão solitária, fizeram com que se aproximasse cada vez mais do ponto em que seria capaz de sacrificar até o seu trabalho científico por algo que julgasse ser uma causa mais nobre. Muitas influências vinham fortalecendo sua tendência para a rebelião social desde que chegara à Sibéria. Convivera com os melhores entre os exilados políticos e fora influenciado principalmente pelo poeta M. L. Mikhailov, enviado para a Sibéria em 1861

---

* George Woodcock e Ivan Avakumovic, *O príncipe anarquista*, Londres, 1950.

por seus trabalhos de cunho populista e que lá morreu em 1865, vítima de consunção. Foi Mikhailov que apresentou Kropotkin às ideias anarquistas, encorajando-o a ler as *Contradições econômicas* de Proudhon, num exemplar que ele mesmo anotara e que Kropotkin comprou após a sua morte. Depois de lê-lo, Kropotkin começou a considerar-se um socialista. Havia dado o primeiro passo na estrada que o levaria às montanhas do Jura.

Em 1866, ocorreria um incidente que serviu para cristalizar a indignação até então semi-articulada de Kropotkin contra a autocracia. Irrompera uma revolta entre os exilados poloneses que construíam uma estrada em torno do lago Baikal. Depois de desarmar seus guardas, os poloneses rumaram para o sul com o quixotesco plano de atravessar as montanhas, chegar à Mongólia e eventualmente atingir a costa chinesa, onde esperavam encontrar meios para chegar à Europa ocidental. Foram interceptados pelos cossacos e cinco deles acabariam sendo executados. Desgostosos, Kropotkin e seu irmão Alexander pediram baixa do exército tzarista e voltaram a São Petersburgo, onde Peter matriculou-se como estudante na universidade. Como o pai recusava-se a enviar-lhe dinheiro, trabalhava esporadicamente como secretário da Sociedade Geográfica Russa, ganhando o suficiente para viver com a simplicidade espartana que aprendera a apreciar no decorrer de suas viagens. Um amigo que o conheceu durante esse período descreveu-o vivendo "em instalações simples como as de um operário, num quarto onde quatro pessoas mal conseguiriam mexer-se, mobiliado com uma mesa de madeira clara, uma poltrona de vime e uma grande prancha de desenho onde executava os mapas de rios e montanhas das nossas estepes siberianas".

Durante vários anos os estudos acadêmicos e as tarefas de geógrafo mereceram toda a sua atenção, mas um sentimento de culpa pelas condições em que viviam os pobres não cessava de roer-lhe a consciência até que, em 1817, quando investigava os depósitos glaciais da Finlândia, recebeu um telegrama que o convidava a assumir a secretaria da Sociedade Geográfica Russa. Era uma oportunidade que teria aceito com alegria alguns meses antes, mas agora ele sentiu que a oferta o obrigava a fazer uma escolha que vinha há muito protelando. Apesar de todos os benefícios mais remotos que a ciência poderia proporcionar à humanidade, ela aparecia quase como um luxo no momento em que tinha tanta consciência da necessidade urgente de auxiliar seus semelhantes.

"Que direito tinha eu a essas alegrias mais nobres, quando ao meu redor não havia nada a não ser miséria e a luta por um pedaço de pão bolorento? Quando o que quer que eu tivesse que gastar para permitir-me viver nesse mundo de emoções mais nobres deveria ser tirado da boca daqueles que cultivavam o trigo e não tinham pão suficiente para dar a seus filhos?"

É esse protesto que ouvimos de muitos nobres cheios de culpa da geração de Kropotkin e foi isso que o levou a decidir que, pelo menos naquele momento, seu dever maior não era a pesquisa científica. Na verdade seu afastamento da ciência não chegou a ser tão radical quanto julgara na época, mas de agora em diante o idealismo social passara a ser o fator dominante na sua vida, e a ciência seria apenas a serva e não mais a igual dos seus objetivos revolucionários.

A princípio ele não sabia como essa decisão iria afetar a sua vida. Foi movido, no início, por um desejo um tanto vago de "procurar o povo", como tantos jovens russos estavam fazendo na década de 1871, para tentar educá-lo, como primeiro passo para uma vida melhor. Como jovem integrante do Corpo de Pajens ele já havia participado de um plano de proporcionar escolas para os servos recém-libertados, onde os professores seriam voluntários, mas esses planos haviam esbarrado na suspeita com que as autoridades tzaristas encaravam qualquer tentativa de esclarecer o povo. Agora ele percebia que qualquer coisa tão pública quanto a fundação de uma escola serviria apenas para suscitar um convite à sua supressão, mas mesmo assim decidiu ir até a propriedade rural da família em Tambov pronto para, com verdadeiro espírito populista, fazer qualquer coisa, "por menor que fosse, para ajudar a elevar o nível intelectual e o bem-estar dos camponeses". Mas descobriu, de forma bem menos dolorosa do que alguns outros *narodnik* que foram atacados e até mesmo entregues à polícia pelos próprios camponeses que se propunham ajudar, que ainda não havia chegado o momento de um *rapprochement* entre os camponeses russos e os intelectuais. Decidiu então visitar a Europa ocidental onde, numa atmosfera de liberdade intelectual, talvez pudesse ordenar as ideias e definir com maior clareza qual o caminho a seguir.

Era natural que fosse primeiro à Suíça, que se havia transformado na Meca dos russos radicais, da mesma maneira que as estações de inverno e as cidades onde se jogava da Alemanha haviam atraído seus compatriotas mais convencionais. Kropotkin instalou-se primeiro em Zurique, onde centenas de russos, homens e mulheres, estudavam na universidade ou se dedicavam à política expatriada ao lado de Bakunin ou de seu rival populista Peter Lavrov. Alexander Kropotkin era amigo e partidário de Lavrov, mas isso não influiu sobre a intenção de Kropotkin de considerar cuidadosamente as várias tendências revolucionárias e socialistas que havia encontrado naquelas excitantes semanas de discussão passadas entre os russos de Zurique. Ele conheceu o discípulo de Bakunin, Michael Sazhin, mais conhecido como Armand Ross, e reuniu todos os livros sobre o socialismo e todos os panfletos e jornais que estavam sendo publicados pelas várias seções da Internacional espalhadas por toda a Europa que pôde encontrar. Ao fazê-lo convenceu-se de que existia entre os trabalhadores da Europa ocidental uma consciência de sua própria identidade e de sua própria força que ele esperava despertar nos camponeses do seu país.

"Quanto mais eu lia, mais via surgir diante de mim um novo mundo, desconhecido para mim e totalmente estranho aos sábios criadores de teorias sociológicas – um mundo que eu só poderia conhecer vivendo na Associação dos Trabalhadores e convivendo com os trabalhadores na sua rotina diária."

Deixou Zurique, indo para Genebra, um centro onde a Internacional era mais ativa, e ali pôde perceber as divisões que haviam surgido dentro da organização. Durante quatro semanas misturou-se ao grupo marxista. Mas as maquinações políticas que motivavam Nicholas Outin, o líder dos marxistas russos de Genebra, acabaram por irritá-lo e ele procurou Zhukovsky, na época o líder dos bakuninistas na cidade. Foi Zhukovsky que sugeriu a viagem ao Jura, que se tornaria a estrada para Damasco na vida de Kropotkin.

O primeiro homem que conheceu no Jura foi James Guillaume, trabalhando na sua pequena oficina tipográfica em Neuchâtel; dali seguiu para Sonvillier, onde procurou Schwitzguébel e encontrou os relojoeiros montanheses, conversando com eles no interior de suas pequenas oficinas familiares e comparecendo às reuniões realizadas nas aldeias, quando os artífices camponeses desciam das montanhas para discutir a doutrina anarquista que parecia oferecer-lhes a oportunidade de estabelecer a justiça social, ao mesmo tempo que manteriam sua preciosa independência.

É difícil imaginar uma situação que pudesse ter tantos atrativos para um homem como Kropotkin. O entusiasmo que impregnava as aldeias do Jura durante os primeiros anos da década de 1870 confirmava todas as esperanças que ele havia criado quando lia os panfletos da Internacional, em Zurique.

As teorias anarquistas que ouvira expostas por Guillaume e Schwitzguébel e discutidas fervorosamente pelos relojoeiros "exerciam forte atração sobre ele", que diz: "Mas as relações de igualdade que encontrei nas montanhas do Jura; a independência de ideias e de expressão que vi desenvolver-se entre os operários e sua ilimitada dedicação à causa conquistaram com mais força ainda os meus sentimentos; e quando saí das montanhas, depois de permanecer durante uma semana com os relojoeiros, minhas ideias sobre o socialismo estavam definidas: eu era um anarquista".

Pela sua rapidez e por seu caráter emocional, a experiência de Kropotkin tem todos os elementos de uma conversão. Ela iria moldar as ideias que teria durante o resto de sua vida. Foi com muita dificuldade que Guillaume dissuadiu Kropotkin do plano de permanecer na Suíça, onde desejava viver como artesão. Seu dever, lembrou-lhe Guillaume num tom austero, era para com a Rússia, e Kropotkin concordou com ele. Pouco depois voltava a São Petersburgo, começando a desempenhar um papel ativo como propagandista e membro do Círculo Chaikovsky, o mais célebre dos grupos de *narodnik* da década de 1870.

O Círculo Chaikovsky não desempenhou um papel relevante na história do anarquismo, exceto como cenário no qual Kropotkin começou a desenvolver suas ideias sobre ação e organização. Por essa época, seus membros ainda não haviam começado a pensar em desempenhar atividades terroristas ou a conspirar para derrubar o tzar pela força. Começaram decididos a ser propagandistas, a escrever e publicar panfletos, a importar literatura ilegalmente da Europa ocidental e a educar o povo. A maioria de seus membros era formada por constitucionalistas moderados, com tendências social-democratas. Kropotkin era o único anarquista e suas ideias exerceram pouca influência sobre o Círculo como um todo. Na verdade, quando surgiu uma discussão entre os seguidores de Bakunin e os de Lavrov pelo controle da Biblioteca Russa em Zurique, o Círculo ficou do lado dos lavrovistas.

Foi por essa época que Kropotkin escreveu seu primeiro ensaio anarquista. Era um panfleto intitulado *Devemos ocupar nosso tempo a examinar os ideais de uma sociedade futura?* Um relatório secreto da polícia tzarista afirma que esse panfleto chegou a ser publicado, mas não existe nenhum exemplar impresso e só foi possível apresentar o manuscrito que serviu de prova durante o famoso Julgamento dos Cento e Noventa e Três, que marcaria o fim da fase pacífica do populismo russo, em 1878.

O que esse panfleto prova é que, apesar de participar ativamente de um grupo que não compartilhava as suas ideias, Kropotkin já elaborava o anarquismo que mais tarde iria difundir. Sob alguns aspectos, suas ideias naquele momento eram mais semelhantes às de Proudhon e Bakunin do que seriam mais tarde, quando atingiu a maturidade. A influência de Proudhon aparece na sugestão de que o dinheiro deveria ser substituído por cheques de trabalho e na recomendação de que fossem criadas cooperativas de consumidores e produtores mesmo sob o sistema tzarista, para servir ao menos como uma forma de propaganda. Sua afirmação de que as associações de trabalhadores deveriam ser as donas das terras e das fábricas parece entretanto muito mais próxima do coletivismo de Bakunin do que do mutualismo, e ainda não é possível perceber nenhum sinal da forma de distribuição comunitária que ficaria mais tarde tão associada ao nome de Kropotkin.

Ao mesmo tempo, ele se opõe explicitamente a Nechayev e sua ideia de revolução por meios conspiratórios. Ele afirma que os revolucionários não podem fazer revoluções, podem apenas unir e guiar os esforços que têm origem no próprio povo insatisfeito. Kropotkin repudia o Estado e afirma que o trabalho manual deve ser considerado um dever universal. Lança um argumento característico dos seus últimos anos de vida, quando defende um tipo de ensino que combine o treinamento intelectual com o aprendizado de uma profissão.

Por dois anos Kropotkin participou das atividades do Círculo Chaikovsky, usando seu trabalho como geógrafo para encobrir a agitação que promovia, disfarçado como o camponês Borodin, nos bairros operários de São Petersburgo. Em 1874, foi preso e encarcerado na fortaleza de Pedro-e-Paulo. Dois anos depois adoeceu, sendo transferido para o bloco-prisão do Hospital Militar de São Petersburgo. Foi dali – e não da fortaleza, como tantas vezes se disse – que empreendeu sua famosa fuga, descrita com riqueza de detalhes nas *Memórias de um revolucionário*. Em agosto de 1876, seguiu para a Suíça, refazendo as ligações que havia mantido com os membros da Federação do Jura quatro anos antes.

Desta vez foi logo aceito nos círculos internos do movimento anarquista, sem dúvida devido às suas atividades na Rússia. Começou a escrever para o Boletim da Federação do Jura e para outros jornais de anarquistas fugitivos, e em agosto de 1877 compareceu ao que bem pode ter sido a última reunião da Aliança secreta, e foi eleito secretário de um *bureau* internacional de correspondência que se pretendia criar na Suíça. Mais tarde, no mesmo ano, compareceu ao Congresso da Internacional de Saint-Imier, em Verviers, na Bélgica, como delegado dos grupos de *émigré* russos e depois continuou a viagem, comparecendo ao Congresso Socialista Internacional em Ghent, na vã esperança de reunir o movimento socialista. Mas fugiu precipitadamente, julgando que a polícia belga tencionava prendê-lo, e voltou para a Inglaterra, onde durante algum tempo contentou-se em estudar no Museu Britânico. Foi nessa ocasião que começou a desenvolver seu conceito de anarquismo, mais como uma filosofia moral do que como simples programa de transformação social.

"Aos poucos, comecei a perceber que o anarquismo é muito mais do que um simples método de ação, do que a mera concepção de uma sociedade livre; que ele é parte de uma filosofia natural e social, que deve ser desenvolvida, não utilizando os métodos metafísicos e dialéticos que têm sido empregados pelas ciências que estudam os homens, mas os métodos empregados pelas ciências naturais... sobre a base sólida da indução aplicada às instituições humanas."

Mas essas especulações teriam de esperar, pois Kropotkin sentia demasiada necessidade de agir para que pudesse dedicar-se ao tipo de erudição libertária que dominaria os últimos anos de sua vida e, assim, antes que 1877 tivesse chegado ao fim, ele abandonara a Sala de Leitura do Museu para colaborar com Andrea Costa e Jules Guesde na criação de pequenos grupos que formariam o núcleo do movimento anarquista em Paris. Em abril Costa foi preso e Kropotkin fugiu para a Suíça, onde permaneceu até 1880, fazendo apenas pequenas viagens para o exterior.

Começava agora seu período mais ativo como agitador e publicista. Ao voltar à Suíça ficou decepcionado ao descobrir que o entusiasmo dos relojoeiros do Jura, que tanto o havia inspirado em 1872, estava praticamente extinto. Guillaume recolhera-se a uma inatividade que duraria pelo menos vinte anos; a Federação do Jura definhava e seu Boletim, que durante tanto tempo havia sido o órgão oficial do mais puro bakuninismo, deixara de circular. Em Genebra, porém, a atividade anarquista ganhara novo alento, em grande parte motivado pela presença de um grupo de entusiastas, exilados russos e franceses, e foi com um desses últimos, o jovem doutor Paul Brousse, que Kropotkin passou a colaborar na edição de *L'Avant Garde*, um jornal publicado principalmente para ser contrabandeado na fronteira com a França, na esperança de promover o desenvolvimento do anarquismo francês.

No fim de 1878, *L'Avant Garde* foi proibido pelas autoridades suíças e Brousse foi aprisionado; para preencher o vazio deixado pelo desaparecimento do jornal, Kropotkin fundou *Le Révolté,* que se tornaria o mais influente dos jornais anarquistas desde o desaparecimento do *Le Peuple,* de Proudhon, em 1850. No início, Kropotkin fazia todo o jornal sozinho, além de passar grande parte do seu tempo viajando em circuitos de conferências, num esforço para reativar a Internacional nas pequenas cidades ao redor do lago Leman e na região do Jura. Ele tomava consciência

– possivelmente influenciado pelos anarquistas italianos, que já começavam a propor uma teoria de "propaganda pela ação" – que chegara o momento de fazer com que o movimento anarquista fosse além das discussões teóricas.

"O que poderemos fazer de prático? – escreveu ele ao amigo Paul Robin. – Infelizmente, a Internacional tem sido até agora, e especialmente neste momento, uma associação dedicada apenas ao estudo. Ela não tem nenhum campo de atividade prática. Onde encontrá-lo?"

A busca por campos onde pudessem exercer atividades práticas dominou seu trabalho para *Le Révolté,* que ele pretendia fosse "moderado no tom, mas revolucionário no conteúdo", e no qual se propôs a discutir de maneira simples as questões históricas e econômicas que, em sua opinião, deveriam interessar os trabalhadores mais inteligentes. Escrevia num estilo jornalístico vigoroso, com clareza, mas sem adotar um tom condescendente, e a vitalidade do *Le Révolté,* comparada com os tediosos jornais até agora publicados pelos anarquistas, fez com que se tornasse rapidamente popular entre os operários com ideias radicais, não apenas na Suíça, mas no sul da França, onde ajudou a estimular o renascimento do anarquismo, que havia definhado desde o fracasso da revolta de Bakunin em Lyon, em 1870.

Kropotkin continuou a publicar o *Le Révolté* até ser expulso da Suíça – depois de ter comparecido ao Congresso Anarquista Internacional realizado em Londres, em julho de 1881 –, devido às pressões exercidas pelo embaixador russo, instalando-se numa pequena cidadezinha francesa, Thonon, na margem sul do lago Leman. Mesmo então ele continuou escrevendo regularmente para o jornal.

Os primeiros artigos de Kropotkin para *Le Révolté* versavam quase sempre sobre problemas atuais, tratados com um otimismo que conseguia ver em cada greve, em cada revolta pelo pão, um bom presságio, um sinal da desintegração dos grandes governos nacionais que Kropotkin considerava inimigos da justiça social e da paz. Na verdade, durante muitos anos ele esperou que ocorresse uma revolução na Europa no futuro imediato – o que não era nada de extraordinário, pois tais esperanças eram compartilhadas não apenas por quase todos os seus companheiros anarquistas, mas também por muitos de seus opositores marxistas.

Logo começara a escrever artigos menos tópicos, criticando a sociedade contemporânea e suas instituições do ponto de vista de um sociólogo libertário e tentando propor alternativas anarquistas concretas. Dois de seus primeiros livros, *Paroles d'un Révolté* e *A conquista do pão*, eram na verdade coletâneas de artigos que escrevera para o *Le Révolté* e seu sucessor parisiense *La Révolte,* assim como vários dos panfletos que circulariam mais tarde por todo o mundo. Alguns deles, como *Um apelo aos jovens*, *Governo revolucionário* e *O espírito da revolta* conservaram grande parte do seu interesse e continuam sendo impressos e distribuídos por grupos anarquistas na Europa e na América Latina.

É a partir desses artigos que podemos determinar a influência que Kropotkin exerceu como o último dos grandes teóricos anarquistas. Mesmo seus últimos livros, como *Ajuda mútua, Campos, Fábricas e oficinas* e *Ética*, publicado postumamente, foram planejados em grande parte para proporcionar uma base científica e filosófica para os conceitos gerais que haviam surgido durante o período em que foi jornalista e agitador militante, durante a década de 1880. Por esse motivo, cabe fazer uma pausa na narrativa biográfica e considerar os aspectos mais importantes das ideias que desenvolveu então:

O desejo de unir teoria e prática é evidente em quase tudo que Kropotkin escreveu para o *Le Révolté*. Ele encara a revolução não sob a forma apocalíptica de um gigantesco inferno de destruição, que tantas vezes assombrou Bakunin, mas como um fato concreto no qual os operários rebeldes precisam estar conscientes das consequências de seus atos, para que a revolta não acabe no estabelecimento de novos órgãos de poder que impedirão o desenvolvimento natural de uma sociedade livre. Seu tema é o mesmo que Proudhon abordou em 1848. As revoluções não podem ser feitas só com palavras; é preciso que exista também um conhecimento sobre a ação necessária e um desejo de realizá-la.

"Se depois da revolução – diz ele em *O espírito da revolta* – as massas só puderem contar com frases, se elas não reconhecerem, através de fatos concretos que a situação mudou em seu benefício, se a derrubada do governo tiver resultado apenas numa mudança de pessoas e de fórmulas, nada terá sido feito... Para que a revolução seja algo mais do que uma simples palavra, para que a reação não nos leve amanhã à mesma situação de ontem, é preciso que a conquista de hoje seja algo que mereça ser defendido; os pobres de ontem não devem ser os pobres de hoje."

Em outras palavras, é preciso que a revolução seja capaz de assegurar imediatamente pelo menos duas coisas: a primeira, a frustração de qualquer tentativa de que seja criada aquela anomalia que se chama "governo revolucionário"; a segunda, que haja um avanço substancial em direção à igualdade social. O gradualismo é fatal, pois todos os aspectos da vida econômica e social estão de tal forma interligados, que nada menos do que uma completa e imediata transformação da sociedade poderá proporcionar a garantia efetiva contra os vários tipos de retrocesso que sempre acompanharam as revoluções do passado.

"Quando esse dia chegar – e cabe a vocês apressar a sua chegada –, quando toda uma região, quando grandes cidades com seus subúrbios tiverem se libertado dos homens que as governam, nossa tarefa está definida: é preciso fazer com que todos os equipamentos retornem às mãos da comunidade; que todos os recursos sociais, hoje em poder de indivíduos isolados, sejam devolvidos aos seus verdadeiros donos, ou seja, a todos, para que cada um possa desfrutar o seu quinhão no consumo, para que a produção de tudo que for necessário e útil possa continuar sem interrupções e para que a vida social, longe de sofrer uma interrupção, possa prosseguir com renovada energia."

Quando Kropotkin diz que tudo deve retornar à comunidade, ele não está falando em termos vagos e gerais; ele quer dizer exatamente isso: que tudo deve ser encampado pela comuna. Essa é uma palavra que os franceses – a quem ele se dirige em primeiro lugar – conheciam bem: ela serve para descrever a unidade local de administração que estiver mais próxima do povo e de suas preocupações imediatas, mas tem também a conotação revolucionária das comunas de Paris de 1793 e 1871. Mas Kropotkin amplia essa ideia – para ele a comuna não é uma agência do governo local, ou mesmo uma expressão do federalismo político, como eram as duas grandes comunas. É uma associação voluntária que reúne todos os interesses sociais, representados por grupos de indivíduos diretamente ligados a eles; pela união com outras comunas, ela produz uma rede de cooperação que substitui o Estado.

Economicamente, a comuna se expressará pela disponibilidade de produtos e serviços para todos aqueles que deles necessitam, e é aqui, quando se estabelece como critério de distribuição não o *trabalho, mas a necessidade,* que chegamos ao ponto que distingue Kropotkin do coletivista Bakunin e do mutualista Proudhon, já que ambos imaginaram sistemas de distribuição diretamente relacionados à quantidade de trabalho que cada operário realizou. Em outras palavras, Kropotkin é um anarquista comunista; para ele, o sistema de salário em qualquer de suas formas, mesmo quando administrado por Bancos do Povo ou por associações de trabalhadores através de cheques de trabalho, é apenas mais um tipo de coerção que não deveria ser admitido numa sociedade voluntária.

A teoria do anarquismo comunista foi desenvolvida principalmente em *A conquista do pão,* publicado em Paris em 1892, embora reunisse artigos escritos dez anos antes. Entretanto, é preciso ressaltar que o anarquismo comunista já não era novo, nem mesmo quando Kropotkin começou a escrever sobre ele nas páginas do *Le Révolté* e de *La Révolte*. Embora tivesse sido seu grande apóstolo e popularizador, é duvidoso que tenha sido ele o seu criador.

A característica que distingue o anarquismo comunista de outras doutrinas libertárias é a ideia da distribuição livre, mais antiga que o próprio anarquismo. Sir Thomas Moro já a defendia no século XVI e Winstanley no século XVII; era uma das características da Cidade do Sol, de Campanella, e mesmo nos falanstérios imaginados por Fourier, os raros indivíduos que não conseguiam ser convencidos a encontrar um trabalho que os atraísse ainda teriam assegurados os seus direitos de seres humanos, recebendo da comunidade os meios que lhes permitiriam sobreviver.

Na verdade, parece provável que a ideia de Fourier tenha sido uma das origens do anarquismo comunista. Proudhon tinha condenado os falanstérios pelo controle governamental que parece ter sido parte integrante das suas comunidades socialistas, mas Elisée Reclus foi um falansterista ativo antes de associar-se a Bakunin nos primeiros tempos da Confraria Internacional, e parece provável que tenha trazido algumas ideias de Fourier quando se tornou um dos líderes do anarquismo francês, em 1870.

A mais antiga publicação ligando anarquismo e comunismo é um pequeno panfleto escrito por François Dumartheray, um artesão de Genebra que mais tarde ajudaria Kropotkin a editar o jornal *Le Révolté*. Chamava-se *Aux Travailleurs Manuels Partisans de l'Action Politique* e foi publicado em Genebra durante o ano de 1876. Por essa época Kropotkin acabava de deixar a Rússia e não chegaria a Genebra antes de fevereiro de 1877 e, assim, Dumartheray dificilmente poderia ter sido influenciado por ele. Elisée Reclus, por outro lado, estava em Genebra e pode muito bem ter convertido Dumartheray, que não parece ter sido um homem de ideias muito originais.

Seja como for, quer tenha tido origem em Reclus ou no próprio Dumartheray, uma vez criada, a ideia espalhou-se rapidamente. Cherkesov, o príncipe georgiano que participava ativamente do movimento anarquista na Suíça na década de 1870, afirma que, em 1877, um ano após a morte de Bakunin, todos os integrantes dos círculos libertários suíços tinham aceito a ideia do anarquismo comunista, embora não se mostrassem dispostos a designá-lo por esse nome. Os italianos, que mantinham contato com as tendências que surgiam na Itália através de Cafiero, Malatesta e outros militantes que às vezes achavam oportuno cruzar a fronteira em Ticino, também avançavam na mesma direção em 1877. O passo final, aceitar a designação anarquismo-comunismo, foi dado ao mesmo tempo na Suíça e na Itália durante o ano de 1880, quando – como Kropotkin contaria a Guillaume muito tempo depois – ele, Reclus e Cafiero persuadiram o Congresso da Federação do Jura a aceitar o comunismo livre como sua doutrina econômica. A única seção do movimento anarquista que ainda permanecera ativa na Espanha não tomou a mesma decisão e continuou até 1939 sob a influência das ideias coletivistas de Bakunin.

O Congresso do Jura em 1880 foi na verdade a primeira vez em que Kropotkin discutiu publicamente o anarquismo comunista. Sob o seu pseudônimo revolucionário, Levashov, ele apresentou um relatório intitulado *A ideia anarquista do ponto de vista de sua realização prática,* que seria mais tarde publicado no *Le Révolté,* o qual a partir desse momento tornou-se o órgão difusor das ideias anarquistas-comunistas. O relatório salientava a necessidade que a revolução, quando viesse, tivesse como base as comunas locais, que executariam todas as expropriações necessárias e tratariam da coletivização de todos os meios de produção. Não mencionava especificamente o método de distribuição comunista, mas, no discurso que acompanhou o relatório, Kropotkin deixou bem claro que considerava o comunismo – no sentido da distribuição livre e da extinção de qualquer forma de sistema de salário – como uma consequência imediata da coletivização dos meios de produção.

Em *A conquista do pão,* composta por artigos escritos na metade da década de 1880, alguns anos depois daqueles reunidos em *Paroles d'un Révolté,* Kropotkin imprime um tom mais moderado à sua apresentação do comunismo anarquista, o que provoca uma mudança correspondente na importância que dava a determinados aspectos da ideia. Ainda discute táticas revolucionárias, mas elas já não são preponderantes, e Kropotkin prefere voltar-se para a discussão das razões científicas e históricas que poderão levar-nos a aceitar a possibilidade de uma vida de "bem-estar para todos". Não é uma utopia no sentido de projetar a imagem de um mundo ideal, apresentado nos mínimos detalhes, pois, tal como todos os anarquistas, Kropotkin também acreditava que – especialmente depois da revolução social – a sociedade jamais deixaria de crescer e transformar-se e que planos exaustivos para o futuro seriam apenas tentativas absurdas e nocivas, feitas por aqueles que vivem o presente infeliz, para impor como deveriam viver os outros num futuro mais feliz. O que ele faz, na verdade, é escolher uma série de problemas sociais que nos afligem no momento e considerar, experimentalmente, como seriam solucionados num mundo onde a produção seria para o consumo e não para o lucro e onde a ciência estaria dedicada a descobrir meios para conciliar e satisfazer as necessidades de todos.

Na verdade, *A conquista do pão* parte do pressuposto criado por Proudhon de que a herança da humanidade é coletiva e que, sendo impossível medir a contribuição de qualquer indivíduo isolado, essa herança deve ser desfrutada coletivamente.

"Todas as coisas são para todos, uma vez que todos necessitam delas e trabalharam na medida de suas forças para produzi-las, e já que não é possível avaliar a participação de cada um na produção das riquezas do mundo... Se o homem e a mulher contribuírem com sua parcela justa de trabalho, eles têm direito à sua parcela justa de tudo que tiver sido produzido por todos e essa parcela será suficiente para assegurar o seu bem-estar."

Conclui-se daí que a desigualdade e a propriedade precisam ser abolidas, mas, em lugar do individualismo capitalista, deveria surgir não a propriedade restritiva do Estado, tal como planejam os socialistas autoritários, mas um sistema de cooperação voluntária que, como demonstra Kropotkin, foi considerado prático até pelos próprios governos, em questões tais como acordos postais e ferroviários internacionais. Não há qualquer razão lógica pela qual esses acordos voluntários não possam ser ampliados, abrangendo todas as funções de uma sociedade complexa.

As injustiças e as crises econômicas do capitalismo não são provocadas pelo excesso de produção, mas pelo baixo consumo e pelo trabalho aplicado em tarefas não lucrativas. Se os artigos de luxo deixassem de ser produzidos, se toda a energia gasta em atividades burocráticas e militares fosse desviada para a execução de tarefas socialmente úteis, não seria difícil proporcionar o suficiente para todos. Na verdade, seguindo uma linha de raciocínio já adotada por Godwin, Kropotkin sugere que, se todos os homens trabalhassem com as mãos, além do cérebro, "cinco horas por dia, dos vinte ou vinte e cinco anos até os quarenta ou quarenta e cinco", esse trabalho asseguraria o conforto físico para todos. Tendo ele próprio experimentado, como cientista, a alegria proporcionada por uma atividade criativa, ele entende que o lazer é tão necessário quanto o pão para que o espírito do homem desabroche.

"O homem não é um ser que tem como único objetivo na vida comer, beber e ter um lugar onde possa abrigar-se. Tão logo essas necessidades materiais tenham sido satisfeitas, surgirão outras que, falando em termos gerais, poderiam ser descritas como sendo de natureza artística. Essas necessidades são extremamente variadas; elas variam de indivíduo para indivíduo e, quanto mais civilizada for a sociedade, mais desenvolvida será a individualidade e mais variados serão os desejos de cada um."

Em consequência, assim como o trabalho dos seres humanos será organizado por associações cooperativas de trabalho, seu lazer será enriquecido por uma grande proliferação de sociedades de interesse mútuo, semelhantes às sociedades eruditas que existem hoje, mas abrangendo uma grande população de entusiasmados amadores. Todos os artistas e cientistas passarão, na verdade, a ser amadores nos dois sentidos dessa palavra ambivalente, já que todos eles – Kropotkin está certo disso – desejarão continuar a exercer um trabalho manual para, através dele, ampliar as experiências que aplicarão nas suas atividades intelectuais.

Kropotkin utiliza os argumentos de Fourier sobre o "trabalho atraente" que para ele, assim como para seu amigo William Morris, transforma-se numa das chaves do sucesso de uma sociedade livre. Não há dúvida que no mundo capitalista a maioria das pessoas considera seu trabalho desagradável e ficaria feliz se pudesse livrar-se dele. Mas Kropotkin argumenta que isso não quer dizer que o ser humano é preguiçoso por natureza; pelo contrário, ele prefere estar ocupado e encontra satisfação num trabalho que seja feito voluntariamente e em ambiente agradável. A divisão das tarefas e as más condições de trabalho nas fábricas são as principais causas do tédio e da frustração que os operários experimentam atualmente. Se ambas puderem ser substituídas por um ambiente agradável e saudável e por um trabalho variado, capaz de dar a quem o realiza a sensação de que produz alguma coisa útil, o trabalho perderia seu caráter de coisa desagradável, e sua atratividade seria reforçada pela satisfação moral de saber que somos livres e trabalhamos para o bem geral. Kropotkin sugere que esta é a melhor resposta para aqueles que afirmam que, no mundo anarquista-comunista, onde cada homem pode retirar livremente dos depósitos gerais tudo aquilo de que necessita, não haverá mais nenhum incentivo para que os homens trabalhem. O melhor incentivo não é a ameaça da necessidade, mas a consciência de estar realizando alguma coisa útil.

Aqui, ele demonstra a confiança característica do anarquista na tendência natural do homem para assumir suas responsabilidades sociais. Diferente do governo, a sociedade é um fenômeno natural e assim – sugere Kropotkin –, quando todas as restrições artificiais tiverem sido removidas, podemos esperar que os homens ajam socialmente, já que esse tipo de comportamento é parte da sua natureza. Ele não leva em consideração o fato de que, quando os homens são condicionados para a dependência, o medo à responsabilidade torna-se uma doença psicológica que na verdade não desaparece tão logo sejam removidas as suas causas.

Na verdade, ele mesmo chega a admitir, com relutância, que alguns indivíduos anti-sociais poderão resistir à atração que o trabalho proporciona numa sociedade livre. E afirma que a sociedade tem o direito de exercer uma pressão moral, de modo que, no paraíso de liberdade que criou em *A conquista do pão,* surge a serpente da opinião pública, que Orwell já reconhecera como um dos habitantes do paraíso anarquista.

E ouvimos com inquietação a exortação que Kropotkin dirige ao homem inútil: "Se fores absolutamente incapaz de produzir alguma coisa útil, ou se te recusas a fazê-lo, então deves viver como um solitário ou como um inválido; se formos suficientemente ricos para dar-te o mínimo necessário, teremos prazer em fazê-lo... és um homem, e tens o direito de viver. Mas, como desejas viver sob condições especiais, e queres abandonar as fileiras, é mais do que provável que sejas prejudicado nas tuas relações diárias com outros cidadãos. Serás olhado como um fantasma da sociedade burguesa, a menos que teus amigos, descobrindo que tens talento, bondosamente te libertem de todas as obrigações morais, fazendo todo o trabalho necessário em teu lugar".

Uma sociedade livre onde os párias, aqueles que "não pertencem às fileiras", estão sujeitos à condenação moral de seus vizinhos pode parecer um tanto contraditória. Entretanto, Godwin tinha proposto a mesma ideia cem anos antes de Kropotkin e ela não destoa do tom puritano que se repete de forma inquietante na tradição libertária; como todos os extremistas teóricos, o anarquista sofre intensamente a tentação de julgar-se melhor do que os outros.

As discussões sobre as ideias anarquistas-comunistas de Kropotkin nos afastaram da história da sua vida e eu volto agora ao ponto em que ele se instalou na Savoia Francesa, depois de ter sido expulso da Suíça. Kropotkin ficou apenas algumas semanas em Thonon e seguiu viagem para a Inglaterra, falando para grupos de anarquistas da região de Lyon enquanto viajava para o norte. Parece ter contemplado a ideia de se estabelecer na Inglaterra, mas encontrou poucos sinais da onda socialista que começaria a surgir alguns anos mais tarde e, depois de passar quase um ano em Londres, não suportou mais o ambiente apático da cidade. Em outubro de 1882, voltou a Thonon, onde pelo menos estaria perto de seus camaradas de Genebra.

Chegou em ocasião pouco oportuna: durante os meses que havia passado na Inglaterra, ocorrera um surto de inquietação na região central da França, culminando com uma série de motins e de explosões de dinamite em Monceau-les-Mines, no Maciço Central. Para as autoridades francesas, esses acontecimentos estavam relacionados ao crescimento do anarquismo no sul da França. Kropotkin perdera o contato com o movimento francês durante a sua permanência na Inglaterra, mas sua ligação com o *Le Révolté,* o principal jornal libertário, e sua reputação internacional como teórico revolucionário, bem como o fato do seu retorno à França ter coincidido, por acaso, com uma nova onda de violência eram razões suficientes para que a polícia o considerasse perigoso demais para continuar em liberdade. Assim, quando houve uma série de prisões de anarquistas, no fim de 1882, sua prisão marcou o ponto culminante da campanha. No dia 3 de janeiro de 1883, Kropotkin e cinquenta e três outros anarquistas apareceram diante da Corte Correcional da Polícia de Lyon. Quatorze homens que se haviam escondido também foram indiciados. E, como não havia nenhuma prova indicando que qualquer um dos prisioneiros estivesse implicado nos recentes atos de violência, a promotoria invocou uma lei contra a Internacional, que havia sido aprovada depois da Comuna, para acusar os réus por participarem ativamente de uma organização proibida.

Os réus fizeram o possível para transformar a ocasião numa oportunidade de expor suas ideias. Kropotkin fez o esboço de uma declaração de princípios que todos assinaram. Nela, atacava os governos e o capitalismo; exigia igualdade como "uma condição primordial da liberdade" e que, "nas relações humanas, a administração fosse substituída por um contrato livre, perpetuamente revisável, e a disciplina imposta por uma proteção legal" e acabava num tom irônico de desafio: "Canalhas que somos, exigimos pão para todos; para todos, igualmente, independência e justiça". Fez também seu próprio discurso, contando como e por que se havia tornado um revolucionário e conclamando seus juízes para que não perpetuassem o ódio entre as classes, mas que se unissem a todos os homens para que juntos criassem uma sociedade onde a ausência de miséria eliminaria as causas do conflito.

Sua eloquência não conseguiu comover a corte, nem tivera essa intenção. Embora o promotor fosse forçado a admitir que a Internacional já não existia mais, os prisioneiros foram considerados culpados de pertencer a ela. Kropotkin e três outros líderes da propaganda anarquista foram condenados a cinco anos de prisão. Foram enviados para a prisão de Clairvaux na velha Abadia de São Bernardo, onde receberam o tratamento privilegiado reservado aos prisioneiros políticos. Os dias de Kropotkin eram preenchidos com as múltiplas ocupações de um homem engenhoso e versátil. Ele dava aulas de línguas estrangeiras, cosmografia, física e geometria aos companheiros de prisão; fazia experiências de cultivo intensivo nos jardins da prisão; ele escreveu artigos sobre a Rússia para *La Revue Socialiste*, bem como contribuições para a Enciclopédia Britânica e para a monumental *Géographie Universelle,* de Elisée Reclus.

O grande número de publicações respeitáveis que se mostravam prontas a aceitar os trabalhos que Kropotkin escrevia no interior de uma prisão francesa ilustra não apenas até que ponto ele era reconhecido como um erudito, mas também a desaprovação geral que o seu julgamento e a sua prisão haviam despertado. Georges Clemenceau apresentou uma moção em favor da anistia diante da Câmara dos Deputados, conseguindo mais de cem votos. Jornais moderados da França, como o *Journal des Economistes,* condenaram a sentença, a Academia de Ciências da França ofereceu-se para enviar a Kropotkin qualquer livro de que precisasse e Ernest Renan colocou sua biblioteca à disposição do prisioneiro. Quando Victor Hugo submeteu ao presidente francês uma petição de intelectuais e literatos ingleses, ela continha alguns dos nomes mais importantes da Inglaterra vitoriana: Swinburne e Morris, Watts-Dunton e Burne-Jones, Leslie Stephens e Frederic Harrison, Sidney Colvin e Patrick Geddes, John Morley e James Runciman e Alfred Russel Wallace, assim como quinze professores das principais universidades e os mais categorizados funcionários do Museu Britânico.

Nenhuma dessas manifestações de solidariedade e protesto surtiu qualquer efeito imediato e Kropotkin enfrentou um período em que esteve gravemente enfermo, sofrendo de malária – endêmica na região de Clairvaux – e de um escorbuto que o atacou repetidas vezes. Depois disso e depois que o primeiro ministro francês, De Freycinet, havia admitido a existência de pressões russas ao declarar que "razões diplomáticas impediam a libertação de Kropotkin", a indignação popular finalmente obrigou o presidente a perdoá-lo, bem como a outros prisioneiros anarquistas.

Após cumprir três anos de sua pena, Kropotkin foi libertado em 15 de janeiro de 1886. Em março do mesmo ano desembarcava na Inglaterra pela quarta vez. Ela se tornaria o seu lar por mais de trinta anos e sua chegada marcaria o fim de sua vida ativa como explorador e revolucionário, que durou um quarto de século, desde que chegara da Sibéria. É verdade que participou do movimento anarquista na Inglaterra, ajudando a fundar o periódico *Liberdade,* e o Grupo Liberdade, que permanece como a única organização anarquista que teve vida longa na Inglaterra. Também viajava às vezes pela Inglaterra, fazendo conferências, e chegou a ir duas vezes aos Estados Unidos com o mesmo objetivo, além de participar da fundação de alguns periódicos de exilados. Mas eram atividades esporádicas, e jamais voltaria a assumir o papel de líder militante que havia desempenhado durante o período em que publicou *Le Révolté*. Preferiu recolher-se, passando a viver como um teórico erudito que combinava o estudo dos aspectos mais amplos e sociológicos do anarquismo com um retorno aos antigos interesses científicos. Viveu durante longos períodos no isolamento dos subúrbios distantes, cultivando jardins que despertavam a inveja dos vizinhos. Nos fins de semana, abria as portas de sua casa, recebendo uma série de visitantes que incluíam não apenas seus colegas geógrafos e os companheiros anarquistas, mas toda espécie de intelectuais, de Bernard Shaw a Thomas Mann, de Frank Harris a Ford Maddox Ford. Para os anarquistas, ele era o cientista ilustre e o profeta do movimento, a quem procuravam solicitando conselhos e artigos e que acolhiam de braços abertos em suas raras aparições nas assembleias públicas e nas reuniões que aconteciam em algum dos clubes revolucionários que pontilhavam o Soho e Whitechapel. Para o público inglês mais esclarecido,

Kropotkin era um ilustre símbolo da resistência russa à autocracia. Os artigos que escrevia para o *Times* e para outras publicações científicas da Inglaterra eram lidos com respeito, e tanto sua autobiografia, *Memórias de um revolucionário,* quanto as discussões sobre a cooperação como um fator na evolução que incluiu em seu livro *Ajuda mútua* foram rapidamente aceitos como clássicos em seus respectivos campos.

Ao mesmo tempo, a própria atitude de Kropotkin começou lentamente a mudar. Começou a dar uma importância cada vez maior ao aspecto evolutivo da transformação social, relacionando-a não a movimentos revolucionários súbitos, mas ao próprio desenvolvimento pacífico da sociedade; defendia com frequência cada vez menor o emprego de métodos violentos e já em 1891 sugeria num de seus discursos que o anarquismo poderia vir pelo "amadurecimento da opinião pública e com a menor quantidade possível de perturbações". Os atos dos assassinos anarquistas durante esse período deixavam-no verdadeiramente angustiado; não queria condená-los, pois entendia que seus impulsos eram honestos e compreensíveis, mas não podia aprovar os métodos que utilizavam.

Havia várias razões para que ocorressem essas mudanças na atitude de Kropotkin. Sua saúde cada vez mais frágil exigia uma vida mais tranquila e isso fez com que sua bondade natural viesse à tona. Voltou seu interesse para a evolução porque fazia parte de sua natureza moderada preferi-la, mas também porque o seu renovado interesse pela ciência fazia com que reagisse contra o romantismo apocalíptico de Bakunin. Reconhecia que suas atividades como agitador, que exercera quando mais jovem, não haviam trazido os resultados rápidos que esperara, e, percebendo os constantes contratempos sofridos pelo movimento revolucionário, tornou-se cada vez menos confiante numa vitória em futuro próximo. Mas talvez o fator que mais tenha contribuído para essa mudança de atitude tenha sido o contato que manteve com o movimento socialista inglês. Kropotkin era muito amigo de William Morris*, conhecia e estimava muitos fabianos e alguns fundadores do Partido Trabalhista Independente, como Keir Hardie, e, embora ele e H. M. Hundman, o líder marxista da Federação Social Democrática, estivessem sempre em desacordo, ainda assim sentiam grande respeito um pelo outro. Kropotkin ficara impressionado com a tolerância mútua que existia entre as várias seções do movimento trabalhista inglês. Reconhecia que o socialismo britânico tinha um elemento libertário bem maior do que o de seus congêneres marxistas no continente e talvez inconscientemente tivesse esperança de aproximar-se aos poucos, e racionalmente, do ideal que impregnava a tradição trabalhista inglesa. Esses aspectos do socialismo inglês deviam-se, em grande parte, à influência não declarada de William Morris e seus discípulos; é significativo o fato de ter sido exatamente nesse momento que o próprio Kropotkin descobriu Godwin, reconhecendo nele um antepassado.

Essas mudanças de atitude não significam que Kropotkin tivesse abandonado seus primitivos ideais. Até o fim da vida continuou convencido dos males do capitalismo e do governo e da necessidade de operar mudanças que transformassem a sociedade como um todo, criando um comunismo livre que substituísse o sistema dominado politicamente pelo Estado e economicamente pelo sistema de salário. Por mais que tenha sido amigo dos socialistas ingleses, jamais fez concessões nas questões básicas que o separavam deles. Mas a verdade é que o anarquismo apresentado por Kropotkin era muito diferente daquele anarquismo sugerido pelos atos violentos dos propagandistas pela ação, que ameaçavam operar nos países latinos da Europa. E se na França e na Inglaterra muitos não anarquistas ainda julgavam o anarquismo "uma doutrina coerente e quase sublime", como

---

* É significativo o fato de jamais ter apoiado o grupo de anarquistas violentos que tornavam a vida de Morris tão difícil na Liga Socialista.

afirmou o fabiano Edward Pease, isto se devia – como o próprio Pease observaria depois – "à extraordinária habilidade e ao caráter inatacável de Kropotkin e seus companheiros". A presença amável de Kropotkin no palanque; o tom moderado que imprimia aos seus trabalhos, em contraste com o estilo fulminante e a paradoxolatria de Proudhon; a afabilidade que o fazia sentir-se à vontade tanto nas casas de campo dos aristocratas quanto nas choupanas dos mineiros de Durham, tudo isso contribuiu para transformar a imagem do anarquismo. Ele deixou de ser uma doutrina na qual a crítica radical era o elemento mais importante, como acontecia com Proudhon; ou a destruição da sociedade era considerada a tarefa mais urgente – pois o novo mundo seria capaz de tomar conta de si mesmo –, como acontecia com Bakunin, para tornar-se uma doutrina que, sem ser utópica à maneira limitadora de Cabet e dos extintos falanstérios, apresentava mesmo assim uma alternativa concreta e factível para a sociedade da época.

As contribuições mais importantes de Kropotkin para a teoria geral do anarquismo acabam com a publicação de *Ajuda mútua,* em 1902, e de um longo panfleto intitulado *O Estado,* em 1903. Seus últimos livros, *Ideais e realidades na literatura russa, A grande Revolução Francesa* e *Ética,* editado postumamente, são trabalhos periféricos iluminados por um espírito libertário, mas cujo objetivo principal não era a apresentação da causa anarquista-comunista.

Ajuda mútua foi a contribuição de Kropotkin para uma controvérsia que tinha suas origens remotas num trabalho que marcou o verdadeiro começo do anarquismo teórico, a *Justiça política,* de Godwin. O conceito de benevolência universal de Godwin não era muito diferente da ideia de ajuda mútua, de Kropotkin, e foi ela que serviu de base a seu argumento segundo o qual, se o homem agisse de maneira racional, cumprisse a sua parte no trabalho socialmente útil, eliminasse todas as atividades não econômicas e explorasse as descobertas científicas em benefício da humanidade, todos os seres humanos viveriam com conforto e ainda teriam tempo livre para desenvolver seus espíritos. A semelhança desses argumentos com aqueles desenvolvidos em *A conquista do pão* é evidente.

Em resposta a Godwin, T. R. Malthus apresentou em 1798 sua célebre teoria sobre a tendência natural da população para aumentar em proporção maior à quantidade de alimento disponível, e que o equilíbrio só é mantido por fenômenos tais como doenças, fome, guerra, e a luta natural pela vida em que os fracos são eliminados. Se as sugestões de Godwin fossem colocadas em prática, conseguiriam apenas perturbar a limitação natural da população, além de serem inúteis, já que a população voltaria a crescer mais rapidamente do que os estoques disponíveis de alimentos, e a fome resultante restauraria o equilíbrio natural; conclui-se daí que falar numa melhora básica das condições humanas é simplesmente uma quimera.

Hazzlitt e Godwin responderam a Malthus, mas a sua doutrina continuou sendo uma presença marcante no pensamento vitoriano e recebeu apoio, do ponto de vista biológico, quando Darwin enfatizou a competição e a "luta pela vida" como os elementos dominantes no processo através do qual a seleção natural mantém as variações favoráveis e elimina as desfavoráveis. Embora nos últimos anos de sua vida Darwin tenha reconhecido que a cooperação dentro das espécies não podia ser ignorada como um dos fatores da evolução, a ideia do conflito continuou sendo um elemento muito mais forte no seu conceito de processo evolutivo, e foi salientada pelos neodarwinistas, como Thomas Henry Huxley, com sua visão do mundo animal como uma eterna "luta de gladiadores", e a vida do homem primitivo como "uma luta livre contínua". Segundo Huxley, o conflito não é apenas desejável como uma das condições do progresso: ele é também inevitável.

Superficialmente, essa atitude parece ter muito em comum com aqueles aspectos do pensamento anarquista que salientam a ideia de luta como algo necessário para que se chegue à sociedade livre. Mas os anarquistas afirmam que a luta é necessária apenas para eliminar os aspectos competitivos negativos da sociedade vigente. Se a competição chegar a existir no futuro, imaginam eles, será transformada numa rivalidade socialmente útil. Mas a existência continuada do tipo de luta perpétua proposta pelos neodarwinistas seria fatal para a sociedade cooperativa. Assim, tornou-se necessário para os filósofos libertários dar uma resposta eficaz para os argumentos de Malthus e Huxley. Foi o que Kropotkin se propôs a fazer em *Ajuda mútua*.

Seu interesse pelos aspectos cooperativos da evolução datavam do tempo de suas viagens exploratórias pela Sibéria. Observando a vida dos animais nas regiões selvagens que percorria, ele havia detectado mais sinais de cooperação do que de luta entre indivíduos da mesma espécie. Sua conversão ao anarquismo aguçou seu interesse pela vida social dos animais e em abril de 1882 publicou um artigo no *Le Révolté*, no qual discutia o darwinismo e antecipava sua própria teoria de ajuda mútua ao afirmar que "solidariedade e trabalho comunitário servem para fortalecer a espécie na sua luta pela manutenção de suas vidas contra as forças adversas da natureza". Pouco depois, quando se encontrava na prisão de Clairvaux, ficou impressionado ao ler uma conferência que o cientista Kessler havia feito em Moscou, afirmando a importância da cooperação como um fator na evolução. Mas foi o trabalho de Huxley sobre *A luta pela vida* e *sua relação com o homem,* publicado em 1888, que levou Kropotkin a tentar dar-lhe uma resposta, e em 1890 ele começou a publicar no Século XIX a série de ensaios que eventualmente se transformaria no livro *Ajuda mútua*.

Ele começa o livro sugerindo que em todo o mundo animal, do inseto até o mamífero mais desenvolvido, "existem relativamente poucas espécies que vivem solitariamente ou formando pequenas famílias e o seu número é limitado".

Frequentemente esses animais pertencem a espécies em extinção ou vivem assim devido às condições artificiais criadas pela destruição – provocada pelo homem – do equilíbrio natural. Na verdade, a ajuda mútua parece ser a regra entre as espécies mais bem-sucedidas, como Kropotkin demonstra numa série de impressionantes observações feitas por ele mesmo e por outros cientistas, e acaba sugerindo que a ajuda mútua é, de fato, o elemento mais importante na sua evolução.

A vida em sociedade permite que o mais frágil dos animais, os menores pássaros e os mamíferos mais débeis resistam e se protejam das mais terríveis aves e feras de rapina; ela permite a longevidade; possibilita que as espécies criem seus filhotes com o menor gasto possível de energia e mantém seu número inalterado, apesar de uma baixa taxa de nascimento; permite que os animais gregários migrem em busca de novas moradas. Portanto, embora admitindo que força, rapidez, astúcia, cores protetoras e a capacidade de suportar o frio e a fome – mencionadas por Darwin – são qualidades que tornam os indivíduos e as espécies mais aptos, sob certas circunstâncias, afirmamos que em qualquer circunstância a sociabilidade é a maior das vantagens na luta pela vida. As espécies que a abandonam voluntariamente estão fadadas a desaparecer, enquanto aqueles animais que melhor sabem viver juntos têm as maiores chances de sobreviver e evoluir, embora possam ser inferiores a outros em cada uma das faculdades enumeradas por Darwin e Wallace, exceto a capacidade intelectual.

A capacidade intelectual, sugere Kropotkin, "é eminentemente social", já que é estimulada pela linguagem, pela imitação e pela experiência acumulada. Além disso, o próprio fato de viver em sociedade tende a desenvolver – por mais rudimentar que possa ser essa forma de desenvolvimento – "aquele senso de justiça coletivo que acaba por tornar-se um hábito", que é a própria essência da vida social. A luta pela vida é realmente importante, mas mais como uma luta contra as circunstâncias adversas do que entre indivíduos da mesma espécie. Onde ela existir entre seres da mesma espécie será mais prejudicial do que qualquer outra coisa, já que anulará as vantagens proporcionadas pela sociabilidade. Longe de prosperar graças à competição – sugere Kropotkin –, a seleção natural procura encontrar meios para evitá-la.

Tais considerações valeriam também para os homens. Kropotkin discorda da visão rousseauniana de Huxley, que vê o homem primitivo engajado numa contínua luta livre pela vida, com observações de sociedades primitivas reais, que sugerem que o homem sempre viveu em tribos ou clãs, nas quais a lei – tal como hoje a conhecemos – é substituída por costumes e tabus que asseguram a cooperação e a ajuda mútua. O homem é e sempre foi um ser social, afirma Kropotkin. Para ele, a ajuda mútua atingiu o auge na rica vida comunitária das cidades medievais e prova que até mesmo instituições aparentemente coercitivas, como o Estado, não conseguiram eliminar a cooperação voluntária, que continua sendo o mais importante fator no relacionamento de homens e mulheres, considerados como indivíduos. O desejo de socialização é a base de todas as doutrinas de ética social, e se não fosse ele a condicionar quase todas as nossas ações cotidianas para com nossos semelhantes, mesmo o mais bem organizado dos Estados não conseguiria impedir a desintegração da sociedade.

Simplifiquei deliberadamente um livro complexo e repleto de argumentos bem fundamentados. Ele representa a declaração clássica de uma ideia comum à maioria dos anarquistas, a ideia de que a sociedade é um fenômeno natural, anterior ao aparecimento do homem, e que o homem é naturalmente adaptado para observar as suas leis, sem necessidade de que sejam criadas regras artificiais. A maior falha de *Ajuda mútua* é não reconhecer a tirania imposta por costumes e hábitos da mesma forma que reconhece aquelas impostas por governos e regulamentos.

Mais uma vez, Kropotkin demonstra estar disposto a aceitar a coerção moral, seja ela imposta pelos costumes de uma tribo primitiva, ou pela opinião pública numa sociedade anarquista, sem admitir até que ponto essa força também nega a liberdade do indivíduo. O indivíduo em uma sociedade repleta de tabus no primitivo Congo tinha na verdade muito menos liberdade de ação do que um cidadão da Inglaterra, país em que o próprio Kropotkin viveu, sofrendo tão poucas interferências. Uma sociedade sem governo, em outras palavras, pode estar muito longe de ser uma sociedade livre, no que se refere à vida pessoal de seus membros. Mas Kropotkin jamais se mostrou disposto a considerar seriamente essa possibilidade.

Os últimos anos da vida de Kropotkin foram cheios de problemas de saúde. Em 1914, a I Guerra Mundial separou-o abruptamente da maioria de seus companheiros anarquistas. Seguindo a tradição antimilitarista, o movimento anarquista como um todo se opôs à guerra, embora alguns de seus líderes, incluindo Cherkesov e Grave, tivessem apoiado a posição de Kropotkin, a favor dos aliados.

A própria atitude de Kropotkin demonstrou uma volta à tradição dos *narodnik*, entre os quais se tornara um revolucionário. Os primeiros radicais russos consideravam a Alemanha, e particularmente a Prússia, como inimigas dos ideais que defendiam. Acreditavam que as piores características do tzarismo tinham origem na autocracia prussiana, transplantada pela imperatriz alemã Catarina, a Grande, e por Nicolau I, que admirava tanto os métodos militares de Junker que chegou a adotá-los em sua própria administração. No seu período pan-eslavista, Bakunin abandonou a primitiva admiração pela Alemanha, como pátria da filosofia, e sua desconfiança transformou-se em ódio no decorrer da guerra franco-prussiana. Desde aquela época, na opinião de Kropotkin, o Império Alemão se havia fortalecido e até o socialismo germânico adquirira um caráter universalmente autoritário. Ele acreditava que a Alemanha e os alemães desejavam a guerra para, através dela, dominarem a Europa, e que esse domínio representaria um incomensurável retrocesso para a causa da liberdade. Nessas circunstâncias – e indo contra suas próprias teorias – adquiriu o hábito de identificar os governos com o povo e, onde Bakunin falara de uma guerra popular contra os prussianos, uma guerra que destruiria todos os governos, Kropotkin colocou-se numa posição em que apoiava a Inglaterra e a França, como governos, contra o Estado germânico.

O rompimento com os anarquistas terá sido provavelmente o acontecimento mais infeliz da vida de Kropotkin. Ele parecia estar chegando ao fim melancólico e solitário de uma carreira ativa quando, em março de 1917, começaram a chegar notícias de que o povo russo se havia revoltado e que a autocracia tinha chegado ao fim. Kropotkin ficou contentíssimo. Seu próprio povo se havia libertado da tirania e poderia passar os últimos anos de sua vida finalmente dedicado a servir sua terra natal. No verão de 1917, deixou a Inglaterra e chegou à Estação Finlândia, em Petrogrado, sendo recebido por Kerensky, um regimento de guardas e uma banda militar que tocava a *Marselhesa*. Os líderes anarquistas, que em sua maioria eram contra a guerra, não compareceram à Estação.

Quarenta anos vividos no estrangeiro tinham feito com que Kropotkin perdesse o contato com a realidade russa. Ele não foi capaz de entender até que ponto a Revolução de Fevereiro fora provocada pelo cansaço que o povo – envolvido num conflito que mal conseguia entender – sentira da guerra e começou imediatamente a conclamar os russos a prosseguir na guerra contra a Alemanha, com um entusiasmo que o tzar germanófilo não conseguia transmitir, como se aquela fosse a mais urgente das tarefas. Kropotkin se recusou a participar do governo, mas pelo apoio que dava à continuação da guerra seu nome passou a ser associado ao desacreditado regime de Kerensky, ao mesmo tempo que perdia todo contato com a esquerda – fosse ela anarquista, revolucionária ou bolchevique –, porque os partidários dessas tendências se opunham à guerra e seguiam a orientação política de Lênin, que pregava o derrotismo revolucionário. Em consequência, Kropotkin logo passou a ser uma figura insignificante num cenário político que se alterava continuamente, e toda a influência a favor da moderação que ele poderia ter exercido na Rússia foi perdida.

Os acontecimentos da Revolução de Outubro seguiram, em alguns aspectos, os rumos previstos pelos teóricos anarquistas, incluindo o próprio Kropotkin. Os camponeses tomaram as terras e os operários as fábricas, de modo que os decretos criados pelos bolcheviques serviram apenas para reconhecer uma situação de fato. A maioria dos anarquistas chegou a tomar parte no levante de Outubro, procurando encontrar dentro dele a possibilidade de uma verdadeira Revolução libertária. Entretanto, Kropotkin estava certo em sua visão profética quando disse para Atakebian, um dos poucos antigos camaradas com quem ainda mantinha contato: "Isso enterra a revolução".

A longo prazo, a tomada do poder pelos bolcheviques serviu para reunir Kropotkin aos outros anarquistas russos, já que afastou a principal causa da desavença entre eles, a questão da guerra. Além disso, o movimento anarquista seria logo obrigado a opor-se ao regime bolchevique, não só pelas características ditatoriais que o mesmo assumiu, mas porque os anarquistas estavam entre os primeiros dissidentes a sofrer as perseguições da Cheka. Kropotkin era um personagem demasiado conhecido internacionalmente para que pudesse sofrer qualquer perseguição direta, mas protestou tanto quanto pôde contra o curso dos acontecimentos. Encontrou Lenin mais de uma vez para criticar sua orientação política e em novembro de 1920 escreveu-lhe uma carta onde atacava corajosamente a prática de tomar reféns. Mas talvez o mais importante documento desse período final tenha sido *Carta aos trabalhadores do mundo,* que ele entregou a Margaret Bondfield quando esta visitou a Rússia.

Nessa carta, que foi amplamente divulgada pela imprensa ocidental europeia, Kropotkin discorda veementemente dos que pensavam destruir os bolcheviques utilizando forças externas e conclama os elementos progressistas dos países ocidentais a acabarem com o bloqueio e a guerra intervencionista, que serve apenas para fortalecer a ditadura e tornar ainda mais difícil a tarefa dos russos que lutavam pela verdadeira reconstrução social. A seguir, ele propõe sua própria visão anarquista de uma Rússia baseada na união federal de comunidades, cidades e regiões livres. Depois, exorta o povo de outras terras a aprenderem com os erros da Revolução Russa. Louva alguns aspectos da Revolução, principalmente o avanço em direção à igualdade econômica e à ideia original de criar os soviets como instituições que levariam à participação direta dos produtores na administração dos seus próprios setores de trabalho. Mas observa que, depois de passarem ao controle da ditadura política, os soviets foram reduzidos ao papel passivo de meros instrumentos da autoridade.

"O imenso trabalho construtivo que é exigido de uma Revolução Social não pode ser realizado por um governo central, mesmo que este tenha para guiá-lo nesta tarefa algo mais substancial do que algumas brochuras socialistas ou anarquistas. Ele exige o conhecimento, o cérebro e a colaboração voluntária de uma massa de forças locais e especializadas, as únicas capazes de enfrentar a diversidade de problemas econômicos em seus aspectos locais. Desprezar essa colaboração e confiar no gênio dos ditadores do partido é destruir todos os núcleos independentes, tais como sindicatos e organizações cooperativas locais de distribuição, transformando-os em órgãos burocráticos do partido, como está sendo feito agora. Mas essa é a maneira de não fazer a revolução, a maneira de tornar impossível a sua realização."

Entretanto, Kropotkin conseguiu manter-se suficientemente otimista, a ponto de prever que eventualmente haveria um renascimento do socialismo em todo o mundo e conclamando os operários a fundar uma nova Internacional, independente dos partidos políticos, tendo como base os sindicatos organizados espontaneamente, com o objetivo de libertar a produção da sua "atual escravização ao capital".

Eram palavras corajosas, num momento em que havia uma Guerra Civil e em que o terror bolchevique se tornava mais intenso. Os últimos anos da vida de Kropotkin foram os mais nobres, pela sua estóica dedicação aos seus ideais. Mas suas palavras não conseguiram alterar o rumo dos acontecimentos, tanto no exterior quanto na própria Rússia. Não foi capaz de fazer nada nem mesmo pelos anarquistas, já que a maioria deles estava ou na prisão, ou no exílio, ou lutando suas próprias batalhas no exército revolucionário de Makhno, na Ucrânia. Cônscio da sua solidão, do fracasso das esperanças que tivera para a Rússia, mas ainda mentalmente ativo e trabalhando sem parar no seu último livro, *Ética*, Kropotkin foi ficando cada vez mais fraco, morrendo no dia 8 de fevereiro de 1921. Uma procissão de mais de cinco quilômetros seguiu seu caixão pelas ruas de Moscou. Foi a última grande demonstração dos amantes da liberdade contra os bolcheviques, e os estandartes negros dos grupos anarquistas traziam, em letras escarlates, a mensagem "Onde há autoridade, não há liberdade". Foi dessa maneira dramática que o último dos grandes anarquistas entrou para a história.

O próprio Kropotkin poderia dizer – embora o fizesse com toda a humildade – que a sua contribuição à tradição anarquista consistia em aplicar uma abordagem científica aos problemas práticos. Mas seu otimismo, o respeito exagerado pelo culto à evolução, característico do século XIX, sua fé irracional no homem do povo, impediram-no de atingir a verdadeira objetividade científica. Sua forma de abordagem, como ele mesmo às vezes reconhecia, era tão intuitiva quanto intelectual, e sua emoção compassiva sempre acabava vencendo o raciocínio frio.

Minha sugestão seria que a sua verdadeira contribuição foi, na verdade, promover a humanização do anarquismo, estabelecer constantemente relações entre a teoria e os detalhes da vida real, o que emprestava a essa teoria um aspecto concreto e uma pertinência com a vida cotidiana que raramente observamos em Godwin, Proudhon ou Bakunin. Mas esses aspectos concretos eram uma consequência da sua personalidade. Kropotkin acreditava fervorosamente na solidariedade humana porque toda a sua natureza sentia-se atraída por essa ideia. Era um homem irrepreensivelmente honrado, bondoso e consciente das necessidades dos outros, generoso e hospitaleiro, corajoso e incomodamente dedicado à verdade. Sua bondade equilibrada parece quase demasiado branda e inocente na nossa época, quando facilmente se pressupõe que todo gênio nasce da frustração, e a santidade, de alguma profunda mácula dostoievskiana. Entretanto, essa bondade era real e a ela devemos a especial benevolência com que Kropotkin encarava a natureza humana e, de forma menos direta, aquela visão tão complexa, e ao mesmo tempo tão simples, de uma Cidade de Deus mundana e agnóstica com a qual coroava o tortuoso edifício do pensamento anarquista.

O profeta

Stefan Zweig certa vez descreveu Tolstoi como o "mais exaltado anarquista e anticoletivista do nosso tempo". É possível questionar o radicalismo dessa afirmação, mas um exame das ideias e ensinamentos de Tolstoi nos últimos trinta anos de sua vida e das tendências maldisfarçadas dos grandes romances que escreveu antes de sua conversão deixam poucas dúvidas sobre a verdade que contém. Tolstoi não chamava a si mesmo de anarquista, porque aplicava esse termo àqueles que desejavam transformar a sociedade utilizando métodos violentos; preferia considerar-se um cristão literal. Mesmo assim, não ficou totalmente descontente quando, em 1900, ao escrever uma pesquisa pioneira sobre as várias correntes do pensamento anarquista, o sábio alemão Paul Eltzbacher nela incluiu suas ideias, demonstrando que, embora repudiasse a violência, sua doutrina básica e principalmente sua rejeição ao Estado e à propriedade seguiam as linhas gerais do padrão anarquista.

As ligações que Tolstoi manteve com outras correntes anarquistas foram poucas, mas importantes. Em 1857, leu uma obra não identificada de Proudhon (provavelmente *O que é a propriedade?*) e as notas que foi levado a escrever na época sugerem que o anarquista francês já o tinha influenciado profundamente. "O nacionalismo é o único obstáculo ao progresso da liberdade" comentou. E, mais significativo ainda, acrescentou: "Todos os governos são bons e maus, na mesma medida. O melhor ideal é a anarquia". No início de 1862, durante uma viagem pela Europa, fez questão de visitar Proudhon em Bruxelas. Falaram sobre educação – uma das grandes preocupações de Tolstoi, na época –, e mais tarde ele lembraria de Proudhon como sendo "o único homem do nosso tempo capaz de entender a importância do ensino público e da máquina impressora". Também conversaram sobre o livro que Proudhon estava quase terminando quando Tolstoi o visitou, *La guerre et la paix*; restam poucas dúvidas de que Tolstoi tenha tomado por empréstimo bem mais do que o título desse tratado – que situava as origens e a evolução da guerra não nas decisões tomadas por líderes políticos e militares, mas na psique social – para o seu maior romance.

Embora o pandestrutivismo de Bakunin obviamente não seduzisse Tolstoi, esses dois *barins* rebeldes mas autocráticos tinham muito mais pontos em comum do que ambos gostariam de admitir, pois – a seu modo – Tolstoi era um iconoclasta e um destruidor que desejava ver o fim – mesmo que através de meios pacíficos e morais – do mundo artificial da alta sociedade e da política. Mas Tolstoi sentia o maior respeito por Kropotkin, a quem jamais conheceu pessoalmente. Romain Rolland chegou mesmo a sugerir que Tolstoi via nesse príncipe que abrira mão de suas riquezas e posição social pela causa do povo, um exemplo vivo que ele mesmo só conseguira realizar em suas ideias e em sua obra literária. Certamente Tolstoi admirava as *Memórias de um revolucionário* e, tal como Lewis Mumford em nossos dias, reconhecia a grande originalidade e o senso prático de *Campos, fábricas e oficinas* que, segundo ele, poderia tornar-se um manual para a reforma agrária na Rússia. Seu discípulo Vladimir Cherkov, exilado na Inglaterra, serviu de intermediário através do qual Tolstoi e Kropotkin estabeleceram contato, e há uma troca de mensagens particularmente interessante. Bastante sagaz, Tolstoi chegou à conclusão de que a defesa da violência que Kropotkin fazia era relutante e contrária à sua verdadeira natureza:

"Seus argumentos a favor da violência – observou ele a Cherkov – não me parecem ser a expressão de suas opiniões pessoais, mas apenas da fidelidade ao estandarte sob o qual serviu com tanta honestidade durante toda a sua vida".

Kropotkin que, por sua vez, sentia o maior respeito por Tolstoi, descrevendo-o como "o homem mais comoventemente amado em todo o mundo", ficou evidentemente perturbado com essa opinião, e comentou com Cherkov: "Para entender o quanto eu simpatizo com as ideias de Tolstoi, basta dizer que escrevi um volume inteiro para demonstrar que a vida é criada não pela luta pela existência, mas pela ajuda mútua".

O que Kropotkin queria dizer com "ajuda mútua" não era muito diferente do que Tolstoi chamava de "amor", e quando examinamos o desenvolvimento da filosofia social de Tolstoi e a comparamos com a de outros anarquistas, percebemos como a sua doutrina se insere firmemente na tradição libertária.

O anarquismo de Tolstoi, assim como seu cristianismo racional, foi desenvolvido através de uma série de experiências culminantes. Os anos que viveu como oficial no Cáucaso, em contato com as tribos montanhesas e com os cossacos, que viviam de acordo com suas tradições, ensinaram-lhe as virtudes das sociedades simples que vivem próximas da natureza e longe da corrupção urbana; as lições que aprendeu com essa experiência foram bem semelhantes às que Kropotkin recebera durante encontros similares na Sibéria. Sua presença durante o cerco de Sebastopol, durante a Guerra da Crimeia, preparou-o para o pacifismo que adotaria mais tarde. Mas talvez a experiência decisiva na vida de Tolstoi tenha sido uma execução pública na guilhotina a que ele assistiu em Paris, em 1857. A eficiência fria e desumana com que foi realizada despertou nele mais horror do que qualquer cena de guerra que tivesse presenciado, e a guilhotina passou a representar, para ele, o símbolo aterrorizante do governo que a utilizava. A partir desse dia passou a falar politicamente – ou antipoliticamente – com a voz de um anarquista.

"O estado moderno – escreveu ele ao amigo Botkin – não é senão uma conspiração para explorar e, acima de tudo, para desmoralizar seus cidadãos... Posso entender as leis morais e religiosas, não obrigatórias para todos, mas que conduzem ao progresso e prometem um futuro mais harmonioso; reconheço as leis da arte, que sempre trazem felicidade. Mas as leis políticas parecem-me mentiras tão terríveis, que não consigo entender como uma delas possa ser melhor ou pior do que qualquer das outras... Daqui em diante, jamais voltarei a servir qualquer governo, em nenhum lugar."

Tolstoi passaria o resto da vida aperfeiçoando essa teoria sob muitas formas e de modo bastante mais complexo, mas o núcleo permaneceu sempre o mesmo, e é possível perceber, nos trabalhos que escreveu durante os últimos dez anos de sua vida, declarações que se parecem muito ao que havia dito quarenta anos antes, quando a lembrança da guilhotina ainda assombrava os seus sonhos e ultrajava a sua humanidade.

"Considero todos os governos – disse, pouco antes de morrer –, não só o governo russo, como instituições complexas, sacramentadas pela tradição e pelo costume, que existem apenas com o objetivo de cometer, pelo uso da força e com impunidade, os mais revoltantes crimes. E acredito que os esforços daqueles que desejam aperfeiçoar a nossa vida social deveriam ser dirigidos no sentido de libertarem a si mesmos dos governos nacionais, cujos erros e – acima de tudo – cuja inutilidade tornam-se cada vez mais aparentes em nossa época."

É importante reconhecer a continuidade das tendências anarquistas de Tolstoi, presentes desde a sua juventude até a morte, pois há uma visão persistente que insiste em ver nele dois seres distintos e até antagônicos. O período de dúvidas terríveis e de agonia espiritual que acompanhou o término de *Ana Karenina* e que foi, em grande parte, registrado nos seus últimos capítulos, aquele período que Tolstoi considerava o momento de sua conversão, é visto como um grande divisor de águas, dividindo a sua vida. De um lado fica a terra de sol vibrante e de florestas úmidas do orvalho que pertence aos seus grandes romances. Do outro, o deserto de trabalho espiritual no qual Tolstoi, como um João Batista moderno, procura os gafanhotos do moralismo e o mel da alegria espiritual. De um lado está o artista, do outro, a mistura de santo e anarquista, e podemos escolher o Tolstoi que preferirmos, de acordo com nosso gosto pessoal.

Parece-me que essa visão, que eu mesmo defendi em outras épocas, é falsa, pois ela ignora os inúmeros fios que unem o Tolstoi que existiu no início e aquele que surgiria mais tarde. Os traços que vemos mudam, como mudam os traços de um homem à medida que envelhece, mas o rosto continua sempre igual, marcado pela ânsia por justiça e amor, e absorvido pela sedução do mundo natural em toda a sua beleza. O artista e o anarquista vivem ambos naquele rosto, como sempre viveram durante toda a vida de Tolstoi.

Pois, para começar, jamais houve um momento em que Tolstoi tivesse realmente abandonado a arte da literatura. Mesmo nos seus períodos de propagandista ativo, ele jamais se libertou do desejo de buscar a expressão artística e até o fim da vida seu cérebro esteve sempre cheio de planos e ideias para romances, contos e peças, como provam seus diários escritos nas décadas de 1880 e 1890. Muitas foram iniciadas e abandonadas, mas algumas chegaram a ser concluídas. Ainda em 1904, Tolstoi acabava uma de suas melhores novelas, *Hadji Murad,* num estado em que se misturavam a alegria por ter realizado esse trabalho com a culpa pela sua autocomplacência. Os melhores trabalhos que escreveu já no fim da vida, contos como *Senhor e homem* e *A morte de Ivan Ilitch,* não mostram qualquer sinal de que o seu talento especial para transformar a vida em arte, mantendo entretanto o seu vigor, estivesse em decadência; o que pode ser observado é uma incapacidade para manter um nível artístico elevado e uniforme nos seus trabalhos mais longos, pois o romance que Tolstoi escreveu durante esse período, *Ressurreição,* embora tenha momentos soberbos, não é uma obra bem-sucedida quando considerada em seu todo. Muitas vezes foi sugerido que o fracasso de *Ressurreição* deve-se ao predomínio do moralismo de Tolstoi na época; eu diria que, embora o moralismo realmente predomine, o defeito principal da obra é de natureza artística, um defeito de forma e de sensibilidade devido a calamidades emocionais. Analisei esses defeitos em outra ocasião: desejaria aqui salientar o fato de que até o fim da vida Tolstoi jamais perdeu o interesse na literatura como tal, e que dez anos antes de sua morte ele ainda escrevia coisas que seriam motivo de glória para qualquer escritor de setenta anos.

A conversão de Tolstoi não destruiu, portanto, o artista que havia nele. Nem fez com que se transformasse num anarquista cristão cujo objetivo era reformar o mundo, pois não havia nada de novo no fato de Tolstoi afastar-se das atividades literárias dedicando-se a outras atividades igualmente absorventes. Durante grande parte da sua vida adulta ele encarou com desconfiança qualquer sugestão de que a literatura pudesse ser um fim em si mesma. Discordava totalmente de Turguenev nesse assunto e, já vinte anos antes de sua conversão, na década de 1850, ele afirmava que as principais atividades do homem deveriam estar fora da literatura. Algumas vezes, mesmo durante essa época, ele chegou a falar em desistir de escrever. Mas jamais o fez, nem naquele tempo nem mais tarde, embora durante longos períodos seus esforços para tornar-se um bom fazendeiro, ou para melhorar as condições de vida de seus camponeses, ou para socorrer as vítimas da fome, ou para desenvolver um sistema progressista de ensino parecessem a seus olhos mais urgentes do que escrever. Nessas tarefas ele demonstrava uma preocupação com a ação e uma habilidade prática que refletiam a extrema solidez da sua visão literária. Mesmo envolvido no trabalho de escrever *Ana Karenina,* durante a década de 1870, ele ficou tão envolvido em suas experiências educativas que abandonou temporariamente o romance e observou, num tom impaciente, para um membro da família: "Não posso me afastar de criaturas vivas para preocupar-me com seres imaginários". Seus ensinamentos eram, a propósito, de caráter extremamente libertário, e o tipo de colaboração espontânea entre professores e alunos que tentou obter na prática pareciam-se muito aos métodos apregoados por William Godwin naquele trabalho pioneiro sobre teoria do ensino anarquista, *The Inquirer*.

Devemos lembrar que a permanente relutância de Tolstoi para aceitar uma disciplina literária em tempo integral e sua tendência a encarar a profissão de literato como uma espécie de prostituição não tinha origem apenas nos seus escrúpulos morais. Ela provinha, em grande parte, de uma visão aristocrática da literatura, encarada como um dos talentos de um cavaleiro. O senso de *noblesse oblige* era bastante forte em Tolstoi. Mesmo o seu radicalismo, como o de outros dois grandes anarquistas russos, Bakunin e Kropotkin, era baseado nas relações tradicionais entre o aristocrata e o camponês. Os três desejavam inverter essa relação, mas ainda assim ela permanecia como um importante elemento em suas ideias e atos.

O que procuro mostrar aqui é que, em Tolstoi, a tensão entre o escritor e o reformador está sempre presente, servindo geralmente de estímulo aos dois aspectos da sua vida. Ela só se tornaria destrutiva no fim, quando seus impulsos artísticos já tinham entrado em decadência. Nos seus anos mais fecundos como romancista, o talento literário e seus objetivos morais ajudavam-se mutuamente, em vez de entrarem em conflito. Seus primeiros romances – *Guerra e paz, Ana Karenina* e até *Os cossacos* – têm o didatismo sem esforço que tantas vezes caracteriza as grandes obras literárias e eles apresentam suas ideias sobre assuntos que o preocupavam apaixonadamente com tão pouca violação de equilíbrio artístico como a que encontramos na justificação de Milton sobre os caminhos do senhor no seu *Paraíso perdido*. Nenhum desses trabalhos pretende deliberadamente fazer propaganda, como aconteceu com *Ressurreição*, e seria um exagero considerá-los novelas anarquistas. Entretanto eles revelam, com tanta força quanto qualquer dos panfletos que Tolstoi escreveu, toda uma série de atitudes que sabemos ser caracteristicamente anarquistas.

Há, para começar, o naturalismo – tanto moral quanto literário – que impregna essas obras, com a ideia de que o homem será mais perfeito, ou pelo menos melhor, se desprezar todas as manifestações mais artificiais da natureza, preferindo viver numa relação orgânica com o mundo da natureza, já que ele mesmo é um ser natural. Esse tipo de vida é relacionado ao conceito de "verdadeira vida" que Tolstoi repete tanto em *Guerra e paz*.

"Enquanto isso, a vida – a verdadeira vida, com seus interesses básicos na saúde e na doença, no trabalho e no descanso, e com seus interesses intelectuais no pensamento, na ciência, na poesia, na música, no amor, na amizade, ódio, paixões – continuava como de costume, independente e a salvo da amizade ou inimizade política com Napoleão Bonaparte e de todos os planos de reconstrução."

Em todos os romances que escreveu quando mais jovem, Tolstoi considera a vida tanto mais verdadeira quanto mais próxima da natureza. Olenin, o herói de *Os cossacos*, vive como oficial numa aldeia de camponeses meio selvagens numa zona isolada do Cáucaso, e nesse momento sua vida parece infinitamente mais cheia de sentido do que a vida de seus antigos amigos de São Petersburgo.

"Oh, quão insignificantes e dignos de pena vocês me parecem – escreve ele a um de seus amigos, numa carta que não chega a enviar porque teme que ela não será entendida. – Vocês não sabem o que é felicidade, não sabem o que é a vida. É preciso saboreá-la em toda a sua beleza natural, é preciso ver e compreender o que tenho todos os dias diante dos meus olhos – a eterna e inacessível neve no cume das montanhas e uma mulher dotada de toda a dignidade e de toda a beleza primitiva que devia ter a primeira mulher quando saiu das mãos do Criador – e só então ficará bem claro qual de nós – vocês ou eu – está se arruinando e quem de nós vive verdadeiramente, quem leva uma vida falsa...

A felicidade é estar com a Natureza, ver a Natureza e conversar com ela."

O que foi expresso quase ingenuamente em *Os cossacos* é elaborado com muito mais habilidade e profundidade em *Guerra e paz* e *Ana Karenina*. Uma vida mais próxima da natureza, Tolstoi não cansa de sugerir, nos aproxima mais da verdade do que uma vida presa aos complicados laços da lei e da moda. É o que ele demonstra com deliberada ênfase no aspecto social em *Ana Karenina*. Durante todo o romance ele mantém a divisão entre a cidade e o campo, entre a civilização urbana artificial – que sempre tende para o mal – e a vida rural natural – que sempre tende para o bem quando lhe permitem seguir seu próprio curso. *Ana Karenina,* dominada pela cidade e corrompida por seus padrões artificiais, é destruída primeiro moralmente e depois fisicamente. Levin, um homem do campo, passa por muitas provocações amorosas e religiosas, mas finalmente consegue ser feliz no seu casamento e, ao fim de um longo processo de penoso esforço, acaba vendo a luz.

Mas, como Levin acaba entendendo, é o camponês, o homem do povo, que está mais próximo da natureza e, pela simplicidade da vida que leva, mais próximo da verdade. Já em *Guerra e paz* o tema do homem natural havia sido introduzido pelo personagem Platão Karataev, um soldado camponês que Pierre encontra entre seus companheiros de cárcere, quando é aprisionado pelos franceses em Moscou. Para Pierre, Karataev é "a insondável, acabada e eterna personificação da simplicidade e da verdade" e ele é assim porque vive naturalmente, sem intelectualismo consciente. "Suas palavras e ações brotam dele com a mesma regularidade, a mesma fatalidade e a mesma espontaneidade como o aroma exala da flor." De modo semelhante, a conversão de Levin em *Ana Karenina* é precipitada pelo fato de ele ter ouvido falar de um camponês, também chamado Platão, que vive "para sua alma, corretamente, como manda o Senhor". Ligado a essa busca da vida natural, existe o anseio pela fraternidade universal que aparece em todos os seus romances e que é uma projeção de um sonho que Tolstoi compartilhou com seus irmãos na infância, quando acreditavam que o círculo fechado que formavam poderia ser ampliado indefinidamente, constituindo uma fraternidade capaz de incluir a humanidade inteira. Em *Os cossacos,* Olenin deseja tornar-se amigo dos primitivos habitantes do Cáusaco; a mesma visão persegue Pierre em *Guerra e paz* e está ligada ao cristianismo de Tolstoi em *Ana Karenina* quando *Levin* diz a si mesmo: "Não uno a mim mesmo, tanto quanto sou unido – quer queira, ou não – com outros homens, numa única comunidade de fiéis".

Se tantas das ideias gerais que encontramos nos romances de Tolstoi – o naturalismo, o populismo, o sonho de uma fraternidade universal, a desconfiança ante o mito do progresso – assemelham-se àquelas que integram a tradição anarquista, é possível encontrar, igualmente, muitas ideias especificamente libertárias sugeridas neles. O igualitarismo grosseiro dos cossacos contrasta com a estrutura hierárquica do exército russo; o culto à liderança é atacado de forma deliberada em *Guerra e paz;* as falhas morais de um sistema político centralizado e as falácias do patriotismo são denunciadas em *Ana Karenina*.

Quando comparamos as sugestões contidas nos romances de Tolstoi, com as declarações explícitas dos seus trabalhos panfletários, descobrimos que o seu anarquismo é o aspecto externo, expressado em formas de comportamento, do seu Cristianismo. A ausência de um verdadeiro conflito entre os dois deve-se ao fato de que a sua é uma religião sem misticismo, uma religião até mesmo sem fé, pois, tal como Winstanley, ele baseia suas crenças na razão e submete-se ao teste da verdade. Para ele, Cristo é o Professor, não a Encarnação de Deus; sua doutrina é "a própria razão" e o que distingue o homem no mundo animal é a sua capacidade de viver de acordo com essa razão.

Temos aqui uma religião humanizada: procuramos o Reino de Deus não fora, mas dentro de nós mesmos. E é por essa razão que Tolstoi apresenta uma atitude que se insere claramente no âmbito do pensamento anarquista. Sua ideia de um Reino de Deus imanente será relacionada à ideia de justiça imanente de Proudhon, e sua concepção de religião como algo que depende da razão aproxima-o tanto de Godwin quanto de Winstanley. Mesmo na sua fase religiosa, Tolstoi não despreza o mundo natural: ele imagina que há vida depois da morte e, se realmente houver, ela acontecerá num cenário que é pouco mais do que a natureza transfigurada. Deixou isso bem claro numa carta comovente que escreveu para a esposa na década de 1890, quando aconteceu-lhe passar certa noite pela floresta que havia pertencido ao seu amigo Turguenev, morto há muitos anos.

No mundo de Tolstoi, de razão e natureza, o tempo custa a passar, como acontecia naquela longa tarde de verão imaginada por William Morris. O progresso é desprezado como ideal; liberdade, fraternidade, o cultivo da natureza moral do homem são mais importantes e o progresso deve ser subordinado a eles. É verdade que, como Morris, Tolstoi também protesta quando interpretam suas doutrinas de tal maneira que ele apareça como opositor de todo o progresso; em *A escravidão de nossa época* ele afirma opor-se apenas ao progresso que é obtido à custa da liberdade e da vida humana.

"As pessoas realmente esclarecidas – diz ele – preferirão sempre voltar a andar a cavalo e a usar bestas de carga ou até mesmo a arar a terra com bastões e com suas próprias mãos do que viajar em estradas de ferro que esmagam regularmente uma porção de gente, como acontece em Chicago, simplesmente porque os proprietários dessas estradas acham mais lucrativo indenizar as famílias dos mortos do que construí-las de tal maneira que não matem mais ninguém. O lema das pessoas realmente esclarecidas não é *fiat cultura, pereat justicia,* mas *fiat justicia, pereat cultura.*

"Mas a cultura, a cultura útil, não será destruída... Não é por nada que a humanidade, na sua escravidão, atingiu tal nível de progresso em questões técnicas. Se pudesse ao menos entender que não devemos sacrificar a vida de nossos irmãos para o nosso próprio prazer, seria possível aplicar os aperfeiçoamentos técnicos sem destruir a vida dos homens."

Apesar desses protestos, entretanto, Tolstoi não aspirava a uma vida mais abundante em termos físicos. Para ele, assim como para os camponeses anarquistas de Andaluzia, o ideal moral era a vida simples e ascética, onde um homem dependeria o menos possível do trabalho de outros homens. A semelhança com Proudhon é significativa: Tolstoi deve ter lido com aprovação os elogios que aquele filósofo fazia às glórias da pobreza com dignidade. É o ódio ao luxo, o desejo de que a cultura servisse aos homens, em vez de ser servida por eles, que explica o seu desprezo aparentemente estranho pelas obras de arte apreciadas pela "minoria feliz"; para ele, a verdadeira arte passou a ser aquela que conseguia comunicar a sua mensagem para todos os homens, dando-lhes esperanças.

Um dos aspectos principais da doutrina social de Tolstoi é sua rejeição ao Estado, mas igualmente importante é o seu repúdio à propriedade. Na verdade, ele considera ambas interdependentes. A propriedade é o domínio de alguns homens sobre outros, e o Estado existe para garantir a perpetuação das relações de propriedade. Portanto, ambos devem ser abolidos, para que os homens possam viver livremente, sem dominação, num estado de comunidade e de mútua paz que é o verdadeiro Reino de Deus na Terra.

Diante das objeções de que as funções positivas da sociedade não poderiam existir se não houvesse governo, Tolstoi responde com palavras que nos lembram os argumentos utilizados por Kropotkin em *Ajuda mútua* e *A conquista do pão:* "Por que devemos pensar que pessoas leigas não seriam capazes de organizar suas próprias vidas tão bem quanto os funcionários do governo organizam, não para si mesmos mas para os outros?

"Vemos, pelo contrário, que nos mais diferentes assuntos as pessoas da nossa época organizam suas vidas incomparavelmente melhor do que aqueles que os governam são capazes de organizá-las para eles. Sem a menor ajuda do governo, e muitas vezes apesar da interferência do governo, as pessoas organizam os mais variados tipos de empreendimentos sociais – sindicatos operários, sociedades cooperativas, companhias de estradas de ferro, *artels*, uniões de trabalhadores. Se é preciso fazer arrecadações para executar obras públicas, o que nos levaria a supor que o povo livre não poderia, sem violência, arrecadar voluntariamente os meios necessários para executar qualquer das coisas atualmente feitas através de impostos, bastando apenas que o empreendimento em questão fosse realmente de utilidade pública? Por que devemos supor que não é possível existir tribunais sem violência? O julgamento conduzido por pessoas em quem os disputantes confiam sempre existiu e sempre existirá, sem necessidade de violência... E, do mesmo modo, não há razão para supor que as pessoas não possam decidir, por concordância mútua, como a terra deverá ser partilhada."

Tanto quanto os outros anarquistas, Tolstoi também reluta em criar utopias ou esboçar planos para a sociedade que poderia existir, se os homens não estivessem mais sujeitos aos governos: "Não podemos conhecer os detalhes dessa nova ordem de vida. Nós mesmos deveremos moldá-la. A vida consiste apenas na procura do desconhecido e no trabalho de harmonizar nossos atos com a nova verdade".

Entretanto, chega a imaginar uma sociedade onde não existirão nem governos, nem leis, nem propriedade, substituídos por uma produção cooperativa. A distribuição do produto do trabalho, nessa sociedade, será feita de acordo com um princípio comunitário, de modo que os homens receberão tudo aquilo de que necessitam, mas – para o seu próprio bem, tanto quanto dos outros – nada que possa ser considerado supérfluo.

Para chegar a essa sociedade, Tolstoi – como Godwin e, até certo ponto, como Proudhon – prega uma revolução moral, mais do que uma revolução política. Uma revolução política luta contra o Estado e a propriedade de fora, uma revolução social trabalha dentro da sociedade má e vai minando suas bases. Tolstoi chega a fazer uma distinção entre a violência de um governo, que é totalmente perversa, porque deliberada e operando pela deturpação da razão, e a violência do povo enfurecido, apenas parcialmente errada, pois tem origem na ignorância. Mas a única forma realmente efetiva de transformar a sociedade, segundo Tolstoi, é através da razão e, basicamente, através da persuasão e do exemplo. O homem que deseja acabar com o Estado deve deixar de cooperar com ele, recusar-se a prestar o serviço militar e policial, a exercer seu papel de jurado, a pagar impostos. A recusa a obedecer, em outras palavras, é a grande arma de Tolstoi.

Creio ter dito o suficiente para demonstrar que, em sua essência, as doutrinas de Tolstoi, condenando a ordem autoritária da sociedade, propondo uma nova ordem libertária e sugerindo meios para alcançá-la são um verdadeiro anarquismo. E, como sua religião é uma religião natural e racional e busca seu reino no domínio da justiça e do amor aqui na Terra, ela não transcende a teoria anarquista, mas é um complemento dela.

A influência que Tolstoi exerceu foi enorme e multifacetada. Milhares de russos e não russos tornaram-se seus discípulos fanáticos e fundaram colônias, baseadas num sistema econômico comunitário e num estilo de vida ascético tanto na Rússia quanto no exterior. Jamais encontrei um registro minucioso sobre a vida nessas colônias, mas todas as que consegui descobrir fracassaram em período relativamente curto, ou por incompatibilidades pessoais entre seus integrantes, ou por falta de experiência prática nas atividades agrícolas. Mesmo assim o movimento tolstoiano continuou ativo na Rússia até os primeiros anos da década de 1920, quando foi proibido pelos bolcheviques. Tolstoi certamente influenciou os anarquistas pacifistas na Holanda, Inglaterra e Estados Unidos. Muitos dos pacifistas ingleses durante a II Guerra Mundial participaram de comunidades neotolstoianas, poucas das quais sobreviveram após o fim das hostilidades. Talvez o exemplo mais impressionante da influência de Tolstoi no mundo ocidental contemporâneo seja – ironicamente, em vista da desconfiança com que Tolstoi via as igrejas organizadas – o grupo católico romano associado nos Estados Unidos com o *Operário Católico* e, particularmente, com a virtuosa representante do anarquismo cristão da nossa época, Dorothy Day.

Mas o mais importante convertido ao tolstoianismo foi sem dúvida Mahatma Gandhi. O feito de Gandhi despertando o povo hindu e liderando-o durante uma revolução nacional contra o domínio estrangeiro em que quase não houve derramamento de sangue não é relevante para o assunto que tratamos aqui, mas neste momento vale a pena lembrar que Gandhi foi influenciado por vários grandes filósofos libertários. Sua técnica de não violência foi desenvolvida em grande parte sob a influência de Thoreau e Tolstoi, e foi estimulado na sua ideia de criar um país de aldeias comunitárias pela leitura assídua da obra de Kropotkin.

Na própria Rússia a influência de Tolstoi foi muito além do limitado círculo de seus discípulos, que muitas vezes chegavam a envergonhá-lo pelo comportamento estranhamente radical que adotavam. Foi mais como a apaixonada consciência não oficial e não ortodoxa da Rússia, do que como líder de um movimento que Tolstoi se notabilizou nas duas últimas décadas da sua vida. Utilizando o amplo prestígio que fez com que se tornasse quase o único homem da Rússia a estar livre de perseguições diretas, ele denunciou várias vezes o governo tzarista pelas suas ofensas contra a moral racional e a doutrina cristã. Falava sem medo, e jamais permitiu que alguém o fizesse calar. Rebeldes de todos os tipos sentiam que não estavam sozinhos no grande Estado policial que era a Rússia, enquanto Tolstoi estivesse ali para falar o que lhe ordenava o seu senso de justiça, e suas críticas incessantes desempenharam sem dúvida o seu papel, solapando as bases do império dos Romanov durante os fatídicos anos de 1905 a 1917. Mais uma vez ele ensinava uma lição muito cara aos anarquistas: a de que a força moral de um único homem que insiste em ser livre é maior do que a de uma multidão de escravos silenciosos.

Fim do Volume I

O Volume II (*O Movimento*) que completa *ANARQUISMO – Uma história das ideias e movimentos libertários*, com os seguintes capítulos:

– Esforços internacionais
– Anarquismo na França
– Anarquismo na Itália
– Anarquismo na Espanha
– Anarquismo na Rússia
– Várias tradições: anarquismo na América Latina, Norte da Europa, Inglaterra e Estados Unidos.
– Epílogo
– Post-scriptum
– Bibliografia

Coleção **L&PM** POCKET

981. **Solanin (1)** – Inio Asano
982. **Solanin (2)** – Inio Asano
983. **Aventuras de menino** – Mitsuru Adachi
984(16). **Fatos & mitos sobre sua alimentação** – Dr. Fernando Lucchese
985. **Teoria quântica** – John Polkinghorne
986. **O eterno marido** – Fiódor Dostoiévski
987. **Um safado em Dublin** – J. P. Donleavy
988. **Mirinha** – Dalton Trevisan
989. **Akhenaton e Nefertiti** – Carmen Seganfredo e A. S. Franchini
990. **On the Road – o manuscrito original** – Jack Kerouac
991. **Relatividade** – Russell Stannard
992. **Abaixo de zero** – Bret Easton Ellis
993(24). **Andy Warhol** – Mériam Korichi
995. **Os últimos casos de Miss Marple** – Agatha Christie
996. **Nico Demo: Aí vem encrenca** – Mauricio de Sousa
998. **Rousseau** – Robert Wokler
999. **Noite sem fim** – Agatha Christie
1000. **Diários de Andy Warhol (1)** – Editado por Pat Hackett
1001. **Diários de Andy Warhol (2)** – Editado por Pat Hackett
1002. **Cartier-Bresson: o olhar do século** – Pierre Assouline
1003. **As melhores histórias da mitologia: vol. 1** – A.S. Franchini e Carmen Seganfredo
1004. **As melhores histórias da mitologia: vol. 2** – A.S. Franchini e Carmen Seganfredo
1005. **Assassinato no beco** – Agatha Christie
1006. **Convite para um homicídio** – Agatha Christie
1008. **História da vida** – Michael J. Benton
1009. **Jung** – Anthony Stevens
1010. **Arsène Lupin, ladrão de casaca** – Maurice Leblanc
1011. **Dublinenses** – James Joyce
1012. **120 tirinhas da Turma da Mônica** – Mauricio de Sousa
1013. **Antologia poética** – Fernando Pessoa
1014. **A aventura de um cliente ilustre seguido de O último adeus de Sherlock Holmes** – Sir Arthur Conan Doyle
1015. **Cenas de Nova York** – Jack Kerouac
1016. **A corista** – Anton Tchékhov
1017. **O diabo** – Leon Tolstói
1018. **Fábulas chinesas** – Sérgio Capparelli e Márcia Schmaltz
1019. **O gato do Brasil** – Sir Arthur Conan Doyle
1020. **Missa do Galo** – Machado de Assis
1021. **O mistério de Marie Rogêt** – Edgar Allan Poe
1022. **A mulher mais linda da cidade** – Bukowski
1023. **O retrato** – Nicolai Gogol
1024. **O conflito** – Agatha Christie
1025. **Os primeiros casos de Poirot** – Agatha Christie
1027(25). **Beethoven** – Bernard Fauconnier
1028. **Platão** – Julia Annas
1029. **Cleo e Daniel** – Roberto Freire
1030. **Til** – José de Alencar
1031. **Viagens na minha terra** – Almeida Garrett
1032. **Profissões para mulheres e outros artigos feministas** – Virginia Woolf
1033. **Mrs. Dalloway** – Virginia Woolf
1034. **O cão da morte** – Agatha Christie
1035. **Tragédia em três atos** – Agatha Christie
1037. **O fantasma da Ópera** – Gaston Leroux
1038. **Evolução** – Brian e Deborah Charlesworth
1039. **Medida por medida** – Shakespeare
1040. **Razão e sentimento** – Jane Austen
1041. **A obra-prima ignorada seguido de Um episódio durante o Terror** – Balzac
1042. **A fugitiva** – Anaïs Nin
1043. **As grandes histórias da mitologia greco-romana** – A. S. Franchini
1044. **O corno de si mesmo & outras historietas** – Marquês de Sade
1045. **Da felicidade seguido de Da vida retirada** – Sêneca
1046. **O horror em Red Hook e outras histórias** – H. P. Lovecraft
1047. **Noite em claro** – Martha Medeiros
1048. **Poemas clássicos chineses** – Li Bai, Du Fu e Wang Wei
1049. **A terceira moça** – Agatha Christie
1050. **Um destino ignorado** – Agatha Christie
1051(26). **Buda** – Sophie Royer
1052. **Guerra Fria** – Robert J. McMahon
1053. **Simons's Cat: as aventuras de um gato travesso e comilão - vol. 1** – Simon Tofield
1054. **Simons's Cat: as aventuras de um gato travesso e comilão - vol. 2** – Simon Tofield
1055. **Só as mulheres e as baratas sobreviverão** – Claudia Tajes
1057. **Pré-história** – Chris Gosden
1058. **Pintou sujeira!** – Mauricio de Sousa
1059. **Contos de Mamãe Gansa** – Charles Perrault
1060. **A interpretação dos sonhos: vol. 1** – Freud
1061. **A interpretação dos sonhos: vol. 2** – Freud
1062. **Frufru Rataplã Dolores** – Dalton Trevisan
1063. **As melhores histórias da mitologia egípcia** – Carmem Seganfredo e A.S. Franchini
1064. **Infância. Adolescência. Juventude** – Tolstói
1065. **As consolações da filosofia** – Alain de Botton
1066. **Diários de Jack Kerouac – 1947-1954**
1067. **Revolução Francesa – vol. 1** – Max Gallo
1068. **Revolução Francesa – vol. 2** – Max Gallo
1069. **O detetive Parker Pyne** – Agatha Christie
1070. **Memórias do esquecimento** – Flávio Tavares
1071. **Drogas** – Leslie Iversen
1072. **Manual de ecologia (vol.2)** – J. Lutzenberger
1073. **Como andar no labirinto** – Affonso Romano de Sant'Anna
1074. **A orquídea e o serial killer** – Juremir Machado da Silva

1075. **Amor nos tempos de fúria** – Lawrence Ferlinghetti
1076. **A aventura do pudim de Natal** – Agatha Christie
1078. **Amores que matam** – Patricia Faur
1079. **Histórias de pescador** – Mauricio de Sousa
1080. **Pedaços de um caderno manchado de vinho** – Bukowski
1081. **A ferro e fogo: tempo de solidão (vol.1)** – Josué Guimarães
1082. **A ferro e fogo: tempo de guerra (vol.2)** – Josué Guimarães
1084(17). **Desembarcando o Alzheimer** – Dr. Fernando Lucchese e Dra. Ana Hartmann
1085. **A maldição do espelho** – Agatha Christie
1086. **Uma breve história da filosofia** – Nigel Warburton
1088. **Heróis da História** – Will Durant
1089. **Concerto campestre** – L. A. de Assis Brasil
1090. **Morte nas nuvens** – Agatha Christie
1092. **Aventura em Bagdá** – Agatha Christie
1093. **O cavalo amarelo** – Agatha Christie
1094. **O método de interpretação dos sonhos** – Freud
1095. **Sonetos de amor e desamor** – Vários
1096. **120 tirinhas do Dilbert** – Scott Adams
1097. **200 fábulas de Esopo**
1098. **O curioso caso de Benjamin Button** – F. Scott Fitzgerald
1099. **Piadas para sempre: uma antologia para morrer de rir** – Visconde da Casa Verde
1100. **Hamlet (Mangá)** – Shakespeare
1101. **A arte da guerra (Mangá)** – Sun Tzu
1104. **As melhores histórias da Bíblia (vol.1)** – A. S. Franchini e Carmen Seganfredo
1105. **As melhores histórias da Bíblia (vol.2)** – A. S. Franchini e Carmen Seganfredo
1106. **Psicologia das massas e análise do eu** – Freud
1107. **Guerra Civil Espanhola** – Helen Graham
1108. **A autoestrada do sul e outras histórias** – Julio Cortázar
1109. **O mistério dos sete relógios** – Agatha Christie
1110. **Peanuts: Ninguém gosta de mim... (amor)** – Charles Schulz
1111. **Cadê o bolo?** – Mauricio de Sousa
1112. **O filósofo ignorante** – Voltaire
1113. **Totem e tabu** – Freud
1114. **Filosofia pré-socrática** – Catherine Osborne
1115. **Desejo de status** – Alain de Botton
1118. **Passageiro para Frankfurt** – Agatha Christie
1120. **Kill All Enemies** – Melvin Burgess
1121. **A morte da sra. McGinty** – Agatha Christie
1122. **Revolução Russa** – S. A. Smith
1123. **Até você, Capitu?** – Dalton Trevisan
1124. **O grande Gatsby (Mangá)** – F. S. Fitzgerald
1125. **Assim falou Zaratustra (Mangá)** – Nietzsche
1126. **Peanuts: É para isso que servem os amigos (amizade)** – Charles Schulz
1127(27). **Nietzsche** – Dino Astor
1128. **Bidu: Hora do banho** – Mauricio de Sousa
1129. **O melhor do Macanudo Taurino** – Santiago
1130. **Radicci 30 anos** – Iotti
1131. **Show de sabores** – J.A. Pinheiro Machado
1132. **O prazer das palavras** – vol. 3 – Cláudio Moreno
1133. **Morte na praia** – Agatha Christie
1134. **O fardo** – Agatha Christie
1135. **Manifesto do Partido Comunista (Mangá)** – Marx & Engels
1136. **A metamorfose (Mangá)** – Franz Kafka
1137. **Por que você não se casou... ainda** – Tracy McMillan
1138. **Textos autobiográficos** – Bukowski
1139. **A importância de ser prudente** – Oscar Wilde
1140. **Sobre a vontade na natureza** – Arthur Schopenhauer
1141. **Dilbert (8)** – Scott Adams
1142. **Entre dois amores** – Agatha Christie
1143. **Cipreste triste** – Agatha Christie
1144. **Alguém viu uma assombração?** – Mauricio de Sousa
1145. **Mandela** – Elleke Boehmer
1146. **Retrato do artista quando jovem** – James Joyce
1147. **Zadig ou o destino** – Voltaire
1148. **O contrato social (Mangá)** – J.-J. Rousseau
1149. **Garfield fenomenal** – Jim Davis
1150. **A queda da América** – Allen Ginsberg
1151. **Música na noite & outros ensaios** – Aldous Huxley
1152. **Poesias inéditas & Poemas dramáticos** – Fernando Pessoa
1153. **Peanuts: Felicidade é...** – Charles M. Schulz
1154. **Mate-me por favor** – Legs McNeil e Gillian McCain
1155. **Assassinato no Expresso Oriente** – Agatha Christie
1156. **Um punhado de centeio** – Agatha Christie
1157. **A interpretação dos sonhos (Mangá)** – Freud
1158. **Peanuts: Você não entende o sentido da vida** – Charles M. Schulz
1159. **A dinastia Rothschild** – Herbert R. Lottman
1160. **A Mansão Hollow** – Agatha Christie
1161. **Nas montanhas da loucura** – H.P. Lovecraft
1162(28). **Napoleão Bonaparte** – Pascale Fautrier
1163. **Um corpo na biblioteca** – Agatha Christie
1164. **Inovação** – Mark Dodgson e David Gann
1165. **O que toda mulher deve saber sobre os homens: a afetividade masculina** – Walter Riso
1166. **O amor está no ar** – Mauricio de Sousa
1167. **Testemunha de acusação & outras histórias** – Agatha Christie
1168. **Etiqueta de bolso** – Celia Ribeiro
1169. **Poesia reunida (volume 3)** – Affonso Romano de Sant'Anna
1170. **Emma** – Jane Austen
1171. **Que seja em segredo** – Ana Miranda
1172. **Garfield sem apetite** – Jim Davis
1173. **Garfield: Foi mal...** – Jim Davis
1174. **Os irmãos Karamázov (Mangá)** – Dostoiévski
1175. **O Pequeno Príncipe** – Antoine de Saint-Exupéry
1176. **Peanuts: Ninguém mais tem o espírito aventureiro** – Charles M. Schulz
1177. **Assim falou Zaratustra** – Nietzsche
1178. **Morte no Nilo** – Agatha Christie

1179. **Ê, soneca boa** – Mauricio de Sousa
1180. **Garfield a todo o vapor** – Jim Davis
1181. **Em busca do tempo perdido (Mangá)** – Proust
1182. **Cai o pano: o último caso de Poirot** – Agatha Christie
1183. **Livro para colorir e relaxar** – Livro 1
1184. **Para colorir sem parar**
1185. **Os elefantes não esquecem** – Agatha Christie
1186. **Teoria da relatividade** – Albert Einstein
1187. **Compêndio da psicanálise** – Freud
1188. **Visões de Gerard** – Jack Kerouac
1189. **Fim de verão** – Mohiro Kitoh
1190. **Procurando diversão** – Mauricio de Sousa
1191. **E não sobrou nenhum e outras peças** – Agatha Christie
1192. **Ansiedade** – Daniel Freeman & Jason Freeman
1193. **Garfield: pausa para o almoço** – Jim Davis
1194. **Contos do dia e da noite** – Guy de Maupassant
1195. **O melhor de Hagar 7** – Dik Browne
1196. (29). **Lou Andreas-Salomé** – Dorian Astor
1197. (30). **Pasolini** – René de Ceccatty
1198. **O caso do Hotel Bertram** – Agatha Christie
1199. **Crônicas de motel** – Sam Shepard
1200. **Pequena filosofia da paz interior** – Catherine Rambert
1201. **Os sertões** – Euclides da Cunha
1202. **Treze à mesa** – Agatha Christie
1203. **Bíblia** – John Riches
1204. **Anjos** – David Albert Jones
1205. **As tirinhas do Guri de Uruguaiana 1** – Jair Kobe
1206. **Entre aspas (vol.1)** – Fernando Eichenberg
1207. **Escrita** – Andrew Robinson
1208. **O spleen de Paris: pequenos poemas em prosa** – Charles Baudelaire
1209. **Satíricon** – Petrônio
1210. **O avarento** – Molière
1211. **Queimando na água, afogando-se na chama** – Bukowski
1212. **Miscelânea septuagenária: contos e poemas** – Bukowski
1213. **Que filosofar é aprender a morrer e outros ensaios** – Montaigne
1214. **Da amizade e outros ensaios** – Montaigne
1215. **O medo à espreita e outras histórias** – H.P. Lovecraft
1216. **A obra de arte na era de sua reprodutibilidade técnica** – Walter Benjamin
1217. **Sobre a liberdade** – John Stuart Mill
1218. **O segredo de Chimneys** – Agatha Christie
1219. **Morte na rua Hickory** – Agatha Christie
1220. **Ulisses (Mangá)** – James Joyce
1221. **Ateísmo** – Julian Baggini
1222. **Os melhores contos de Katherine Mansfield** – Katherine Mansfied
1223. (31). **Martin Luther King** – Alain Foix
1224. **Millôr Definitivo: uma antologia de *A Bíblia do Caos*** – Millôr Fernandes
1225. **O Clube das Terças-Feiras e outras histórias** – Agatha Christie
1226. **Por que sou tão sábio** – Nietzsche
1227. **Sobre a mentira** – Platão
1228. **Sobre a leitura *seguido do* Depoimento de Céleste Albaret** – Proust
1229. **O homem do terno marrom** – Agatha Christie
1230. (32). **Jimi Hendrix** – Franck Médioni
1231. **Amor e amizade e outras histórias** – Jane Austen
1232. **Lady Susan, Os Watson e Sanditon** – Jane Austen
1233. **Uma breve história da ciência** – William Bynum
1234. **Macunaíma: o herói sem nenhum caráter** – Mário de Andrade
1235. **A máquina do tempo** – H.G. Wells
1236. **O homem invisível** – H.G. Wells
1237. **Os 36 estratagemas: manual secreto da arte da guerra** – Anônimo
1238. **A mina de ouro e outras histórias** – Agatha Christie
1239. **Pic** – Jack Kerouac
1240. **O habitante da escuridão e outros contos** – H.P. Lovecraft
1241. **O chamado de Cthulhu e outros contos** – H.P. Lovecraft
1242. **O melhor de Meu reino por um cavalo!** – Edição de Ivan Pinheiro Machado
1243. **A guerra dos mundos** – H.G. Wells
1244. **O caso da criada perfeita e outras histórias** – Agatha Christie
1245. **Morte por afogamento e outras histórias** – Agatha Christie
1246. **Assassinato no Comitê Central** – Manuel Vázquez Montalbán
1247. **O papai é pop** – Marcos Piangers
1248. **O papai é pop 2** – Marcos Piangers
1249. **A mamãe é rock** – Ana Cardoso
1250. **Paris boêmia** – Dan Franck
1251. **Paris libertária** – Dan Franck
1252. **Paris ocupada** – Dan Franck
1253. **Uma anedota infame** – Dostoiévski
1254. **O último dia de um condenado** – Victor Hugo
1255. **Nem só de caviar vive o homem** – J.M. Simmel
1256. **Amanhã é outro dia** – J.M. Simmel
1257. **Mulherzinhas** – Louisa May Alcott
1258. **Reforma Protestante** – Peter Marshall
1259. **História econômica global** – Robert C. Allen
1260. (33). **Che Guevara** – Alain Foix
1261. **Câncer** – Nicholas James
1262. **Akhenaton** – Agatha Christie
1263. **Aforismos para a sabedoria de vida** – Arthur Schopenhauer
1264. **Uma mini história do mundo** – David Coimbra
1265. **Ame e não sofra** – Walter Riso
1266. **Desapegue-se!** – Walter Riso
1267. **Os Sousa: Uma família do barulho** – Mauricio de Sousa

1268. **Nico Demo: O rei da travessura** – Mauricio de Sousa
1269. **Testemunha de acusação e outras peças** – Agatha Christie
1270(34). **Dostoiévski** – Virgil Tanase
1271. **O melhor de Hagar 8** – Dik Browne
1272. **O melhor de Hagar 9** – Dik Browne
1273. **O melhor de Hagar 10** – Dik e Chris Browne
1274. **Considerações sobre o governo representativo** – John Stuart Mill
1275. **O homem Moisés e a religião monoteísta** – Freud
1276. **Inibição, sintoma e medo** – Freud
1277. **Além do princípio de prazer** – Freud
1278. **O direito de dizer não!** – Walter Riso
1279. **A arte de ser flexível** – Walter Riso
1280. **Casados e descasados** – August Strindberg
1281. **Da Terra à Lua** – Júlio Verne
1282. **Minhas galerias e meus pintores** – Kahnweiler
1283. **A arte do romance** – Virginia Woolf
1284. **Teatro completo v. 1: As aves da noite** *seguido de* **O visitante** – Hilda Hilst
1285. **Teatro completo v. 2: O verdugo** *seguido de* **A morte do patriarca** – Hilda Hilst
1286. **Teatro completo v. 3: O rato no muro** *seguido de* **Auto da barca de Camiri** – Hilda Hilst
1287. **Teatro completo v. 4: A empresa** *seguido de* **O novo sistema** – Hilda Hilst
1289. **Fora de mim** – Martha Medeiros
1290. **Divã** – Martha Medeiros
1291. **Sobre a genealogia da moral: um escrito polêmico** – Nietzsche
1292. **A consciência de Zeno** – Italo Svevo
1293. **Células-tronco** – Jonathan Slack
1294. **O fim do ciúme e outros contos** – Proust
1295. **A jangada** – Júlio Verne
1296. **A ilha do dr. Moreau** – H.G. Wells
1297. **Ninho de fidalgos** – Ivan Turguêniev
1298. **Jane Eyre** – Charlotte Brontë
1299. **Sobre gatos** – Bukowski
1300. **Sobre o amor** – Bukowski
1301. **Escrever para não enlouquecer** – Bukowski
1302. **222 receitas** – J. A. Pinheiro Machado
1303. **Reinações de Narizinho** – Monteiro Lobato
1304. **O Saci** – Monteiro Lobato
1305. **Memórias da Emília** – Monteiro Lobato
1306. **O Picapau Amarelo** – Monteiro Lobato
1307. **A reforma da Natureza** – Monteiro Lobato
1308. **Fábulas** *seguido de* **Histórias diversas** – Monteiro Lobato
1309. **Aventuras de Hans Staden** – Monteiro Lobato
1310. **Peter Pan** – Monteiro Lobato
1311. **Dom Quixote das crianças** – Monteiro Lobato
1312. **O Minotauro** – Monteiro Lobato
1313. **Um quarto só seu** – Virginia Woolf
1314. **Sonetos** – Shakespeare
1315(35). **Thoreau** – Marie Berthoumieu e Laura El Makki
1316. **Teoria da arte** – Cynthia Freeland
1317. **A arte da prudência** – Baltasar Gracián
1318. **O louco** *seguido de* **Areia e espuma** – Khalil Gibran
1319. **O profeta** *seguido de* **O jardim do profeta** – Khalil Gibran
1320. **Jesus, o Filho do Homem** – Khalil Gibran
1321. **A luta** – Norman Mailer
1322. **Sobre o sofrimento do mundo e outros ensaios** – Schopenhauer
1323. **Epidemiologia** – Rodolfo Sacacci
1324. **Japão moderno** – Christopher Goto-Jones
1325. **A arte da meditação** – Matthieu Ricard
1326. **O adversário secreto** – Agatha Christie
1327. **Pollyanna** – Eleanor H. Porter
1328. **Espelhos** – Eduardo Galeano
1329. **A Vênus das peles** – Sacher-Masoch
1330. **O 18 de brumário de Luís Bonaparte** – Karl Marx
1331. **Um jogo para os vivos** – Patricia Highsmith
1332. **A tristeza pode esperar** – J.J. Camargo
1333. **Vinte poemas de amor e uma canção desesperada** – Pablo Neruda
1334. **Judaísmo** – Norman Solomon
1335. **Esquizofrenia** – Christopher Frith & Eve Johnstone
1336. **Seis personagens em busca de um autor** – Luigi Pirandello
1337. **A Fazenda dos Animais** – George Orwell
1338. **1984** – George Orwell
1339. **Ubu Rei** – Alfred Jarry
1340. **Sobre bêbados e bebidas** – Bukowski
1341. **Tempestade para os vivos e para os mortos** – Bukowski
1342. **Complicado** – Natsume Ono
1343. **Sobre o livre-arbítrio** – Schopenhauer
1344. **Uma breve história da literatura** – John Sutherland
1345. **Você fica tão sozinho às vezes que até faz sentido** – Bukowski
1346. **Um apartamento em Paris** – Guillaume Musso
1347. **Receitas fáceis e saborosas** – José Antonio Pinheiro Machado
1348. **Por que engordamos** – Gary Taubes
1349. **A fabulosa história do hospital** – Jean-Noël Fabiani
1350. **Voo noturno** *seguido de* **Terra dos homens** – Antoine de Saint-Exupéry
1351. **Doutor Sax** – Jack Kerouac
1352. **O livro do Tao e da virtude** – Lao-Tsé
1353. **Pista negra** – Antonio Manzini
1354. **A chave de vidro** – Dashiell Hammett
1355. **Martin Eden** – Jack London
1356. **Já te disse adeus, e agora, como te esqueço?** – Walter Riso
1357. **A viagem do descobrimento** – Eduardo Bueno
1358. **Náufragos, traficantes e degredados** – Eduardo Bueno
1359. **O retrato do Brasil** – Paulo Prado
1360. **Maravilhosamente imperfeito, escandalosamente feliz** – Walter Riso

lepmeditores
www.lpm.com.br
o site que conta tudo

IMPRESSÃO:

PALLOTTI
GRÁFICA

Santa Maria - RS | Fone: (55) 3220.4500
www.graficapallotti.com.br